Usha Lad und Dr. Vasant Lad

Das Kochbuch des Ayurveda

Usha Lad und Dr. Vasant Lad

Das Kochbuch des Ayurveda

Selbstheilung durch die ayurvedische Küche

Narayana Verlag

Inhalt

5 · Einrichtung von āyurvedischer Küche und Vorratshaltung 39

6 · Menü-Planung 43

7 · Rezepte 53

Suppen

Kitcharis

Reisgerichte

Gemüse

Raitas

Pickles und Chutneys

Brote

Süßigkeiten

Getränke

Extras

8 · Lebensmittel zum Heilen 197

Anhang 223

Ein Tischgebet

अन्नं ब्रह्मा रसो विष्णुः
पक्तोदेवो महेश्वरः ।
एवं ज्ञात्वा तु यो भुन्क्ते
अन्न दोषो न लिप्यते ॥

Annam Brahmā Raso Vishnu,
Pakto Devo Maheśaraḥ
Evam Jñātvā Tu Yo Bhunkte,
Anna Dosho Na Lipyate.

Die kreative Energie im Essen ist Brahma.
Die nährende Energie im Körper ist Vishnu.
Die Umwandlung von Essen zu reinem Bewusstsein ist Shiva.
Wenn du das weißt, wird keine Verunreinigung in deinem verspeisten Essen je ein Teil von dir werden.

Für unsere äußerst liebevollen Kinder,
Aparna und Pranav

Dr. Vasant Lad mit seiner Frau Usha Lad
beim gemeinsamen Kochen.

Lord Ganesha

ॐ गँ गणपतये नमॡ ।

Gruß an Ganesha, den Keim der Weisheit und des Lichts.
(Übersetzung des Sutras)

*Ganesha ist der Sohn von Shiva und Parvati.
Er ist der erste Gott, dem zu Beginn einer jeden glückverheißenden Arbeit gehuldigt wird.
Er beseitigt Hindernisse und bringt Erfolg, Erfüllung und große Freude ins Leben eines jeden menschlichen Wesens.
Kochen ist eine sehr glückverheißende Arbeit, die dem Koch und den Gästen Nahrung, Gesundheit und Erfüllung verleiht.
Man sollte vor dem Kochen und Essen zu Ganesha beten.
Er ist der Gott der Fülle und trägt eine Schüssel voll des Essens der Glückseligkeit.*

Vorwort

Zu meinen schönsten Erinnerungen während meiner Âyurveda-Ausbildung in Indien gehören die mit Familie Lad. Kaum hatte ich Dr. Vasant Lad in Januar 1974 kennengelernt, da lud er mich schon zum Abendessen nach Hause ein, einem Abendessen, das den Auftakt zu einer wahrhaft langen Abfolge zukünftiger Mahlzeiten bildete. Während der Unterrichtszeit im Tilak Âyurveda Mahavidyalaya von Pune bestand Dr. Lad regelmäßig darauf, dass ich sein Mittagessen mit ihm teilte und schon bald nahm ich viele meiner Mahlzeiten im Hause der Lads ein, eine Gewohnheit, die während meiner sechs Jahre am College fast durchgängig gepflegt wurde. Wann immer ich kam, empfing mich Usha Tai (Frau Lad) mit einem frisch zubereiteten Leckerbissen. Falls sie aktuell nichts anzubieten hatte, ging sie entschuldigend sofort daran, mir etwas von Grund auf zuzubereiten, egal wie lautstark ich dagegen protestierte. Selbst als ich nur von Milch und Obst lebte, wartete stets ein Glas Milch auf mich, bei Tag oder Nacht.

Wie viele Inder liebt Usha Tai es aufrichtig, für Gäste zu kochen, denn jeder Gast, in der Tat jedes Lebewesen, besitzt den Funken der Göttlichkeit. Die Tatsache, dass ich in ihrem Haus war, bedeutete, dass ich verköstigt werden sollte, nicht als widerwillige Verpflichtung, sondern aus Liebe zum Kochen und zum Beköstigen. Jeder Bissen, der dieser zu Besuch weilenden Inkarnation Gottes verabreicht wird, ist ein Bissen, der dem Schöpfer selbst als Opfergabe der Dankbarkeit für die Fülle der Natur zurückgegeben wird. Und da dic heiligen Schriften uns daran erinnern, dass »Nahrung tatsächlich Gott ist«, bedeutet die Verköstigung der Hungrigen die Speisung von Gott mit Gott. Nahrung erzeugt *Rasa*, den essenziellen Nahrungssaft, der die hungrigen Körpergewebe nährt und Geist und Sinne erfreut und befriedigt. Diese Ernährung und Erfüllung sind der Segen, den Annapurna, die Göttin des Essens, allen fühlenden Wesen angedeihen lässt, und die Lads haben stets daran geglaubt, ihren Segen freigiebig mit anderen zu teilen.

Während der Zeit, die ich in der Küche der Lads verbrachte, hatte ich ausreichend Gelegenheit, aus erster Hand mitzuerleben, wie viel Aufmerksamkeit Usha Tai dem Essen schenkte, das sie zubereitete. Ich sah zu, wie sie einkaufte und auswählte, mahlte und schnitt, briet und kochte und sog den Rhythmus der Essenszubereitung in mich auf, durch den die Lebensmittel anfangen zu kochen, sobald sie im Topf sind. Ihre kulinarischen Zubereitungen waren eine praktische Demonstration dessen, was ich in der Theorie im College lernte, nämlich dass die lineare Standardlogik, die den Naturwissenschaften so hilfreich ist, bei den Lebenskünsten wie der Medizin und dem Kochen von geringem Nutzen ist. Nur wenn man ein echtes Gefühl für die Nahrung entwickelt, was der Fall ist, wenn Annapurna beginnt, von einem Besitz zu ergreifen, weiß man, was Kochkunst wirklich bedeuten kann.

An den Sonntagen, wenn die Ambulanzabteilungen des Krankenhauses geschlossen waren und die relative Ruhe es Dr. Lad erlaubte, selbst Ausflüge zum Lebensmitteleinkauf zu unternehmen, begleitete ich ihn, um mehr über die Indikationen einer bestimmten Gemüseart zu lernen oder für welche Art von Menschen eine bestimmte Frucht am besten ist. Manchmal kauften wir Kräuter und verkochten sie zu Tränken, ein dramatischer Beweis für die Regel, dass ein guter *Vaidya* (âyurvedischer Arzt) auch ein guter Koch sein muss. Nach vielen Monaten solch informeller Vorbereitungen begann ich schließlich selbst, unter dem wachsamen Auge meines Mentors Vimalananda zu kochen und schon bald konnte ich dem Vergnügen, beköstigt zu werden, das Vergnügen hinzufügen, andere zu beköstigen, und all das dank meines Aufenthalts bei den Lads.

Ich weiß aus persönlicher Erfahrung, wie konsequent die Familie Lad in den 20 Jahren, seitdem ich sie kenne, einen āyurvedischen Lebensstil pflegt und so erklärte ich mich mit großem Vergnügen bereit, Usha Tais Bitte zu erfullen, eine Einführung zu ihrem Buch über āyurvedisches Kochen zu schreiben. Gute āyurvedische Lehrer sind solche wie Dr. Lad, die gelernt und geleistet haben und gute Köche sind jene wie Usha Tai, die geschwitzt und aufgetischt haben. Möge dieses Buch all denen behilflich sein, die aufrichtig gewillt sind zu erlernen, was es wirklich bedeutet, andere zu verköstigen und verköstigt zu werden und mögen sie ein neues Bewusstsein dafür entwickeln, was Nahrung für ein gut geführtes Leben bedeuten kann.

Dr. Robert E. Svoboda

Einleitung

Während und nach meiner medizinischen Ausbildung arbeitete ich als Assistenzarzt in den Abteilungen Medizin, Chirurgie, Gynäkologie und Kinderheilkunde am Âyurvedic Hospital in Pune. Damals habe ich immer wieder beobachtet, wie die richtige Ernährung verbunden mit der richtigen Kräutermedizin und einem entsprechendem Lebensstil eine zentrale Rolle im Heilungsprozess spielen kann. Mir wurde immer deutlicher, dass Krankheit wie eine »Einladung« ist, die eigenen Denk-, Gefühls- und Ernährungsmuster zu ändern.

Meine Sichtweise veränderte sich von allgemein benutzten Etiketten für eine Erkrankung wie »das ist Grippe« oder »das ist ein Virus« zum inneren Sinn dessen, wie sich dieses Leiden gemäß den grundlegenden Theorien des Âyurveda manifestiert.

Ich erhielt ein tieferes und subtileres Verständnis von dem Zusammenspiel der Doshas in Gesundheit und Krankheit und darüber, wie die sanfte Heilquelle der Natur mit Kräutern und Essen Heilung und Balance bringen kann. Während mein Bewusstsein für die Rolle der Nahrung als Medizin wuchs, beobachtete ich, dass viele Gesundheitsprobleme mit den Stress-Situationen des Alltags verknüpft sind. Dazu gehören Sorgen um Arbeitsplatz oder Geld, Anspannung und auch die Belastung durch den Verzehr des falschen Essens sowie unpassende Nahrungsmittelkombinationen.

In den letzten zwanzig Jahren habe ich viele Probleme gesehen, die das Ergebnis falscher Essensentscheidungen und Unkenntnis über die Kunst der richtigen Essenszubereitung waren, für einen selbst und andere, und manchmal in ernsten Krankheiten mündeten. Während meiner Arbeit in der *Pañchakarma*-Abteilung des Krankenhauses sah ich die beeindruckenden Effekte dieses Reinigungsprogramms in Verbindung mit der richtigen Ernährung. Das ist in der Regel eine Diät, bei der nur eine Art von Essen gegessen wird. Auf diese Weise lernte ich auch, dass Nahrung Medizin ist, wenn man sie richtig einsetzt.

In diesem Buch finden Sie einfache, praktische Ansätze zum Essen und besondere Rezepte der âyurvedischen Kochkunst, die dabei helfen, die gesunde Balance des Körpers wiederherzustellen. Obwohl man in diesem Buch viele hilfreiche Hinweise findet, sollte es nicht als Behandlungsplan für irgendeine Krankheit verstanden werden. Denn diesen sollten Sie natürlich von Ihrem Arzt erhalten. Viele der hier aufgeführten Informationen lassen sich am besten als die »intuitive Wissenschaft des Lebens« bezeichnen. Sie entstammt meiner eigenen praktischen klinischen Erfahrung und basiert auf den Grundprinzipien, die im Laufe von Tausenden von Jahren âyurvedischer Medizin entstanden sind. Das ist keine »wissenschaftliche« Methode, so wie der Begriff in der westlichen Medizin gebraucht wird, sondern umfasst Informationen, die über Jahrhunderte anhand alltäglicher Erfahrung gesammelt wurden.

Zum Beispiel reizen saure Früchte, fermentiertes Essen und scharfe Gewürze *Pitta* und können eine säurebedingte Verdauungsstörung und Sodbrennen hervorrufen. Schwarze Bohnen und Pintobohnen verschlimmern *Vāta*, können Gas erzeugen und zu Blähungen und Unbehagen führen. Joghurt, Käse und kalte Getränke vermehren *Kapha* und können Erkältung, Husten und Kongestion nach sich ziehen. Dieses Buch wird Ihnen dabei helfen, ein gutes Verständnis für die kluge und praktische âyurvedische Herangehensweise gegenüber Ernährung und Gesundheit zu entwickeln.

Ich hoffe, Sie werden feststellen, dass die Vorschläge in diesem Buch ein entscheidender Teil Ihrer eigenen Selbstheilung werden. Die goldenen Schlüssel zur Gesundheit bestehen darin, in Kontakt mit Ihrem inneren Selbst zu treten und den Prozess der Heilung als nützliches Mittel zu erkennen, mehr über Ihre eigenen einmaligen Bedürfnisse zu lernen.

Ich habe meine Frau Usha am Āyurvedic Hospital in Pune kennengelernt, wo sie zur āyurvedischen Krankenschwester ausgebildet wurde. Nach unserer Hochzeit begann Usha, ihr Wissen und ihre Liebe zum Āyurveda als Leitbild bei der Zubereitung unserer Mahlzeiten einzusetzen Sie bringt jeder Phase der Essenszubereitung viel Liebe und Respekt entgegen und kocht jede Mahlzeit aus ganzem Herzen.

Der Titel dieses Buches, *Āyurvedische Küche zur Selbstheilung*, gibt meinem Wunsch Ausdruck, Ihnen ein kreatives Programm aufzuzeigen, das Ihnen und Ihrer Familie eine bessere Gesundheit verleiht. Die Rezepte und Heilmethoden sollen Ihr Leben bereichern, und zwar ohne Nebenwirkungen oder Reaktionen. Das Ziel dieses praktischen »Essensführers« besteht darin, dass Sie zu jeder Jahreszeit gesund und ausgeglichen sind.

Genießen Sie es, für die Gesundheit, Zufriedenheit und Heilung von Familie und Freunden âyurvedisch zu kochen.

Möge Gott Sie mit Liebe und Licht segnen.

Dr. Vasant Lad

EINLEITUNG

Eine Einführung ins āyurvedische Kochen

In den Buchläden findet man heute eine Vielzahl unterschiedlichster Kochbücher, die ein großes Spektrum an verschiedenen Essgewohnheiten und Ernährungskonzepten darstellen. Einige davon sind sehr traditionell, andere dagegen äußerst modern oder das Ergebnis kurzlebiger Modetrends. Gesundheitsbewusste Leute sind daran interessiert, welche Rolle eine gute Ernährung bei ihrer Heilung und für ihre Gesundheit spielen kann. Es stimmt wirklich. Wir sind, was wir essen.

Āyurveda, das alte Medizinsystem Indiens, umfasst die Heilung von Körper, Geist und Seele durch Kost, Lebensweise und Verjüngung. Reinigungsprogramme und Heilkräuter begleiten diese Vorgehensweisen. Diese Kunst der ganzheitlichen Heilung lehrt, dass Essen und Ernährungsweise einen entscheidenden Beitrag zu fortwährender guter Gesundheit leisten können. Der Āyurveda kann viel Einsicht darüber geben, welches Nahrungsmittel für jeden Menschen passt und ihn ausgleicht, wie man diese Speisen richtig zubereitet und kocht und wie man Kombinationen vermeidet, die Toxine im Körper hervorrufen.

Der Hauptzweck dieses Buches besteht darin, Ihnen basierend auf den āyurvedischen Prinzipien bei der Wahl einer passenden Diät zu helfen, die Balance, Harmonie und Gesundheit in Ihr Leben bringt. Es stellt Ihnen auch einfache, leckere Rezepte vor, die Teil der regelmäßigen Ernährung werden können, sowie eine Auswahl an Rezepten, die vielleicht bei verschiedensten gesundheitlichen Problemen hilfreich sind. Doch zunächst ist es notwendig, etwas über Āyurveda zu verstehen, damit man den nötigen Einblick darüber erhält, warum und wie geänderte Ernährungsgewohnheiten einen so grundlegenden Effekt auf Gesundheit und Wohlbefinden haben können.

Die āyurvedische Wissenschaft von der Nahrung und Ernährungsweise ist weit und umfassend und beeinflusst jeden Aspekt unseres Lebens. Āyurveda ist die ewige Wissenschaft des Lebens. Die Tradition des Āyurveda reicht mehr als 5000 Jahre zurück und wurde kontinuierlich bis zum heutigen Tag praktiziert. Obwohl Indien viele verschiedene Herrscher und Eroberer kommen und gehen sah, hat es niemals seine Integrität und essenzielle Natur verloren, wie man anhand der alten Tradition und der Kontinuität des Āyurveda sehen kann.

900 v. Chr. haben drei großartige Gelehrte, Charaka, Sushruta und Vagbhata, dieser mündlichen Tradition eine neue und wundervolle Form gegeben, indem sie die Prinzipien des Āyurveda niederschrieben. Noch heute werden ihre Lehrbücher von Studenten, Ärzten und allen Āyurveda-Schulen und -Hochschulen in ganz Indien benutzt.

Viele unterschiedliche Heiltherapieschulen, die heute weit verbreitet sind, wie Massage, Physiotherapie, Ernährung, Kräutermedizin, plastische Chirurgie, Psychiatrie, Polarity, Kinesiologie, Shiatsu, *Mantra*, Meditation, Farb- und Edelsteintherapie, haben ihre Wurzeln in der āyurvedischen Philosophie. Im wahrsten Sinne ist der Āyurveda die Mutter aller Heilsysteme.

Um zu verstehen, wie Sie Nahrung gemäß Ihren Bedürfnissen und Ihres Körpertyps wählen sollten und um die Grundlagen der āyurvedischen Küche zu erlernen, ist es von großer Bedeutung, die zentralen Funktionsweisen des Āyurveda zu verstehen.

1 Ihre persönliche Konstitution

Das Konzept der Konstitution (*Prakruti* in Sanskrit) ist das wichtigste Bezugssystem und das Herzstück des Āyurveda. Der Āyurveda lehrt, dass es drei grundlegende *Doshas* gibt – *Vāta, Pitta* und *Kapha* – und dass jedes menschliche Wesen eine bestimmte Kombination dieser Prinzipien in seiner oder ihrer Veranlagung hat. Ihre eigene einmalige *Prakruti* ist der Schlüssel oder die Landkarte, über die Sie die Nahrungsmittel und Lebensweise ermitteln können, durch die Sie eine Balance erreichen. Ohne die drei Doshas oder *Tridosha* zu verstehen, kann man die verborgenen Geheimnisse der alten āyurvedischen Küche nicht vollauf begreifen.

Die Elemente

Tridoshas sind dynamische Prinzipien, die Körper, Verstand und Bewusstsein lenken. Sie sind von der genetischen Veranlagung und den emotionalen und geistigen Mustern sowie eventuell bestehenden Unausgewogenheiten abhängig. Beginnen wir zunächst zu verstehen, was es mit den *Tridoshas* auf sich hat, indem wir kurz etwas über die fünf Grundelemente unseres Planeten lernen.

Der menschliche Körper und tatsächlich die gesamte Welt sind aus den gleichen fundamentalen Prinzipien zusammengesetzt: Raum, Luft, Feuer, Wasser und Erde. Alle organischen und anorganischen Substanzen bestehen aus Kombinationen dieser Bestandteile. Ein guter Teil der physischen Welt ist die Interaktion dieser fünf Elemente.

Der alles durchdringende Raum dient als gemeinsamer Faktor oder »Zuhause« für alle Dinge im Universum. Luft ist aktiv, beweglich, trocken und die lebenswichtige Lebenskraft oder *Prāna*, die für alle Lebewesen essenziell ist. Ohne Luft ist kein Leben auf diesem oder einem anderen Planeten möglich. Feuer lenkt die Verdauung, Absorption und Verwertung im lebenden Organismus sowie das Aufblühen, Reifen und den Verfall von Pflanzen. Die Sonne – das Auge des Himmels, die Lampe des Tages – ist die zentrale Quelle der Wärmeenergie. Das lebenserhaltende, flüssige, kühle Element ist Wasser. Es bewahrt die Elektrolyt-Balance, nährt Pflanzen und Tiere und erhält die Umwelt. Das feste, dichte und harte Element ist Erde, der feste Boden für das Leben auf der Erde. Es behütet und bewahrt alle Lebewesen des Planeten und gibt ihnen Essen und Schutz.

Diese fünf Elemente unterstützen normalerweise das Leben und erhalten die Harmonie auf der Welt, doch

wenn sie aus dem Gleichgewicht geraten, können sie Beschwerden hervorrufen und das Leben bedrohen. Das Vorherrschen eines jeden Elements ändert sich aufgrund seiner ureigenen Natur ständig und verwandelt die Temperatur, Luftfeuchtigkeit, Zeit und Jahreszeiten. Die Menschen müssen daher bestrebt sein, sich fürs reine Überleben an diese Veränderungen anzupassen. Dank ihrer Intelligenz setzen sie die Menschen die gleichen Elemente gegeneinander ein, um die optimalen Umweltbedingungen zu schaffen. So bauen sie beispielsweise Häuser aus Ziegeln (Erdelement), um sich vor den Veränderungen in Luft, Wärme und Wasser zu schützen.

Jedes Individuum besitzt alle Elemente, doch die Anteile und Kombinationen variieren von Mensch zu Mensch. Bewahrt man die eigene, individuelle qualitative und quantitative Balance dieser fünf Grundelemente, so verfügt man über eine perfekte Gesundheit. Wenn Ihre eigene, einmalige Kombination der Elemente aufrechterhalten wird, so ist Ihre Gesundheit gut. Doch falls die Kombination gestört ist, kann es zu Krankheit kommen. So kann eine verstärkte Erdkomponente zu Fettleibigkeit führen, erhöhtes Wasser ein Ödem zur Folge haben oder vermehrtes Feuer Fieber, Geschwüre und jede Art von Brennen wie Sodbrennen, Bindehautentzündung oder brennende Blasenentleerung auslösen. Es kann auch zu leichten Veränderungen in den geistigen Fähigkeiten kommen, wenn das Gleichgewicht gestört ist, dann erzeugt eine Verstärkung der Luft Furcht und Angst, bei Feuer führt das zu Ärger und Hass und bei Erde bringt es Depression und Trägheit.

Tridosha – Vāta, Pitta und Kapha

Der klassische Āyurveda hat vielleicht noch in Betracht gezogen, die Menschen anhand des vorherrschenden Elements in fünf Körpertypen aufzuteilen. Doch da der Raum grundsätzlich unbeweglich ist und die Erde die feste, unterstützende Basis der Schöpfung ist, gelten diese beiden Elemente als überwiegend passiv. Die aktiven, beweglichen und veränderlichen Elemente sind Luft, Feuer und Wasser.

Das Āyurveda fasst diese drei aktiven Elemente im Prinzip des *Tridosha* zusammen.

- *VĀTA* steht für Luft und Raum.
- *PITTA* ist Feuer mit Wasser.
- *KAPHA* ist Wasser und Erde.

Vāta, *Pitta* und *Kapha* sind die absolute Grundlage des Āyurveda. Das Konzept der Körpersäfte – Galle, Blut und Schleim – das in der alten europäischen Medizin Eingang fand, ist höchstwahrscheinlich eine der vielen Weiterentwicklungen des Āyurveda.

Die Kombination und Anteile von *Vāta, Pitta* und *Kapha* werden zum Zeitpunkt der Befruchtung anhand von Genetik, Kost, Lebensstil und Emotionen der Eltern bestimmt. Nur wenige Menschen haben das Glück, mit einer ausgewogenen Konstitution zur Welt zu kommen, bei der alle drei *Doshas* in Qualität und Menge gleich sind. Diese Leute sind mit einer guten Gesundheit und ausgezeichneten Verdauung gesegnet. Doch bei einem Großteil der Menschen sind ein oder zwei *Doshas* ausgeprägt. Durch die richtige Diät und Lebensweise können sie eine optimale Gesundheit erreichen.

Die meisten Menschen haben eine *Prakruti*, die aus einer von sieben Kombinationen aus *Vāta, Pitta* und *Kapha* besteht. Jemand ist dann vielleicht überwiegend *Kapha*, hat als zweite Eigenschaft *Pitta* und etwas *Vāta*. Im Āyurveda schreibt man das dann $V_1 P_2 K_3$. Ein Mensch kann auch zu etwa gleichen Teilen *Pitta* und *Vāta* und ein wenig *Kapha* haben. Das wird als $V_3 P_3 K_1$ notiert. Die Zahlen stellen den relativen Anteil jedes *Dosha* dar.

Prakruti und Vikruti

Die Kombination der drei Doshas, die bei der Empfängnis festgelegt wird, heißt *Prakruti*. Die *Prakruti* verändert sich im Laufe des Lebens nicht, außer in sehr seltenen Fällen. Es gibt auch eine »momentane« Konstitution, die den aktuellen Gesundheitszustand wiedergibt und als *Vikruti* bezeichnet wird. Bei einem Menschen mit exzellenter Gesundheit entsprechen sich die Anteile von *Vikruti* und *Prakruti*. Doch höchstwahrscheinlich gibt es bei den meisten einen Unterschied, denn die *Vikruti* spiegelt alle Aspekte von Ernährung, Lebensführung, Emotionen, Alter, Umwelt etc., die nicht mit der eigenen *Prakruti* harmonieren. Dieser Unterschied lässt sich von einem āyurvedischen Arzt über eine Reihe von Verfahren ermitteln, z. B. durch eine Erstanamnese, die Untersuchung von Gesicht und Zunge und die Pulsdiagnose. Es ist dieser Unterschied zwischen *Prakruti* und *Vikruti*, der dem āyurvedischen Arzt genaue Informationen liefert, um einen Plan zur Wiederherstellung der Gesundheit aufzustellen.

Bestimmung Ihrer Konstitution

Wenn Sie etwas über Ihre Konstitution lernen, können Sie Schritte unternehmen, um Ihre Gesundheit wiederherzustellen oder zu verbessern. Am besten suchen Sie einen āyurvedischen Arzt auf, um Ihre *Prakruti* und *Vikruti* in Erfahrung zu bringen. Doch wenn dies nicht möglich ist, können Sie im Anhang dieses Buches auch den Fragebogen »Ihre Konstitution« ausfüllen und zu einem angemessenen Ergebnis gelangen.

Ehe Sie jedoch den Fragebogen ausfüllen, sollten Sie sich jedoch zunächst mit den Qualitäten jedes *Dosha* vertraut machen. Egal, welche Konstitution Sie schließlich für sich selbst ermitteln: Es ist möglich, durch richtige Kost, Kochmethoden, Lebensstil und eine Einstellung, die auf Sie zugeschnitten ist, eine optimale Gesundheit zu erzielen.

Eigenschaften des Vāta-Menschen

Der Sanskrit-Begriff *Vāta* stammt von dem Verb »va« und bedeutet tragen oder bewegen. Somit ist *Vāta* das Prinzip der Beweglichkeit, das jede Aktivität im Körper regelt, sei es, wie viele Gedanken man vielleicht in einer Minute hat, sei es, wie effizient die Nahrung sich durch den Darm bewegt. Die *Vāta*-Qualität ist für Freude, Glück, Kreativität, Sprache, Niesen und Ausscheidung verantwortlich, um nur einige Funktionen zu nennen. *Vāta* ist für die unverzichtbare Lebensessenz zuständig, also für Sauerstoff oder *Prāna*. Wenn *Vāta* den Körper verlässt, ist daher auch das Leben zu Ende.

Vāta hat die Qualitäten oder Eigenschaften trocken, leicht, kalt, rau, feinstofflich, beweglich und klar, mit einem astringenten Geschmack. Wie diese Qualitäten sich in der Veranlagung des *Vāta*-Menschen manifestieren, sehen Sie in der Tabelle auf der nächsten Seite.

Diese Kombination der Qualitäten kann sowohl für körperliche Eigenschaften-, als auch für Verhaltensmuster bei *Vāta*-Menschen verantwortlich sein. Physisch haben sie einen leichten, flexiblen Körper, große, vorstehende Zähne und lutschten vielleicht als Kind an Daumen oder Fingern. Sie haben kleine,

Die Eigenschaften des Vāta-Menschen

EIGENSCHAFTEN	MANIFESTATIONEN IM KÖRPER
Trocken	Trockene Haut, Haare, Lippen, Zunge; trockener Dickdarm, neigt zu Verstopfung; Heiserkeit
Leicht	Leichte Muskeln, Knochen, dünner Körperbau, leichter, unzureichender Schlaf; untergewichtig
Kalt	Kalte Hände, Füße, Kreislaufschwäche; hasst Kälte und liebt Hitze; steife Muskeln
Rau	Raue, rissige Haut, Nägel, Haare, Zähne, Hände und Füße; knackende Gelenke
Feinstofflich	Unterschwellige Furcht, Angst, Unsicherheit; feine Gänsehaut; feinstes Muskelzucken, leichter Tremor
Beweglich	Schnelles Gehen, Reden, vieles auf einmal tun; sprunghaft; rastlose Augen, Augenbrauen, Hände, Füße; instabile Gelenke; viele Träume; reist gern und bleibt nicht an einem Ort; Stimmungsschwankungen, wankelmütiger Glaube, zerstreuter Geist
Klar	Hellsichtig; versteht und vergisst sofort; klarer, leerer Geist, erlebt Leere und Einsamkeit
Astringent	Trockenes Erstickungsgefühl in der Kehle; hat Schluckauf, Aufstoßen; isst gern ölige, breiige Suppen; Verlangen nach süßem, saurem und salzigem Geschmack; Tendenz zu Verstopfung
Bräunlich-schwarz	Dunkle Hautfarbe; dunkle Haare und Augen; Farbe von Vāta Āma, z. B. dunkler Zungenbelag

tief liegende, trockene Augen. *Vāta*-Menschen haben einen unregelmäßigen Appetit und Durst und leiden häufig unter Verdauungs- und Malabsorptionsproblemen. Sie haben eine eher fragile Gesundheit, daher oft wenige oder keine Kinder.

In ihrem Verhalten sind *Vāta*-Individuen leicht erregbar. In der Tat sind sie wach und handeln rasch, ohne viel nachzudenken. Sie geben vielleicht eine falsche Antwort, aber mit großer Zuversicht. Sie haben ein gutes Vorstellungsvermögen und hängen gern Tagträumen nach. Sie sind sehr liebevolle Leute, lieben jemanden aber vielleicht aus Furcht oder Einsamkeit. Furcht vor Dunkelheit, Höhe und engen Räumen sind bei *Vāta*-Menschen nicht selten anzutreffen. Ihr Glaube ist flexibel und veränderlich, doch die Veränderung hält nicht unbedingt lange an. *Vātas* lieben Veränderung. Daher wechseln sie oft Möbel, Wohnung oder Wohnort, damit ihnen nicht langweilig wird. Sie legen nicht gern die Hände in den Schoß, sondern mögen ständige Aktion. Nichts zu tun zu haben, ist für sie eine Strafe. Aufgrund ihrer aktiven Natur verdienen sie genug Geld, doch sie geben es für Kleinigkeiten aus und haben Mühe zu sparen.

Eigenschaften des Pitta-Menschen

Das Wort *Pitta* stammt vom Sanskrit-Wort »tapa«, was erwärmen bedeutet. *Pitta* stellt das Feuer-Prinzip im Körper dar. Wirklich alles, was in den Körper kommt, muss verdaut oder »gekocht« werden, vom Anblick des Neumonds bis zu einer in den Mund gesteckten Walderdbeere. Manche Lebensmittel wie Reis müssen zunächst auch äußerlich gekocht werden, ehe das Körperfeuer mit der Verdauung beginnen kann. Neben dem Magenfeuer gehören zu *Pitta* auch die Enzyme und Aminosäuren, die eine wichtige Rolle beim Stoffwechsel spielen.

Pitta ist unter anderem für die Regulierung der Körperwärme durch die chemische Umwandlung von Nahrung verantwortlich und sorgt beim Menschen für Appetit, Vitalität, Lernen und Verständnis. Aus dem Gleichgewicht geratenes *Pitta* kann Ärger, Hass und Kritik hervorrufen.

Pitta ist heiß, scharf, leicht, ölig, flüssig und von seiner Natur her ausbreitend. Es hat einen sauren, scharfen und bitteren Geschmack und einen fleischigen Geruch. Es ist mit den Farben Rot und Gelb verbunden. Diese Qualitäten zeigen sich im Körper des *Pitta*-Menschen, wie man der Tabelle auf der nächsten Seite entnehmen kann.

Wegen der rechts in der Tabelle aufgeführten Eigenschaften besitzen *Pitta*-Menschen einen mäßig empfindlichen Körper mit mittlerem Körperbau und Gewicht. Sie nehmen selten viel zu oder ab. Sie haben vielleicht scharfe, gelbliche Zähne mit weichem, manchmal blutendem Zahnfleisch. Ihre Augen sind hell, aber oft lichtempfindlich. Meist haben *Pittas* einen starken Appetit und Durst und mögen daher tendenziell scharfes und würziges Essen.

Pitta-Individuen können ausgezeichnet lernen, verstehen und sich konzentrieren. Sie sind hochgradig diszipliniert und ausgezeichnete Anführer. Diese Menschen sind mit Weisheit gesegnet, was sich manchmal in Kahlköpfigkeit äußert. (Tatsächlich so viel Weisheit, dass es ihnen die Haare »verbrennt«!) *Pitta*-Menschen weichen nie auch nur ein bisschen von ihren Prinzipien ab, was sie manchmal fanatisch werden lässt. In der Tat können sie voreingenommen, kritisch und perfektionistisch sein und neigen dazu, sich leicht aufzuregen.

Die Eigenschaften des Pitta-Menschen

EIGENSCHAFTEN	MANIFESTATIONEN IM KÖRPER
Heiß	Gutes Verdauungsfeuer; starker Appetit; die Körpertemperatur ist meist höher als im Durchschnitt; hasst Hitze; graue Haare mit Stirn- oder Kopfglatze; weiches, braunes Haar am Körper und im Gesicht
Scharf	Scharfe Zähne, ausgeprägte Augen, spitze Nase, spitzes Kinn, herzförmiges Gesicht; gute Absorption und Verdauung; scharfes Gedächtnis und Verständnis; verträgt keine harte Arbeit; reizbar; neugieriger Geist
Leicht	Leichter/mittlerer Körperbau; verträgt kein helles Licht; helle, glänzende Haut, helle Augen
Flüssig	Loser, flüssiger Stuhl; weiche, empfindliche Muskeln; übermäßiger Urin, Schweiß und Durst
Sich ausbreitend (beweglich)	*Pitta* breitet sich als Ausschlag, Akne oder Entzündung am ganzen Körper oder an betroffenen Stellen aus; *Pitta*-Menschen wollen überall bekannt und berühmt werden
Ölig	Weiche, ölige Haut, Haare, Stuhl; kann vielleicht kein frittiertes Essen verdauen, (was zu Kopfschmerzen führen mag)
Sauer	Saurer Magen, saurer pH-Wert; empfindliche Zähne; übermäßige Speichelbildung
Scharf	Sodbrennen, brennende Empfindungen allgemein; starke Gefühle von Wut und Hass
Bitter	Bitterer Geschmack im Mund, Übelkeit, Erbrechen; Widerwillen gegen bitteren Geschmack; zynisch
Fleischiger Geruch	Übler Geruch unter den Achseln, im Mund, an den Fußsohlen; Socken riechen
Rot	Gerötete Haut, Augen, Wangen und Nase; rote Farbe verschlimmert *Pitta*; erträgt weder Hitze noch Sonnenlicht; Farbe von Pitta ohne Āma
Gelb	Gelbe Augen, Haut, Urin und Stuhl; kann zu Gelbsucht, Überproduktion von Galle führen; gelbe Farbe erhöht *Pitta*; hellgelbe Färbung ist normales Pitta, aber dunkelgelb ist die Farbe von Pitta Āma

Sie mögen angesehene Berufe und verdienen oft sehr viel Geld, das sie für Luxusgüter ausgeben. Sie mögen Parfüm und Schmuck. Sie haben wohl keinen zu starken Sexualtrieb. Insgesamt verfügt die *Pitta*-Konstitution über mäßige Stärke, durchschnittliches spirituelles und materielles Wissen, durchschnittlichen Wohlstand und eine mittlere Lebensspanne.

Eigenschaften des Kapha-Menschen

Der Begriff *Kapha* leitet sich von zwei Sanskrit-Wurzeln ab, »ka« bedeutet Wasser und »pha« heißt gedeihen. Die Natur von *Kapha* ist auch die Erde, also definieren sich die Qualitäten von *Kapha* über Erde und Wasser. *Kapha* umfasst all unsere Zellen, Gewebe und Organe. *Kapha*-Moleküle neigen dazu, zusammenzukleben, um dichte Massen zu bilden, und geben dem Körper eine rundliche Form. Zur Wasser-Funktion von *Kapha* gehören die Schmierung der Gelenke und Organe, starke Muskeln und Knochen, Zellsekretionen und Merkfähigkeit.

Wasser und Erde geben *Kapha* die Qualitäten schwer, langsam, kühl, ölig, flüssig, schleimig, dicht, weich, statisch, klebrig, trüb, hart und grobstofflich. Es hat eine weiße Farbe und besitzt einen süßen und salzigen Geschmack. Die Aufstellung dieser Qualitäten bei der *Kapha*-Konstitution finden Sie in der Tabelle auf der nächsten Seite.

Die genannten Qualitäten verleihen Menschen mit *Kapha*-Konstitution eine starke und große Statur, große Augen, starke Zähne und dickes, lockiges Haar. Sie haben dicke, glatte, ölige und haarige Haut. *Kapha*-Menschen haben einen gleichmäßigen Appetit und Durst, aber eine eher langsame Verdauung und langsamen Stoffwechsel. Diese Eigenschaften führen häufig zu Gewichtszunahme, weswegen es oft schwierig ist, wieder abzunehmen. Manchmal führt das Verlangen nach Süßem und Salzigem zu Wassereinlagerungen. Es gefällt ihnen zu essen, zu sitzen, nichts zu tun und lange zu schlafen.

Kapha-Leute sind mit einem tiefen, stabilen Glauben gesegnet, mit Liebe und Mitgefühl und einem ruhigen, stabilen Geist. Sie verfügen über ein gutes Gedächtnis, eine tiefe melodische Stimme und ein monotones Sprachmuster. Ein *Kapha*-Mensch macht und spart Geld. Es ist für ihn schon extravagant, etwas mehr für Käse, Süßigkeiten und Kuchen auszugeben. Gerät *Kapha* aus dem Gleichgewicht, leidet er an Gier, Anhaftung, Besitzgier und Faulheit. Insgesamt gesehen verfügt der Kapha-Mensch dank einer starken Konstitution über ausgezeichnete Stärke, Wissen, Frieden, Liebe und ein langes Leben.

Die Eigenschaften des Kapha-Menschen

EIGENSCHAFTEN	MANIFESTATIONEN IM KÖRPER
Schwer	Schwere Knochen, Muskeln, große Statur; neigt zu Übergewicht; geerdet; tiefe, schwere Stimme
Langsam/träge	Langsames Gehen, Sprechen; langsame Verdauung, Stoffwechsel; schwerfällige Gestik
Kühl (Kalt)	Kalte, klamme Haut; gleichmäßiger Appetit und Durst mit langsamem Stoffwechsel und Verdauung; wiederholt Erkältung, Verschleimung und Husten; Verlangen nach Süßigkeiten
Ölig	Ölige Haut, Haare und Stuhl; geschmierte, geschmeidige Gelenke und andere Organe
Flüssig	Übermäßige Speichelbildung; Verschleimung in Brust, Stirnhöhlen, Kehle und Kopf
Schleimig/glatt	Glatte Haut; Glattheit der Organe; mildes, sanftes Gemüt, ruhige Natur
Dicht	Dichtes Fettpolster; dicke Haut, Haare, Nägel und Stuhl; plump gerundete Organe; Festigkeit und Solidität der Muskeln; kompaktes, verdichtetes Gewebe
Weich	Weiches angenehmes Äußeres; Liebe, Fürsorge, Mitgefühl, Freundlichkeit und Nachsicht
Statisch	Liebt es, zu sitzen, zu schlafen und nichts zu tun
Klebrig	Zähflüssige, zusammenhängende Qualität führt zu Kompaktheit, Festigkeit der Gelenke und Organe; umarmt gern; ist in Liebe und Beziehungen tief verbunden
Trüb	Am frühen Morgen ist der Verstand trüb und diffus; braucht oft einen Kaffee als Wachmacher, um den Tag zu beginnen
Hart	Feste Muskeln; Stärke; starre Einstellung
Grobstofflich	Verursacht Obstruktion; Adipositas
Süß	Die anabolische Aktion des süßen Geschmacks stimuliert die Spermabildung und erhöht die Samenmenge; abnorme Funktion kann Heißhunger auf Süßigkeiten verursachen
Salzig	Hilft Verdauung und Wachstum, gibt Energie; erhält den osmotischen Zustand; abnorme Funktion kann Verlangen nach Salz, Wassereinlagerungen hervorrufen
Weiß	Blasse Hautfarbe; weißer Schleim; weißer Zungenbelag; Farbe von Kapha Āma

2 Faktoren, die unsere Gesundheit beeinflussen

Âyurveda ist ein Weg der Heilung und eine Lebensweise, die immer den ganzen Menschen berücksichtigt. Laut den Lehren des Âyurveda trägt jeder Aspekt des Lebens zur gesamten Gesundheit bei. Dieses Kapitel führt nur einige Dinge an, die das eigene Wohlbefinden beeinflussen können. Eine schwache Gesundheit hat selten eine einfache oder einzige Ursache. Manche Faktoren reagieren auf Veränderungen, wie die Ernährung, und manche liegen jenseits der persönlichen Kontrolle, wie das Wetter. Beim Letztgenannten kann man bestimmte Dinge unternehmen, um den Einfluss abzumildern oder auszuschalten. Natürlich ist es nicht möglich oder ratsam zu versuchen, alles auf einmal zu ändern. Die âyurvedische Literatur empfiehlt »langsam und stetig« als beste Route zum erfolgreichen Wechsel. Die meisten Menschen finden, dass die Ernährung der beste Ansatzpunkt für eine âyurvedische Lebensweise ist.

Die Doshas

Das eigene Wohlbefinden spiegelt den inneren Gesundheitszustand wider. Eine gute Gesundheit zeigt sich durch die Bewahrung der eigenen, einmaligen Kombination der *Doshas*, einen ausgewogenen Zustand von *Agni*, den sieben Körpergeweben, den drei Ausscheidungssystemen (Urin, Schweiß und Stuhl) sowie eine Balance in Geist, Sinnen und Bewusstsein. Ebenso wichtig für das eigene Wohlergehen ist es, im täglichen Leben Liebe, Glück und Klarheit zu erleben.

Eine Unausgewogenheit der *Doshas* führt zu inneren biochemischen Veränderungen, die schließlich zu einem höheren oder verringerten Stoffwechsel führen.

Pitta-Dosha regelt alle physischen und biochemischen Umwandlungen, die im Körper stattfinden. Durch diesen Prozess werden Lebensmittel und Gedanken in Energie, Wärme und Vitalität transformiert. *Pitta* führt diese Funktionen während unseres gesamten Lebens durch, ist aber im Erwachsenenalter besonders vorherrschend. All diese Aktivitäten des *Pitta* sind vom »Verdauungsfeuer« oder *Agni* abhängig. Schwaches *Agni* bedeutet schwache Gesundheit. Die falsche Ernährungsweise wie scharfwürzige Speisen, eine unpassende Lebensweise, also z. B. in einem heißen Klima leben, und unterdrückte Emotionen können die normale Funktion von *Pitta* verändern.

Anabolismus ist der Prozess, bei dem der Körper aufgebaut wird. Es ist die Reparatur, das Wachstum und die Bildung neuer Zellen. Dieser Vorgang wird von *Kapha* durchgeführt und ist von der Geburt bis ins Teenageralter am aktivsten. *Kapha-Dosha* kann durch die übermäßige Aufnahme von Milchprodukten und kalten und öligen Lebensmittel gestört werden.

Katabolismus ist die zerstörerische, aber notwendige Abbauphase des Stoffwechsels. Dabei werden größere Moleküle in kleinere aufgespalten. Dieser molekulare Tod wird von *Vāta-Dosha* gelenkt und ist im Alter am aktivsten. Die wiederholte Einnahme von *Vāta* reizendem Essen wie Salaten und Popcorn und zu viel Sport können *Vāta* verschlimmern und die Gesundheit beeinträchtigen.

KAPITEL 2

Ungeeignete Essgewohnheiten

1. Überessen
2. Schon bald nach einer vollständigen Mahlzeit wieder essen
3. Bei einer Mahlzeit zu viel oder kein Wasser trinken
4. Zum Essen oder ständig stark gekühltes Wasser trinken
5. Essen, wenn man Verstopfung hat
6. Zur falschen Tageszeit essen – zu früh oder zu spät
7. Zu viel schweres Essen oder zu wenig leichte Kost zu sich nehmen
8. Bei einer Mahlzeit Fruchtsaft trinken oder Obst essen
9. Essen ohne echten Hunger
10. Emotionales Essen
11. Unverträgliche Lebensmittelkombinationen essen
12. Zwischen den Mahlzeiten essen

Tageszeit und Jahreszeit

Die biologische Uhr des Körpers wird von den Doshas reguliert. Die Zeit der höchsten *Kapha*-Aktivität ist am frühen Morgen und frühen Abend, von 6–10 Uhr und 18–22 Uhr. Die *Pitta*-Periode ist mittags und um Mitternacht, 10–14 Uhr und 22–2 Uhr, während die *Vāta*-Stunden Morgen- und Abenddämmerung sind, 2–6 Uhr und 14–18 Uhr. Daher rufen Krankheiten vom *Pitta*-Typ wie Geschwüre spät am Abend in der *Pitta*-Zeit der biologischen Uhr wohl die größten Beschwerden hervor. Das Gegenteil ist auch der Fall, in dem Sinn, dass ein scharfer Schmerz in der Magenregion spät abends Geschwüre oder eine andere Verschlimmerung vom *Pitta*-Typ bedeuten kann.

Nachdem das Essen eingenommen wurde, durchläuft es verschiedene Verdauungsstadien, an denen jeweils ein bestimmtes *Dosha* beteiligt ist. Die Verdauung einer vollständigen Mahlzeit erfordert 6–8 Stunden. Ungefähr zweieinhalb Stunden nach dem Essen ist *Kapha* das dominante *Dosha*, das dem Magen zugeordnet ist. Ungefähr zweieinhalb Stunden später ist *Pitta-Dosha* dominant. Dieser Zeitabschnitt und das *Dosha* stehen mit dem Dünndarm in Verbindung, wo Galle und Darmenzyme wirken. Zuletzt findet die Verdauung im Dickdarm ihren Abschluss, wo überwiegend *Vāta* vorherrscht und Absorption und Ausscheidung stattfinden. In dieser Phase dominiert *Vāta*. Gas, eine Qualität von *Vāta*, tritt hier oft auf, wenn die Speisen nicht richtig verdaut werden.

Die Jahreszeiten haben Eigenschaften, die den drei Doshas ähneln und eine Verschlimmerung und Unausgewogenheit auslösen. Beispielsweise ist der Sommer heiß, scharf und hell, was *Pitta* reizt. Dann können *Pitta*-Erkrankungen wie Sonnenbrand, Hitzewallungen, Erschöpfung, Akne und Durchfall auftreten. Psychologisch reagieren Leute dann auf Kleinigkeiten mit Ärger und Hass.

Herbst ist trocken, leicht, kalt, klar und windig, alles Qualitäten, die *Vāta-Dosha* reizen. Es können sich Schmerzen in den Gelenken und Muskeln zeigen und der Verstand wird vielleicht furchtsam, ängstlich und einsam.

Die schwere, kalte Feuchtigkeit des Winters kann *Kapha* reizen und zu Husten, Erkältung und Rhinitis führen. Anhaftung und Gier können sich im Geist entwickeln, wenn *Kapha* gereizt ist.

Die wässrige Qualität des Frühlings reizt *Kapha* ebenfalls und manche Leute bekommen dann Frühlingserkältungen, Allergien und Atemwegsbeschwerden.

Der Wechsel von einer Jahreszeit zur anderen macht es vielleicht erforderlich, dass man seine Kost für eine gewisse Zeit anpasst, um die Balance wiederherzustellen.

Angemessen Sport treiben

Auch Sport sollte in Harmonie mit der jeweiligen Konstitution erfolgen. *Kapha*-Menschen können den anstrengendsten Sport treiben, *Pitta* ein mittleres Maß und *Vāta* den am schonendsten. Aerobic, Schwimmen, schnelles Gehen und Radfahren sind alles gute Sportarten für *Pitta* und *Kapha*, aber nicht für *Vāta*. *Vāta* springt und joggt gern, doch Übungen wie Yoga, Dehnen und Tai Chi sind besser geeignet. Leute mit ernstlichen *Vāta*- und *Pitta*-Störungen und jene, die über 80 oder unter 10 Jahre alt sind, sollten nur sehr schonenden Sport treiben. Gehen ist wohl die beste Sportart überhaupt für jede Konstitution.

Selbst für einen gesunden Menschen empfiehlt das Āyurveda ein Training, das die Hälfte der eigenen Kapazität erfordert, also bis der Schweiß auf der Stirn, unter den Armen und entlang der Wirbelsäule erscheint. Dieses Maß an Sport regt das Verdauungsfeuer an, verbessert die Verdauung, lindert Verstopfung und führt Entspannung und tiefen Schlaf herbei. Schwitzen hilft, Toxine zu beseitigen, Fett abzubauen und gibt einem ein gutes Gefühl. Übertrieben viel Sport kann Dehydratation und Atemlosigkeit, selbst Brustschmerzen und Muskelkater hervorrufen, was schließlich Arthritis, Ischias oder Herzerkrankungen auslösen kann.

Eine ausgewogene Lebensweise pflegen

Die Lebensweise hat im Leben eines jeden Menschen ihren ganz bestimmten Rhythmus. Zu früh oder zu spät aufstehen, unregelmäßige Ernährungsgewohnheiten, lange wach bleiben, Stress bei der Arbeit, Stuhlgang zur unrechten Zeit und die Unterdrückung natürlicher Triebe sind ein paar Gewohnheiten, die einen aus dem Gleichgewicht bringen können. Regelmäßigkeit beim Schlafen, Aufstehen, Essen und Ausscheiden, also die Befolgung einer täglichen Routine, bringen Disziplin und helfen dabei, die Integrität der Doshas und die Gesundheit zu bewahren.

Der Āyurveda macht einige konkrete Vorschläge dazu, welche Rolle Sex im Leben spielen sollte. Sexuelle Aktivität sollte nach schweren Mahlzeiten, bei Hunger oder Ärger vermieden werden, da dies der Gesundheit schaden könnte. Das richtige Maß und die richtige Zeit ist wichtig. *Vāta* sollte nicht öfter als einmal oder höchstens zweimal im Monat Liebe machen, *Pitta* einmal alle zwei Wochen und *Kapha* zwei- bis dreimal pro Woche. Die beste Zeit, um Liebe zu machen, ist zwischen 22 und 23 Uhr. Zu häufiges Liebesspiel verringert *Ojas*, die Lebensenergie, schwächt manche Menschen und kann bei ihnen zu Erkrankungen führen. *Ojas* sollte nach der sexuellen Aktivität durch Massage und nährende Getränke wie Mandelmilch wiederhergestellt werden.

Beziehungen und Emotionen

Der Alltag besteht aus Beziehungen, den Beziehungen, die wir miteinander haben, und denen, die wir mit uns selbst haben. Im Idealfall sind diese Beziehungen geprägt von Klarheit, Mitgefühl und Liebe. Es ist oft einfacher, andere zu lieben und zu respektieren, als sich selbst. Beziehungen sind Spiegel, die wir für das eigene Lernen, Erkunden und Nachforschen einsetzen. Indem wir daraus lernen, kann unser Leben radikal transformiert werden. Wenn unsere Beziehungen unklar sind, beeinträchtigen Verwirrung und Konflikte unser Wohlbefinden.

Emotionen wie Ärger, Furcht oder Angst entstehen als Reaktionen auf unsere täglichen Beziehungen. Diese Reaktionen treten aufgrund von momentaner Unaufmerksamkeit auf. Jeder Mensch sollte seinen Gedanken, Gefühlen und Emotionen vollkommene Aufmerksamkeit schenken. Wenn das nicht geschieht, bleiben die Emotionen unverdaut und können den Körper ebenso vergiften wie schlechte Lebensmittelkombinationen. Jede Emotion ist eine biochemische Reaktion auf eine Herausforderung und kann die Doshas reizen. Furcht und Angst verschärfen *Vāta*, Ärger und Hass bringen *Pitta* durcheinander und Anhaftung und Gier verschlimmern *Kapha*.

Meditation und Wohlbefinden

Meditation spielt eine äußerst wichtige Rolle im täglichen Leben und ist ein wirkungsvolles Mittel, um die Gesundheit zu bewahren. Während der Begriff Meditation im Wörterbuch mit denken, sinnen, durchgehen und untersuchen beschrieben wird, gibt diese Definition nicht die tiefgründige Bedeutung des Wortes wieder. Meditation ist eine Aktion klarer Wahrnehmung, eine Beobachtung mit vollkommener Achtsamkeit und ohne jede Folgerung, Bewertung oder Kritik. Meditation macht es erforderlich, dass man völlig eins mit dem Moment ist. In dieser Einheit gibt es eine radikale Veränderung in der eigenen Psyche. In diesem Bewusstsein von Moment zu Moment findet eine Reinigung von Körper, Geist und Bewusstsein statt. Diese Reinigung versetzt uns in einen Zustand des Friedens, der Freude, Glückseligkeit und Erleuchtung ist. In diesem Moment wird das Leben eine Bewegung spontaner Meditation.

3 Geschmack und Verdauung

Im Āyurveda wird Nahrung auf einmalige und ganzheitliche Weise betrachtet. Versteht man einige dieser Prinzipien, wird es leichter, die Nahrungsmittel zu erkennen, welche die Doshas im Gleichgewicht halten.

Qualitäten von Nahrung

Im vorherigen Kapitel wurde gezeigt, dass jedes *Dosha* gewisse Eigenschaften oder Qualitäten wie trocken, heiß oder schwer hat. Folgende Tabelle zeigt die Grundqualitäten, die sich in gleicher Weise auf ein Lebensmittel oder ein bestimmtes *Dosha* beziehen.

DIE 20 GRUNDEIGENSCHAFTEN ODER QUALITÄTEN

Schwer	Leicht	Kalt	Heiß
Ölig	Trocken	Langsam	Scharf
Stabil	Beweglich	Weich	Hart
Schleimig	Rau	Dicht	Flüssig
Grobstofflich	Feinstofflich	Trüb	Klar

Ebenso wie die Doshas besteht jede Art von Nahrung aus bestimmten Qualitäten. Zum Beispiel ist Popcorn leicht und trocken, während Käse schwer und ölig ist.

Diese Qualitäten haben einen direkten Einfluss darauf, wie der Körper ein bestimmtes Nahrungsmittel annimmt und verdaut. Sogar die emotionale Einstellung kann direkt beeinträchtigt werden, so kann der Verstand nach dem Verzehr scharfer Chilischoten scharf und reizbar sein.

Generell gilt: Wenn die Qualitäten eines Nahrungsmittels den Qualitäten eines *Dosha* ähneln, wird das tendenziell dieses *Dosha* verstärken, z. B. wenn ein *Vāta*-Mensch (trocken) Popcorn (trocken) isst. Gegensätzliche Qualitäten gleichen sich eher aus, z. B. wenn ein *Pitta*-Mensch (Feuer) Minztee (kühlend) trinkt Dieses Grundprinzip kann Ihnen bei der Wahl von Nahrungsmitteln helfen, die Ihre eigene, einmalige Konstitution ausgleichen.

BEISPIELE DER EIGENSCHAFTEN BESTIMMTER SPEISEN

Schwer	Käse, Fleisch, Bohnen	**Trocken**	Hirse, Roggen, trockene Frühstückszerealien
Leicht	Reis, Popcorn, Sprossen, Koffein	**Langsam**	Fleisch, Joghurt
Kalt	Eiscreme, gekühlte Milch, Minze	**Scharf**	Zwiebeln, Knoblauch
Heiß	Chilischote, Alkohol, Tabak	**Stabil**	*Ghee*
Ölig	Käse, Avocado, Olivenöl, Kokosnuss	**Beweglich**	Alkohol, Sprossen, Popcorn

Die Konzepte von Rasa, Vīrya, Vipāka und Prabhāva

Gemäß der āyurvedischen Philosophie ist der Mond die Gottheit des Wassers. Wasser in der Atmosphäre in seiner reinen Form ist kühl, klar und ohne jeden Geschmack. Das Wasser fällt schließlich zur Erde, tritt in einen Austausch mit den anderen Elementen und gelangt in die Pflanzen. Dieser Nektar des Mondes erzeugt verschiedene Geschmäcker in jeder Pflanze. Somit ist Wasser die Mutter aller Geschmäcker. Die Geschmacksrichtungen werden über die Zunge wahrgenommen, unser Sinnesorgan des Wassers. Eine trockene Zunge kann nicht richtig schmecken.

Jede Nahrungssubstanz, jedes Heilkraut hat einen bestimmten Geschmack. Sobald eine Substanz die Zunge berührt, ist die erste Erfahrung der Geschmack. Geschmack ist eine sehr wichtige Qualität und hat eine direkte Wirkung auf die *Doshas* im Körper. Der Āyurveda unterscheidet sechs Grundgeschmäcker – süß, sauer, salzig, bitter, scharf und astringent.

All diese Geschmacksrichtungen befinden sich im Plasma. Jedes Lebensmittel besteht aus einer bestimmten Kombination der fünf Grundelemente und damit sind diese Elemente in den sechs Geschmäckern vorhanden. Die einmalige Vereinigung der Elemente gibt dem Essen seinen Geschmack. Die Beziehungen zwischen den Elementen und den Geschmacksrichtungen sind in der folgenden Tabelle aufgeführt.

WIE DER GESCHMACK SICH AUF DIE ELEMENTE BEZIEHT

GESCHMÄCKER	ELEMENTE
Süß	Erde + Wasser
Sauer	Erde + Feuer
Salzig	Wasser + Feuer
Scharf	Luft + Feuer
Bitter	Luft + Raum
Astringent	Luft + Erde

Die Elemente Feuer und Luft sind leicht und bewegen sich gewöhnlich nach oben, daher bewegen sich die Geschmäcker, die diese Elemente enthalten, auch nach oben, erhitzen die oberen Teile des Körpers und erzeugen Leichtigkeit. Umgekehrt sind die Elemente Erde und Wasser schwer und gehen nach unten, somit kühlt der süße Geschmack den unteren Teil des Körpers, die Harnwege und kann Schwere im Körper hervorrufen.

DIE VERBINDUNG VON ELEMENTEN UND LEBENSMITTELN

Erde	Weizen, Reis. Fleisch. Pilze, Wurzelgemüse und Bohnen. Harte, getrocknete Früchte. Sesam-, Sonnenblumen- und Kürbiskerne. Mandeln, Cashew- und Walnüsse. Salze und Mineralien.
Wasser	Milch und Milchprodukte. Saftiges Obst wie Pflaumen, Wassermelone, Trauben, Zuckermelone, Orangen, Papaya und Pfirsiche. Kokosnusswasser. Saftiges Gemüse wie Gurken, Zucchini und Tomaten. Salze.
Feuer	Gewürze wie Peperoni, schwarzer Pfeffer, Chilischote, Zimt, Nelken, Kardamom, Kurkuma, Ingwer, Asafoetida (Hing), Knoblauch und Zwiebeln. Saure Früchte wie Ananas, Zitronen und einige Orangen. Beeren wie Cranberrys. Alkohol. Tabak.
Luft	Substanzen, die Blähungen erzeugen wie getrocknete Früchte und rohes Gemüse. Raues Gemüse wie Brokkoli, Kohlarten und Sprossen. Nachtschatten wie Kartoffeln, Tomaten und Auberginen. Einige Bohnen wie schwarze Bohnen, Pintobohnen und Kichererbsen.
Raum	Berauschende, hypnotische und suchterzeugende Drogen wie Alkohol, Marihuana, LSD, Kokain und Tabak.

Rasa und die Wirkung des Geschmacks

Die einmalige Kombination der Eigenschaften in jedem Lebensmittel beeinflusst dessen Geschmack und die Wirkung, die es im Körper hervorruft. Das Konzept aus Geschmack (*Rasa*), wirkender Energie (*Vīrya*) und postdigestivem Effekt (*Vipāka*) vertieft das Verständnis der Grundprinzipien der āyurvedischen Küche und des Heilens.

Süß

Der süße Geschmack ist in Nahrungsmitteln wie z. B. Zucker, Milch, Reis, Weizen, Datteln, Ahornsirup und Süßholz vorhanden. Erde und Wasser sind die Elemente, aus denen der süße Geschmack besteht. Seine Qualitäten sind gewöhnlich ölig, kühlend und schwer. Süßer Geschmack verstärkt die Vitalessenz des Lebens. In Maßen eingesetzt ist Süßes bekömmlich für den Körper und anabolisch und fördert das Wachstum von Plasma, Blut, Muskeln, Fett, Knochen, Mark und reproduktiven Flüssigkeiten. Der richtige Einsatz verleiht Stärke und ein langes Leben. Es regt die Sinne an, verbessert die Hautfarbe, fördert gesunde Haut und Haare und eine melodische Stimme. Süßer Geschmack kann Durst stillen, brennende Empfindungen lindern und belebend wirken. Er kann Stabilität bringen und Abmagerung heilen.

Trotz all dieser guten Qualitäten kann der übermäßige Genuss viele Erkrankungen aller Doshas hervorrufen. Süßigkeiten verschlimmern im Besonderen *Kapha* und bewirken Erkältung, Husten, Verschleimung, Schwere, Appetitlosigkeit, Faulheit und Adipositas. Sie können auch abnormes Muskelwachstum, Lymphstauung, Tumore, Ödem und Diabetes herbeiführen.

Sauer

Saurer Geschmack ist in Lebensmitteln wie Zitrusfrüchten, Sauerrahm, Joghurt, Essig, Käse, Zitrone, unreifer Mango, grünen Trauben und fermentiertem Essen zu finden. Saure Stoffe sind flüssig, leicht, wärmend, von öliger Natur und anabolischer Wirkung. In Maßen genossen, sind sie vom Geschmack her erfrischend und lecker, regen den Appetit an, verbessern die Verdauung, energetisieren den Körper, nähren das Herz, erleuchten den Geist und führen zur Speichelbildung.

Wenn man sauren Geschmack im Übermaß verwendet, kann er empfindliche Zähne, übermäßigen Durst, schnelles, reflexartiges Schließen der Augen, Übersäuerung, Sodbrennen, Hyperchlorhydrie, Geschwüre und Perforationen hervorrufen. Da saurer Geschmack fermentiert, ist er toxisch für das Blut und kann Hautkrankheiten wie Dermatitis, Akne, Ekzem, Ödem, Furunkel und Psoriasis auslösen. Die heißen Qualitäten führen möglicherweise zu einem sauren pH-Wert im Körper und verursachen ein Brennen in Kehle, Brust, Herz, Harnblase und Harnröhre.

Salzig

Meersalz, Steinsalz und Kelp sind gute Beispiele für den salzigen Geschmack. Wasser und Feuer sind die vorherrschenden Elemente. Salzig ist vom Wesen her erhitzend, schwer, ölig und Wasser bindend. Moderat eingesetzt, lindert es *Vāta* und intensiviert *Kapha* und *Pitta*. Aufgrund seines Wasserelements ist es abführend und dank des Feuerelements vermindert es Krampf und Schmerz im Dickdarm. Wie süßer und saurer Geschmack ist auch Salz von der Wirkung her anabolisch. Wenn man es in Maßen genießt, fördert es das Wachstum und erhält die Wasser-Elektrolyt-Balance aufrecht. Salziger Geschmack ist so stark, dass er die Wirkung aller Geschmacksrichtungen aufhebt. Er regt die Speichelbildung an, verbessert den Geschmack des Essens und hilft bei der Verdauung, Absorption und Ausscheidung von Abfallstoffen.

Zu viel Salz im Essen kann zur Verstärkung von *Pitta* und *Kapha* führen. Es macht das Blut dick und zähflüssig, verursacht Hypertonie und verschlimmert Hauterkrankungen. Hitzeempfindungen, Ohnmacht, Falten und Kahlköpfigkeit können auch durch zu starken Gebrauch von Salz ausgelöst werden. Aufgrund seiner Wasser bindenden Natur kann es Ödeme oder Wassereinlagerungen bedingen. Fleckförmiger Haarausfall, Geschwüre, Blutungsstörungen, Hautausschlag, Übersäuerung und Bluthochdruck sind Krankheiten, die durch die überhöhte Verwendung des salzigen Geschmacks entstehen können.

Scharf

Der scharfe Geschmack ist in Nahrungsmitteln wie Cayennepfeffer, Chilischote, schwarzem Pfeffer, Zwiebel, Rettich, Knoblauch, Senf, Ingwer und Asafoetida zu finden. Feuer und Luft sind die wichtigen, im scharfen Geschmack vorhandenen Elemente. Er ist vom Wesen her leicht, trocknend und wärmend, beruhigt *Kapha*, regt jedoch *Pitta* und *Vāta* an. Wird Scharfes in der Diät in Maßen eingesetzt, optimiert es die Verdauung und Absorption und reinigt den Mund. Es klärt die Stirnhöhlen, indem es die Nasensekretion und Tränenbildung stimuliert. Der scharfe Geschmack fördert die Durchblutung, löst Gerinnsel auf, hilft bei der Ausscheidung von Abfallprodukten und tötet Parasiten und Keime. Er entfernt Blockaden und bringt Klarheit in der Wahrnehmung.

Abgesehen von diesen positiven Wirkungen kann Schärfe negative Reaktionen auslösen, wenn sie in der täglichen Ernährung zu intensiv eingesetzt wird. Das kann Spermien und Eizellen abtöten und bei beiderlei Geschlecht für sexuelle Schwäche sorgen. Auch Brennen, Würgereiz, Ohnmacht und Erschöpfung mit Hitze und Durst können die Folge sein. Bei einer *Pitta*-Reizung kann es zu Durchfall, Sodbrennen und Übelkeit kommen. Im Fall einer *Vāta*-Verschlimmerung durch den übermäßigen Gebrauch von scharfem Geschmack können Schwindel, Tremor, Schlaflosigkeit und Schmerzen in den Beinmuskeln auftreten. Magengeschwüre, Kolitis und Hautkrankheiten sind unter Umständen auch Ergebnis des übermäßigen Einsatzes.

Bitter

Beispiele für bitteren Geschmack sind Bittergurke, Kurkumawurzel, Löwenzahnwurzel, Aloe vera, krauser Ampfer, Bockshornklee, Sandelholz, Rhabarber und Kaffee. Bitter ist der Geschmack, der in westlichem Essen am häufigsten fehlt. Er besitzt die Elemente Luft und Äther und ist vom Wesen her kühl, leicht und trocken. Er erhöht *Vāta* und vermindert *Pitta* und *Kapha*. Obwohl bitterer Geschmack selbst nicht gut schmeckt, stärkt er den Geschmack der anderen Geschmäcker. Er ist antitoxisch und tötet Krankheitserreger. Er lindert brennende Empfindungen, Juckreiz, Ohnmacht und hartnäckige Hauterkrankungen. Er senkt Fieber und fördert die Festigkeit von Haut und Muskeln. In kleiner Dosis kann bitterer Geschmack Blähungen im Darm lindern und als Verdauungstonikum fungieren. Er ist trocknend für das System und bewirkt eine Verringerung von Fett, Knochenmark, Urin und Stuhl.

Ein zu hoher Konsum des bitteren Geschmacks kann Plasma, Blut, Muskeln, Fett, Knochenmark und Samenflüssigkeit vermindern, was sexuelle Schwäche auslösen kann. Extreme Trockenheit und Rauheit, Abmagerung und Mattigkeit sind oft das Ergebnis von übermäßiger Aufnahme des bitteren Geschmacks. Bisweilen mag dies sogar für Schwindel und Ohnmacht sorgen.

Astringent

Unreife Banane, Granatapfel, Kichererbsen, grüne Bohnen, gelbe Schälerbsen, Okra, Kanadischer Gelbwurz, Kurkuma, Lotuskern, Alfalfa-Sprossen, Mangokern, Arjuna und Alaun sind Beispiele des astringenten Geschmacks. Er ruft ein typisch austrocknendes, würgendes Gefühl im Hals hervor. Er wird durch die Elemente Luft und Erde gebildet und ist von seiner Natur her kühlend, austrocknend und schwer. In Maßen genossen beruhigt er *Pitta* und *Kapha*, aber erregt *Vāta*. Der astringente Geschmack absorbiert Wasser und bewirkt Trockenheit im Mund, Sprachprobleme und Verstopfung. Er hilft bei der Heilung von Geschwüren und stillt Blutungen, indem er die Gerinnung fördert.

Der übermäßige Genuss astringenter Speisen kann Würgereiz, völlige Verstopfung, Aufblähung, Herzkrampf und eine Stockung des Kreislaufs bewirken. Er beeinträchtigt vielleicht den Sexualtrieb und führt zur Abnahme des Spermas. Zudem kann es zu Abmagerung, Konvulsionen, Bell-Lähmung, Schlaganfall und anderen neuromuskulären *Vāta*-Störungen kommen.

WIE DIE GESCHMÄCKER DIE DOSHAS BEEINFLUSSEN

Geschmack	Vāta	Pitta	Kapha
Süß	↓	↓	↑
Sauer	↓	↑	↑
Salzig	↓	↑	↑
Scharf	↑	↑	↓
Bitter	↑	↓	↓
Astringent	↑	↓	↓

↑ = erhöht und kann zu Verschlimmerung führen,
↓ = vermindert und beruhigt

Laut dem Āyurveda erzeugt jeder Geschmack, der zusammen oder einzeln in der angemessenen Dosis eingesetzt wird, eine Balance aller Körpersysteme und ruft bei allen Lebewesen Fröhlichkeit und gute Gesundheit hervor. Wird er aber nicht richtig eingesetzt, kann dies großen Schaden anrichten. Daher sollte man die normalen und abnormen Wirkungen dieser sechs Geschmäcker kennenlernen und sie beim täglichen Kochen gezielt zum Einsatz bringen.

Vīrya, erhitzende oder kühlende Energie

Wenn man ein beliebiges Heilkraut oder eine Nahrungssubstanz auf die Zunge legt, ist die erste Erfahrung der Geschmack. Später – oder in manchen Fällen auch sofort – spüren Sie seine wärmende oder kühlende Energie im Mund oder Magen. Diese Veränderung geschieht wegen seiner Wirkung oder kraftvollen Energie namens *Vīrya*.

Durch Selbsterfahrung kann man allgemeine Regeln darüber aufstellen, wie sich ein Geschmack im Körper »anfühlt«. Beispielsweise hat der süße Geschmack aufgrund seiner Schwere eine kühlende Energie. Diese Wirkung reizt *Kapha* und ist angenehm für *Pitta* und *Vāta*. Es gibt hin und wieder Ausnahmen zu dieser Regel. Honig und Melasse sind süß, besitzen aber eine wärmende Energie. Diesen unerwarteten Effekt nennt man *Prabhāva.* Auf gleiche Weise ist der saure Geschmack gewöhnlich erhitzend, außer bei Limetten, die kuhlend sind.

Vipāka, die postdigestive Wirkung

Die endgültige, postdigestive Wirkung des Geschmacks auf Körper, Geist und Bewusstsein wird als *Vipāka* bezeichnet. Süßer und salziger Geschmack haben eine süße *Vipāka*, saurer Geschmack eine saure *Vipāka*, doch die *Vipāka* von scharfem, bitterem und astringentem Geschmack ist stets scharf. Wenn man Geschmack, Energie und postdigestive Wirkung einer Speise oder eines Heilkrauts kennt, ist es einfach, die Wirkung auf die Körpersysteme zu verstehen. Dieses Wissen ist wesentlich für Heilkunst und Kochen.

Die erste subjektive Erfahrung einer Substanz auf der Zunge ist Geschmack (*Rasa*). Kurze Zeit später spürt man eine wärmende oder kühlende Energie (*Vīrya*). Schließlich hat die Substanz eine Wirkung auf Urin, Stuhl und Schweiß (*Vipāka*). Isst z. B. ein Mensch eine scharfe Chilischote, erlebt er sofort ihren scharfen Geschmack, die erhitzende Energie, und kann am nächsten Tag in Stuhl und Urin ein brennendes Gefühl beobachten.

Prabhāva, die besondere unerklärliche Wirkung

Wenn zwei Stoffe, die sich in Geschmack, Energie und postdigestiver Wirkung ähneln, völlig verschiedene Wirkungen zeigen, heißt dies *Prabhāva*. Es gibt keine Erklärung dafür, warum diese Wirkung auftritt. Sie lässt sich nicht durch die Logik der Theorien erklären, die wir bisher gelernt haben. *Ghee* (geklärte Butter) in einer Dosierung von zwei Teelöffeln mit 250 ml Milch ist abführend, doch in einer kleineren Dosis, z. B. einem halben Teelöffel ist es verstopfend. Warum? Die Antwort ist *Prabhāva*. Alle Edelsteine, Kristalle und *Mantras* helfen aufgrund ihrer *Prabhāva* bei der Heilung.

Prabhāva ist die besondere, dynamische, verborgene Wirkung des Bewusstseins, das in einer Substanz enthalten ist.

Agni, das Verdauungsfeuer

Das Konzept der Verdauung ist in der āyurvedischen Medizin recht umfassend. Es beginnt mit der äußeren Zubereitung und dem Kochen von Nahrung. Die Grundvoraussetzungen dafür sind eine Feuerstelle oder ein Herd, ein Topf, Brennstoff, Luft, Feuer, Wasser, Nahrung und ein Organisator. Die gleichen Dinge sind für das innere Kochen oder die Verdauung vonnöten.

Der Dünndarm stellt die Feuerstelle dar und das Feuer ist das *Agni*. Der Brennstoff ist das verdaute Essen vom Vortag, das das *Agni* anfacht. Der Kochtopf ist der Magen. Das Wasser sind die Magenschleimhautsekretionen, während das Korn die aufgenommene Nahrung symbolisiert. Die Person oder der Organisator ist das *Prāna*. Die ventilierende Luft ist die *Samāna* (ein Subtyp von *Vāta*), die das Feuer in Gang hält. Der Magen (oder Topf) hält das Essen auf dem Feuer. Das Wasser im Topf (*Kapha*) hilft bei der gleichmäßigen Verteilung des Feuers an jedes Korn. Das große Feuer in der Feuerstelle ist das zentrale Feuer oder Verdauungsfeuer. Das gestern verdaute Essen gibt Energie an die Darmwand ab, damit sie Verdauungsenzyme ausscheiden kann. Diese Enzyme sind der Brennstoff, der das *Agni* unterhält. Doch ohne den Organisator (*Prāna*) kann gar nichts geschehen. Die Zeichnung weiter unten erklärt dies alles bildlich.

Unsere Nahrung enthält Sonnenenergie, die vom Körper nur durch Verdauung genutzt werden kann. Der externe Nährstoff muss in Substanzen umgewandelt werden, die dann absorbiert werden und die Gewebe nähren. Viele verschiedene Enzyme sind für diese Umwandlung im Körper verantwortlich. Der Āyurveda verwendet den Begriff *Agni*, um diese Enzyme und Stoffwechselprozesse zu beschreiben. Ohne *Agni* wäre es unmöglich, jegliche Nahrung oder Sinneserfahrung zu verarbeiten.

Das Verhältnis zwischen innerem und äußerem Feuer oder Agni

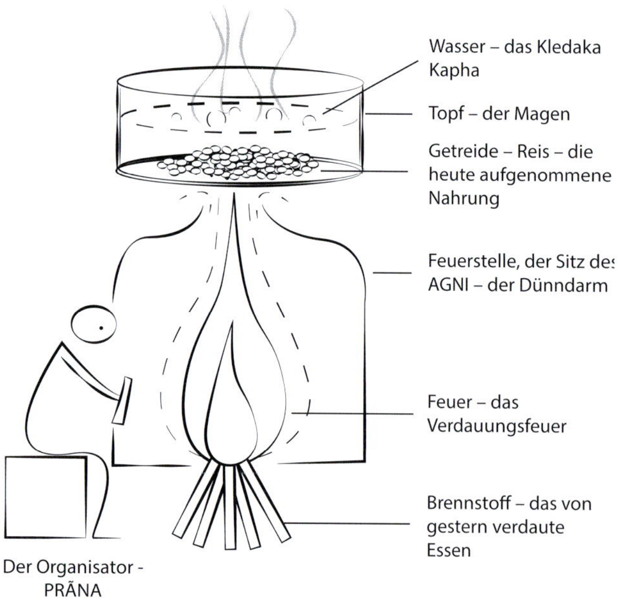

In seinem normalen, ausgeglichenen Zustand unterstützt *Agni* unsere Lebenserhaltung, Vitalität und gute Gesundheit. Es liefert die lebenswichtige Essenz (*Ojas*), bewahrt den Lebenshauch (*Prāna*) und schafft im Körper den Glanz guter Gesundheit. Ein Mensch, der über angemessenes *Agni* verfügt, lebt lange und hat eine ausgezeichnete Gesundheit. Wenn *Agni* nicht richtig funktioniert, beginnt der Betreffende, sich unwohl zu fühlen. Wird dieses unverzichtbare Feuer gelöscht, tritt bald der Tod ein.

Das zentrale *Agni* befindet sich im Magen. Mit fünf verschiedenen *Agnis* in der Leber und einem für jedes der sieben Gewebesysteme gibt es also insgesamt 13 *Agnis*, die den gesamten Verdauungsprozess und Stoffwechsel bei einem Menschen steuern.

Viele Faktoren, wie eine schädliche Lebensweise, die Ernährung, schlechte Nahrungskombinationen und unterdrückte Emotionen, können dazu führen, dass die *Doshas* im Körper verstärkt werden. Dies stört schon bald das *Agni*, mit dem Ergebnis, dass das Essen nicht richtig verdaut werden kann. Die unverdaute Nahrung verwandelt sich in eine krank machende, giftige, klebrige Substanz namens *Āma*.

Āma ist die Grundursache vieler Krankheiten. Das Vorhandensein von *Āma* im System führt zu Erschöpfung und einem Gefühl der Schwere. Es kann Verstopfung, Verdauungsstörung, Blähungen und Durchfall hervorrufen. Manchmal kann es schlechten Atem, verfälschten Geschmack und geistige Verwirrung nach sich ziehen. Die Zunge bekommt einen dicken Belag (sehen Sie im Spiegel nach!) und es kann ein allgemeiner Körperschmerz und Steifheit bestehen. Selbst Nahrungsgelüste entstehen häufig durch den Zustand des eigenen *Agni*.

Wenn man sich mit der āyurvedischen Küche beschäftigt, sollte man das Konzept von *Agni* genau kennen. Je nachdem, welcher Art das *Agni* bei jemandem ist, kann man bestimmte Würzmittel oder Gewürze und Kräuter und Pickles verwenden, die dabei helfen können, das *Agni* anzufachen und die Qualität der Verdauung zu verbessern. Abhängig vom betroffenen *Dosha* kann *Agni* ausgewogen, unregelmäßig, zu hoch oder zu gering sein.

Die Varianten von Agni

Sama Agni	ausgeglichen; *Tridosha*
Vishama Agni	unregelmäßig; gewöhnlich mit *Vāta* verbunden
Tīkshna Agni	Hypermetabolismus; gewöhnlich mit *Pitta* verbunden
Manda Agni	Hypometabolismus; gewöhnlich mit *Kapha* verbunden

Sama Agni (ausgewogener Stoffwechsel)

Wenn alle Doshas gemäß der Konstitution im Gleichgewicht sind, bewahrt *Agni* seinen ausgeglichenen Zustand und liefert einen ausgewogenen Stoffwechsel. So ein Mensch kann zu jeder Jahreszeit fast jede Art von Nahrung essen, ohne gegenteilige Anzeichen und Symptome. Dies ist der Zustand perfekter Gesundheit. Weder Nahrung noch Umwelt können Menschen mit der Gabe von *Sama Agni* etwas anhaben. Sie sind mit einer guten Gesundheit und einem langen Leben gesegnet. Sie haben ein ruhiges, stilles, liebendes Gemüt und große Klarheit im Bewusstsein und Glückseligkeit. Stabile Gesundheit, *Ojas*, *Tejas* und *Prāna* im Überfluss und eine gute Immunität sind alles Vorzüge dieses *Agni*-Zustands.

Vishama Agni (unregelmäßiger Stoffwechsel)

Als Ergebnis eines verstärkten *Vāta* kann *Agni* drastische Veränderungen erfahren. Es wird unbeständig und bewirkt wechselnde Verdauung, Bauchdehnung, Verstopfung und kolikartige Schmerzen. Manchmal kann dies zu Durchfall, einem Gefühl der Schwere nach dem Essen und Gurgeln des Darms führen. Dieser Mensch bekommt vielleicht trockene Haut, knackende Gelenke, Ischias, Schmerzen im unteren Rücken, und leidet an Schlaflosigkeit oder tief sitzender Furcht und Angst. Der Betroffene bekommt vielleicht Gelüste auf frittiertes Essen. Die kalte Qualität von *Vāta* verlangsamt *Agni* und die bewegliche Qualität lässt es fluktuieren, was sich in unregelmäßigem Stoffwechsel niederschlägt. Schließlich wird *Āma* produziert und ist auf der Zunge als bräunlich-schwarzer Belag erkennbar. Trockener Mund, Zahnfleischrückgang, Muskelkrämpfe und verschiedene andere *Vāta*-Krankheiten treten im Zustand von *Vishama Agni* auf.

Tīkshna Agni (Hypermetabolismus)

Wegen der heißen, scharfen und durchdringenden Eigenschaften von *Pitta* kann sich *Agni* intensivieren, wenn *Pitta-Dosha* verstärkt ist. Das sorgt für Hypermetabolismus. In diesem Zustand hat jemand das Verlangen, regelmäßig große Nahrungsmengen zu essen. Nach der Verdauung werden Hals, Lippen und Gaumen trocken und man bekommt Sodbrennen. Hitzewallungen und Säureverdauungsstörungen lassen sich auch beobachten. Die flüssigen, sauren und heißen Qualitäten von *Pitta* können Übersäuerung, Gastritis, Kolitis, und Ruhr hervorrufen. Schmerzen in der Leber, Übelkeit, Erbrechen und unterschiedliche entzündliche Krankheiten können auftreten. *Tīkshna Agni* kann bei manchen Menschen auch zu Ärger, Hass und Neid führen. Der Betroffene wird voreingenommen oder kritisch gegen jeden und alles. Es kann ein intensives Verlangen nach Bonbons, Keksen und Schokolade entstehen. Laut Āyurveda haben viele *Pitta*-Erkrankungen ihre Ursache in *Tīkshna Agni*.

Manda Agni (Hypometabolismus)

Die Wasser- und Erdmoleküle von *Kapha-Dosha* sind schwer, langsam und kühl, was die leichten, scharfen und heißen Qualitäten von *Agni* behindert. Infolgedessen kann *Agni* träge und langsam werden, was einen langsamen Stoffwechsel zur Folge hat. Ein Mensch mit dieser Art von *Agni* ist nicht einmal zur Verdauung normaler Kost imstande. Sogar ohne zu essen besteht eine Schwere im Magen, Erkältung, Verschleimung und Husten. Übermäßige Speichelbildung, Appetitlosigkeit, Übelkeit und schleimiges Erbrechen sind zu beobachten. Manche Menschen können Ödeme, Fettleibigkeit, Hypertonie und Diabetes aufweisen. Es besteht Lethargie, zu viel Schlaf und kalte, klamme Haut. Sie empfinden vielleicht eine allgemeine körperliche Schwäche. Geistig kann es zu Anhaftung, Gier und Besitzgier führen. Die Betroffenen haben vielleicht starkes Verlangen nach scharfem, trockenem und pikantem Essen. Fast alle *Kapha*-Leiden wurzeln in *Manda Agni*.

Der Verdauungsprozess

Es ist nützlich zu versuchen, den Verdauungsprozess zu verstehen, der zunächst im Mund beginnt, wenn wir unser Essen kauen. Das Kauen macht die Nahrung weich, flüssig, warm und leicht zu schlucken. Dabei spielt der Speichel *(Bodhaka Kapha)* eine wichtige Rolle. Das Essen geht dann in den Magen. Für die nächsten 90 Minuten verflüssigen Schleimsekretionen vom *Kledaka Kapha* sie und spalten sie in kleinere Bestandteile auf. Die Nahrung wird in diesem Stadium süß. Man fühlt sich zufrieden und voll. Das ist die Verdauungsphase über *Kledaka Kapha*, wo der süße Geschmack ins Plasma gelangt und den Blutzucker erhöht.

In den folgenden 90 Minuten wird das Essen im Magen durch Absonderung der Magensäure, *Pāchaka Pitta*, sauer. Die oben genannten Schleimsekretionen schützen die Magenwände davor, von *Pitta* verbrannt zu werden. Der saure Geschmack enthält das Feuer- und Erdelement. Das Feuerelement von *Pitta* hilft bei der Verdauung. Es macht den Magen etwas leichter. Die Kost wird weicher und noch flüssiger, was die Verdauung und Absorption bestimmter leichter Moleküle des Nahrungsbreis durch die Magenwand ermöglicht. Der saure Geschmack gelangt nun ins Plasma.

Nach drei Stunden wird der Pförtner von *Samāna*, einem Subtyp von *Vāta*, geöffnet und der Inhalt des Magens entleert sich in den Zwölffingerdarm, den ersten Teil des Dünndarms. Die Galle aus Leber und Gallenblase, eine andere Form von *Pitta*, vermischt sich mit der Nahrung und macht sie aufgrund der Gallensalze salzig. Das Essen, das im Magen sauer war, wird durch Vermischung mit basischer Galle neutral und erhält einen salzigen Geschmack, da Säure und Base zusammen Salz und Wasser bilden. Der Nahrungsbrei wird zu einer wässrigen, salzigen Flüssigkeit. Wasser- und Feuerelement des salzigen Geschmacks helfen bei der Absorption. Nun gelangt der salzige Geschmack ins Plasma. Dieser salzige Geschmack dauert an, bis das Essen in den Leerdarm kommt, den Mittelteil des Dünndarms.

In der zweiten Hälfte des Leerdarms macht ein weiteres »Feuer« von *Pitta* aus dem Dünndarm die Nahrung scharf. Feuer- und Luftelement des scharfen Geschmacks verbessern die Verdauung und Verwertung im Leerdarm. Das Essen bleibt ungefähr zweieinhalb Stunden im Dünndarm. Zu diesem Zeitpunkt geht der scharfe Geschmack ins Blut und Plasma über und erzeugt Hitze.

Nach der Verdauung im Dünndarm wird das Essen ins Zäkum geleitet, den Anfang des Dickdarms, wo es eine bittere Qualität erhält. Die Elemente Luft und Raum dieses Geschmacks helfen bei der Durchmischung der Nahrungssubstanzen. Die Absorption von Mineralien wird auch von diesen Elementen gesteuert. Der bittere Geschmack geht nun ins Plasma.

Zuletzt gelangt das Essen in den aufsteigenden Dickdarm. In diesem Stadium wird der astringente Geschmack vorherrschend und macht die Nahrungssubstanz dank des Erd- und Luftelements fest. Der astringente Geschmack, der ins Plasma kommt, gibt dem Betreffenden ein Gefühl der Leichtigkeit. Eine Kombination aus *Vāta* und *Pitta* unterscheidet essenzielle und unwesentliche Nahrungsbestandteile. Der bittere und der astringente Geschmack helfen, die Absorption zu verbessern und die Bewegung des Dickdarms über *Apāna,* einen Subtyp von *Vāta*, anzuregen. Wenn die festen Abfallstoffe im Rektum angelangt sind, sorgt *Vāta* für die Massenperistaltik (Muskelkontraktionen), damit der Darm entleert werden kann.

Der gesamte Verdauungsprozess benötigt etwa sechs bis acht Stunden und die Nahrung hat gemäß dem Wechsel an unterschiedlichen Geschmäckern verschiedene Stadien zu durchlaufen. Doch die Verdauung endet nicht mit der Absorption durch den Dickdarm. Es findet nun eine sehr feinstoffliche Verdauung statt, denn die Zellen in Plasma, Blut, Knochen, Fett, Muskeln, Nerven und Reproduktionssystem müssen versorgt werden. Mithilfe eines weiteren *Pitta*-»Feuers« oder *Agni* wird diese verdaute Nahrung auf Zellebene so weiter verändert, dass sie zu reiner Bewusstseinsenergie wird, die den Geist nährt.

4 Lebensmittel-Kombinationen

Es ist nicht weiter verwunderlich, dass heute so viele verdauungsfördernde und dietätische Mittel für den Magen, Pillen gegen Blähungen und Verdauungsstörungen auf dem Markt sind. Die meisten dieser Leiden beginnen gewöhnlich durch schlechte Nahrungskombinationen. Angesichts eines wachsenden Bewusstseins für die Ernährung und vieler Theorien darüber ist dies ein vieldiskutiertes Thema.

Der Âyurveda, eine alte ganzheitliche Wissenschaft des Heilens, bietet eine logische Methode zur Bestimmung der richtigen Kost, basierend auf den Elementen, aus denen sich die Konstitution eines Menschen zusammensetzt: *Vāta, Pitta* und *Kapha*. Dieser Ansatz unterscheidet sich ziemlich deutlich von der zeitgenössischen Betrachtungsweise einer ausgewogenen Ernährung und basiert darauf, aus verschiedenen Nahrungsmittelgruppen zu essen. Der Āyurveda ist der Auffassung, dass der Schlüssel zu einer wahrhaft ausgeglichenen Kost darin besteht, das Individuum zu verstehen. Er lehrt, dass das Verdauungsfeuer oder *Agni* im Magen und Verdauungstrakt die Hauptpforte ist, durch die Nährstoffe in die Gewebe und von dort aus zu den einzelnen Zellen gelangen, um die lebenswichtigen Funktionen zu erhalten. Die richtige Verdauung ist eng mit der Stärke des *Agni* (Magenfeuers) verbunden. Ernährungsexperten sollten die vier Arten von *Agni* (siehe »Die Varianten von Agni« auf Seite 31) berücksichtigen, wenn sie Ernährungsempfehlungen geben.

Laut Āyurveda hat jedes Nahrungsmittel seinen eigenen Geschmack (*Rasa*), eine wärmende oder kühlende Energie (*Vīrya*) und eine postdigestive Wirkung (*Vipāka*). Manche besitzen auch *Prabhāva*, eine unerklärliche Wirkung. Es ist zwar richtig, dass das *Agni* größenteils darüber bestimmt, wie gut oder schlecht die Nahrung verdaut wird, dennoch sind auch Nahrungsmittelkombinationen von großer Bedeutung. Wenn zwei oder mehr Nahrungsmittel kombiniert werden, deren Geschmack, Energie oder postdigestive Wirkungen voneinander abweichen, kann das *Agni* überladen werden, was das Enzymsystem behindert und die Produktion von Toxinen auslöst. Doch können die gleichen Lebensmittel, werden sie separat gegessen, *Agni* durchaus anregen, rasch verdaut werden und sogar dabei helfen, *Āma* zu verbrennen.

Schlechte Lebensmittelkombinationen können Verdauungsstörung, Fermentation, Fäulnisprozesse und Gasbildung zur Folge haben, bei anhaltendem Konsum führen sie sogar zu Blutvergiftung und Krankheit. Beispielsweise kann die Einnahme von Bananen mit Milch *Agni* schwächen, die Darmflora verändern, Toxine produzieren und Rhinitis, Erkältung, Husten und Allergien verursachen. Obwohl beide Lebensmittel einen süßen Geschmack und eine kühlende Energie haben, ist ihre postdigestive Wirkung sehr verschieden – Bananen sind sauer, Milch hingegen ist süß. Das führt in unserem Verdauungssystem zu Verwirrung und kann Toxine, Allergien und andere Missverhältnisse nach sich ziehen.

Ebenso sollten Milch und Melonen nicht zusammen gegessen werden. Beide sind kühlend, aber Milch ist abführend und Melone harntreibend. Milch benötigt mehr Zeit für die Verdauung. Außerdem lässt die Magensäure, die zur Verdauung der Melone nötig ist, die Milch gerinnen, daher empfiehlt der Āyurveda, Milch nicht mit sauren Speisen zu sich zu nehmen.

Diese unverträglichen Nahrungskombinationen stören nicht nur die Verdauung, sondern bewirken auch eine Verwirrung in der Intelligenz unserer Zellen, was viele verschiedene Krankheiten herbeiführen kann.

Sagen Sie jetzt nicht: »Das ist viel zu kompliziert, wie soll ich mir das je merken?« Es gibt einige hilfreiche Leitlinien, die Ihnen helfen, diese Konzepte zu verstehen. Man sollte nicht vergessen, dass Āyurveda klar die Denkrichtung des »langsamen Vorgehens« vertritt.

Sie können sich beispielsweise langsam an eine Nahrungskombination gewöhnen, indem Sie *zunächst Obst allein essen*, denn viele Früchte erzeugen einen sauren und unverdaulichen »Wein« im Magen, wenn sie mit anderem Essen gemischt werden. Sobald Sie diese Veränderung in Ihre Essgewohnheiten integriert haben, versuchen Sie andere Vorschläge von der Liste unten. Grundsätzlich gilt: Vermeiden Sie, viele rohe und gekochte Lebensmittel miteinander zu essen oder frisches Essen mit Resten zu kombinieren.

Es gibt unterschiedliche Faktoren, die helfen können, die mögliche Wirkung einer schlechten Essenskombination abzumildern.

- Ein starkes Verdauungsfeuer (wenn wir damit gesegnet sind) kann das allerbeste Werkzeug sein, um mit »schlechten« Lebensmittelkombinationen zurechtzukommen.
- Es kann manchmal von Bedeutung sein, in welcher Menge man jedes Lebensmittel in einer Kombination einsetzt. Gleiche Mengen *Ghee* und Honig *nach Gewicht* sind z. B. eine schlechte Kombination – *Ghee* ist kühlend, Honig jedoch erhitzend – ein Verhältnis von 2 zu 1 ist hingegen nicht toxisch. Der Grund? *Prabhāva*, das Unerklärliche.
- In der āyurvedischen Küche werden häufig Gewürze und Kräuter hinzugefügt, damit Nahrungsmittel besser miteinander harmonieren oder um unerwünschte Wirkungen zu mildern, z. B. kühlende Korianderblätter in sehr scharfem Essen.

UNVERTRÄGLICHE LEBENSMITTELKOMBINATIONEN [1]

Essen Sie nicht:	*mit:*
Bohnen	Obst, Käse, Eiern, Fisch, Milch, Fleisch, Joghurt
Eier	Obst, insbesondere Melonen; Bohnen, Käse, Fisch, Kitchari, MILCH[2], Fleisch, Joghurt
Obst	In der Regel mit *jedem anderen Essen.* (Es gibt Ausnahmen, wie bestimmte gekochte Kombinationen sowie Datteln und Milch, deren Rasa, Vīrya und Vipāka gleich sind.)
Getreide	Obst; Tapioka
Honig[3]	Der gleichen Menge *Ghee* nach Gewicht (d. h. 1 TL Honig mit 3 TL *Ghee*); erhitzter oder gekochter Honig.
Heiße Getränke	Mangos, Käse, Fisch, Fleisch, Stärke, Joghurt
Zitrone	Gurken, Milch, Tomaten, Joghurt
Melonen	ALLEM – besonders Milchprodukten, Eiern, gebratenem Essen, Getreide, Speisestärken. Melonen sollten stärker als andere Früchte entweder allein gegessen oder gar nicht angerührt werden.
Milch	BANANEN, Kirschen, Melonen, saurem Obst; Brot mit Hefe, Fisch, Kitchari, Fleisch, Joghurt
Nachtschattengewächse (Kartoffel, Tomate, Aubergine)	Melone, Gurke, Milchprodukte
Rettiche	Bananen, Rosinen, Milch
Tapioka	Obst, vor allem Banane und Mango; Bohnen, Rosinen, Jaggery
Joghurt	Obst, Käse, Eiern, Fisch, heißen Getränken, Fleisch, MILCH, Nachtschattengewächsen

1 Diese Richtlinien sind keinesfalls eine vollständige Liste. Man sollte nicht vergessen, dass eine richtige āyurvedische Diät Nährwert, Konstitution, Jahreszeiten, Alter und jegliche Erkrankung berücksichtigen sollte.

2 Lebensmittel in GROSSBUCHSTABEN sind die problematischsten Kombinationen.

3 Gemäß der alten āyurvedischen Literatur sollte Honig nie gekocht werden. Falls er gekocht wird, verbinden sich die Moleküle zu einem unhomogenen Kleber, der an den Schleimhäuten klebt, die feinstofflichen Kanäle verstopft und Toxine produziert. Roher Honig ist Nektar. Gekochter Honig gilt als Gift.

- Wenn wir uns durch jahrelange Verwendung an eine bestimmte Essenskombination gewöhnt haben, wie z. B. Käse mit Äpfeln zu essen, hat sich unser Körper wohl darauf eingestellt. Das soll nicht heißen, dass wir eine Gewohnheit fortsetzen sollten, erklärt aber, warum jemand, der erstmals Äpfel und Käse isst, eine starke Verdauungsstörung erlebt, während der »alte Hase« sie angemessen verdaut.
- Gegenmittel wie Kardamom im Kaffee oder *Ghee* und schwarzer Pfeffer mit Kartoffeln helfen oft, manche negative Wirkung in diesen Lebensmitteln aufzuheben. (Kaffee regt das System zunächst an, unterdrückt es aber letztendlich und Kartoffeln rufen Blähungen hervor.)
- Wenn Lebensmittel mit unterschiedlichen und möglicherweise reizenden Qualitäten, z. B. eine Gemüsemischung, zusammen im gleichen Topf gekocht werden, harmonieren die Nahrungsmittel besser miteinander. Der Einsatz der entsprechenden Gewürze und Kräuter ist ebenfalls hilfreich.
- Wenn wir gelegentlich eine »schlechte« Kombination essen, stört das normalerweise die Verdauung nicht zu sehr.

Ein paar hilfreiche Tipps zur Unterstützung der Verdauung

- Essen Sie ½ TL frischen, geriebenen Ingwer mit einer Prise Steinsalz vor jeder Mahlzeit, um Agni anzuregen.
- Salz unterstützt die Verdauung und hilft, Wasser im Körper zu halten.
- Basen helfen bei der Verdauung und regulieren das Verdauungsfeuer.
- *Ghee* regt *Agni* an und verbessert die Verdauung.
- Kleine Schlucke warmes Wasser zum Essen helfen bei der Verdauung und Absorption des Essens. Trinken Sie kein eisgekühltes Wasser, denn es verlangsamt *Agni* und die Verdauung. Eigentlich sollte Eiswasser in den meisten Fällen vermieden werden, da es das System schockt.
- Das richtige Kauen ist wesentlich für eine gute Verdauung und stellt sicher, dass die Nahrung gründlich mit Speichel vermischt wird.
- Eine Tasse *Lassi* zum Abschluss einer Mahlzeit hilft dem Verdauungsprozess ebenfalls. Vermischen Sie dazu 4 EL Joghurt mit 2 Prisen Ingwer- & Kreuzkümmelpulver in 250 ml Wasser.
- Im Idealfall sollte man den Magen mit einem Drittel Essen und einem Drittel Flüssigkeit füllen – und ein Drittel sollte leer bleiben.

5 Einrichtung von Āyurvedischer Küche und Vorratshaltung

Ehe Sie beginnen, die äyurvedischen Rezepte in diesem Buch nachzukochen, benötigen Sie einige Grundnahrungsmittel, Gewürze und Küchengeräte für diese Art des Kochens. Verwenden Sie folgende Liste als Richtlinie, um sich langsam eine äyurvedische Küche aufzubauen. Ein Vorteil dieser Küche besteht darin, dass viele der Grundbestandteile getrocknet sind und daher lange aufbewahrt werden können, wenn Sie also plötzlich unerwartet sechs Gäste zum Abendessen bekommen, können Sie stets eine äyurvedische Mahlzeit zubereiten.

Jede Handlung, die Sie in Verbindung mit dem Essen durchführen, sollte auf liebevolle, ehrende und heilige Weise erfolgen. Ob Sie die Lebensmittel anbauen, Sie in einem Supermarkt auswählen oder zum Kochen vorbereiten, das Maß an liebendem Bewusstsein und Respekt, das Sie ihnen geben, überträgt sich genau auf das Essen und die hungrigen Mägen. Essen, das auf liebevolle Weise zubereitet wurde, kann jedem eine wirklich heilende Wirkung bringen.

Küchengeräte für Ihre äyurvedische Küche

- (Mindestens) eine schwere, gusseiserne Bratpfanne
- Eine Chapatipfanne, wenn möglich (geformt wie eine Untertasse, ohne steile Wände)
- Zwei oder drei mittelgroße Töpfe mit Deckel – Edelstahl ist am besten
- Ein Suppentopf mit Deckel – auch Edelstahl
- Ein kleiner Metalltopf, um *Ghee* zu schmelzen
- Ein tiefer Topf zum Braten – Gusseisen ist am besten
- Eine schwere Bratpfanne mit Deckel
- Zwei oder drei Rührschüsseln, Messbecher und Löffel
- Rührbesen
- Großer Metalllöffel und Schöpfkelle
- Standmixer
- Chapati- oder ein anderes Nudelholz und Schneidebrett

Grundlegende Gewürze, die Sie benötigen

(die Menge ist nur als Richtlinie gedacht!)
[Mit * markierte Gewürze sind im Abschnitt *Kräuter zum Heilen* zu finden]

- Ajowan* – 30 g
- Lorbeerblätter* – 30 g
- Schwarze Senfsamen* – 120 g
- Schwarze Kreuzkümmelsamen – 30 g
- Schwarzer Pfeffer, gemahlen* – 60 g
- Schwarzer Pfeffer, ganz* – 30 g

- Braune Kreuzkümmelsamen, ganz* – 120 g
- Braune Kreuzkümmelsamen, gemahlen* – 60 g
- Kardamom, ganz* – 30 g
- Kardamom, gemahlen* – 30 g
- Cayenne – 30 g
- Zimtrinde* – 60 g
- Zimtpulver* – 60 g
- Koriandersamen* – 120 g
- Curryblätter – 1 Packung, frisch oder getrocknet
- Dillsamen – 30 g
- Fenchelsamen* – 120 g
- Bockshornkleesamen – 30 g
- Ingwer, trocken* – 60 g
- Asafoetida – 1 Dose (die Mischung, nicht das reine Gewürz)
- Masala-Pulver – 60 g
- Muskatnuss, gemahlen oder ganz* – 30 g
- Safran* – 1 kleine Dose (1 g)
- Salz* – 120 g
- Kurkuma* – 180–250 g
- Ganze Nelken – 30 g

Nüsse und Samen

- Charoli-Nüsse (aus dem Asialaden) – 120 g
- Mandeln, ganz – 120 g, in Blättchen – 60 g
- Erdnüsse, roh & ganz – 120 g
- Sesamsamen, braun – 120 g
- Mohnsamen, braun oder weiß – 60 g
- Kokosnuss, geraspelt – 250 g

Öle

- *Ghee* – mindestens 500 g
- Sonnenblumen-, Färberdistel-, Raps- oder anderes Öl, je nach Konstitution

Reis und Bohnen

- Basmati-Reis, weiß – 2,5 kg
- Poha (Reisflocken) – 500 g
- Halbierter, gelber Mung Dal – 1 kg
- Ganze Mungbohnen – 500 g
- Tor Dal – 500 g
- Urid Dal – 500 g
- Rote Linsen – 500 g
- Getrocknete grüne Erbsen – 500 g
- Kidneybohnen – 500 g
- Pintobohnen – 500 g
- Schwarzaugenbohnen – 500 g
- Kichererbsen – 500 g

Getreide, Mehle etc.

- Weizengrieß – 500 g
- Reisgrieß – 250 g
- Normales Mehl – 500 g
- Vollkorn-Weizenmehl – 1 kg
- Tapioka – 500 g
- Indische Fadennudeln (Vermicelli), geröstet – 1 Packung
- Maismehl – 500 g
- Kichererbsenmehl – 500 g
- Backnatron (oder Backpulver) – 60 g

Süßungsmittel

- Vollrohrzucker, Demerara-Zuckeroder Jaggery – 500 g
- Roher Honig – 250 g
- Alle anderen je nach Ihrer Konstitution

Getrocknete Früchte

- Datteln – 500 g
- Kokumfrüchte – 1 Packung

Frisches

- Eine Auswahl an frischem Gemüse
- Korianderblätter
- Grüne Chilis
- Zwiebeln
- Limetten oder Zitronen
- Frischc Ingwerwurzel – 90–120 g
- Frische Knoblauchknolle – 1
- Milch, Joghurt, Buttermilch

6 Menü-planung

Winter- und Sommer-Mahlzeiten für Vāta, Pitta und Kapha

Da für viele Menschen, die dieses Kochbuch benutzen, der Āyurveda wahrscheinlich neu ist, schien es uns hilfreich, unter Berücksichtigung einiger Rezepte Beispiele für eine Menüplanung und Hinweise zu geben.*

Sobald Sie sich mit dem Buch vertraut gemacht haben, werden Sie beginnen, Menüs für Ihre eigene Konstitution, Geschmäcker und Ihren Lebensstil zusammenzustellen. Bei der Planung eines Essen sollte man auf die sechs Geschmacksrichtungen – süß, sauer, salzig, scharf, bitter und astringent – sowie auf die Nahrungsmittelgruppen achten.** Idealerweise planen Sie Ihr Mittag- und Abendessen so, dass alle 6 Geschmäcker im Essen vorhanden sind. Auf der Titelseite dieses Buches und in der erklärenden Zeichnung sehen Sie eine Mahlzeit mit allen Geschmäckern. In den folgenden Mittag- und Abendmenüs werden z. B. regelmäßig frische Limette oder Zitrone empfohlen. Man kann sie über Kitchari, Gemüse oder anderen Hauptgerichten ausdrücken und so den für die Mahlzeit gewünschten sauren Geschmack erhalten.

Wenn Sie beginnen, Ihre eigenen Menüs zu planen, ist es hilfreich, das Kapitel über Lebensmittelkombinationen durchzulesen und diese Prinzipien im Kopf zu behalten, speziell die Regel, dass man Obst für sich essen und mindestens eine Stunde warten sollte, bis man etwas anderes isst oder trinkt.

Hinweise

* In den Menüs erscheinen Rezepte, die in diesem Buch enthalten sind, fett gedruckt, z. B. **Safranreis**.

** Die Menüzusammenstellung entspricht den aktuellen Kategorien für Lebensmittelgruppen des Gesundheitsministeriums.

Vāta-Mahlzeiten für den Winter

Frühstück

Upma oder **Weichweizengrießbrei** (G)*
Milch für Haferbrei, falls gewünscht (M)
Chai oder Frühstückstee,
falls gewünscht mit Süßungsmittel (A)

Mittagessen

Chapati oder **würzige Puri**
»Einfacher gekochter Reis«
(mit Suppe) (G)
Karotten-Sabji (G+O)
Mung-Dal-Kitchari *(Vāta)* oder
Tor-Dal-Suppe Nr. 2 (F)
Mandel- oder **Reis-Khir** oder **Süßes Lassi** (M)
frische Zitrone (über Sabji ausdrücken) (A)
Sesam-Chutney (A)
Tee für Vāta-Konstitution (A)

Zwischenmahlzeit

Ingwer- oder Sesamkekse (G)
süßes Obst der Saison (G+O)
heiße Gewürzmilch, besonders gut vor dem Zubettgehen (nicht trinken, wenn Sie ein Ei gegessen haben) (M)
Kräutertees oder Getreidekaffee mit Milch (A)

Abendessen

Chapati oder Vollkorntortilla (G)
gebackene Süßkartoffel mit *Ghee* (G+O)
ein Ei oder geröstete, gemahlene Sonnenblumenkerne (über die Kartoffel) (M)
frische Zitrone (A)
Weichweizengrieß-Rauten (A)
Tee zum Abendessen (A)

*(G) = Getreide, Brote, Frühstückszerealien, Reis und Nudeln
(G+O) = Gemüse und Obst
(F) = Fleisch und Alternativen zu Fleisch
(M) = Milch und Milchprodukte
(A) = Andere Lebensmittel, Würzmittel, Süßungsmittel und Getränke

Vāta-Mahlzeiten für den Sommer

Frühstück

Haferflockenmuffins oder Pfannkuchen
mit *Ghee* (G)
süßes Obst der Saison (1 Stunde vor anderen Lebensmitteln gegessen) (G+O)
Chai oder **Frühstückstee**,
falls gewünscht mit Süßungsmittel (A)

Mittagessen

Chapati (G)
Safranreis (mit dem Sabji) (G)
Mischgemüse-Sabji (G+O)
oder
Mung-Dal-Kitchari *(Vāta)*
mit *Ghee* und Korianderblättern (M)
Süßes Lassi oder Tee (M)
frische Zitrone oder Limette (A)
Erdnuss-Chutney (A)
Tee zum Mittagessen oder **Lassi** (A)
(Tee 1 Stunde nach dem Lassi trinken)

Zwischenmahlzeit

Haferflockenkekse (G)
Obst der Saison (G+O)
eingeweichte, geschälte Mandeln (M)
heiße Gewürzmilch, vor dem Zubettgehen (optional) (M)
Kräutertees wie
Kamille oder Kreuzkümmel (A)

Abendessen

Spinat- oder **Okra-Sabji** (G+O)
Tapioka-Kitchari (M)
(Getreide sollte nicht mit Tapioka-Kitchari gegessen werden) (G)
frische Zitrone oder Limette für Kitchari (A)
Süßkartoffel-Khir (A)
Tee zum Abendessen (A)

*(G) = Getreide, Brote, Frühstückszerealien, Reis und Nudeln
(G+O) = Gemüse und Obst
(F) = Fleisch und Alternativen zu Fleisch
(M) = Milch und Milchprodukte
(A) = Andere Lebensmittel, Würzmittel, Süßungsmittel und Getränke

Pitta-Mahlzeiten für den Winter

Frühstück

Weichweizengrießbrei oder Haferflocken (G)
Milch oder *Ghee* mit Haferbrei, falls gewünscht (M)
Chai oder **Frühstückstee** mit Ahornsirup oder Süßungsmittel, falls gewünscht (A)

Mittagessen

Chapati (G)
»Einfacher gekochter Reis« oder **Safranreis** (mit Bhaji) (G)
Kürbis-Sabji (G+O)
Mung-Dal-Kitchari *(Pitta)* oder **Kidneybohnen-Bhaji** (F)
Karotten-Halwa und/oder **Pachak Lassi** oder Tee (M)
Spritzer Limette (A)
Korianderblätter-Chutney (A)
Tee zum Mittagessen oder **Lassi** (Tee 1 Stunde nach dem Lassi trinken) (A)

Zwischenmahlzeit

Haferflockenkekse (G)
süßer Apfel oder Birne (G+O)
heiße Mandel- oder Gewürzmilch mit *Ghee* und Kurkuma – am besten eine ½ Stunde vor dem Zubettgehen (M)

Abendessen

Chapati oder **Einfache Puri** (G)
Kartoffelsabji Nr. 1 (G+O)
Linsensuppe oder Eiweißomelett (F)
Spritzer Limette (A)
Agni-Tee (A)

*(G) = Getreide, Brote, Frühstückszerealien, Reis und Nudeln
(G+O) = Gemüse und Obst
(F) = Fleisch und Alternativen zu Fleisch
(M) = Milch und Milchprodukte
(A) = Andere Lebensmittel, Würzmittel, Süßungsmittel und Getränke

Pitta-Mahlzeiten für den Sommer

Frühstück	Mittagessen
Haferkleiemuffin mit *Ghee* oder Hafer- oder Weizen-Müsli (G) Obst der Saison (G+O) (1 Stunde vor anderen Lebensmitteln gegessen) Milch für Frühstückszerealien, falls gewünscht (M) **Minz-Chai** oder **Agni-Tee** (A)	**Chapati** (G) Basmati- oder **»Einfacher gekochter Reis«** (G) **Bittergurken-Sabji** oder **Sabji mit grünen Bohnen**, kleiner Salat mit Öl (G+O) **Pachak Lassi** (M) frische Limette für Bohnen (A) **Minz-Chutney** (A) **Tee zum Mittagessen** (Tee 1 Stunde nach dem Lassi trinken) (A)
Zwischenmahlzeit	**Abendessen**
Kokosnusskekse (G) frisches Obst der Saison (G+O) natürliche Eiscreme oder kühle Milch mit Rosenwasser (M) **Minz-Chai** oder Minztee (A)	**Chapati** (G) **Gebratener Reis** (G) **Mischgemüsesuppe** (G+O) geröstete, gemahlene Sonnenblumenkerne (über die Suppe streuen) (F) frische Limette für die Suppe (A) **Tee zum Abendessen** (A)

*(G) = Getreide, Brote, Frühstückszerealien, Reis und Nudeln
(G+O) = Gemüse und Obst
(F) = Fleisch und Alternativen zu Fleisch
(M) = Milch und Milchprodukte
(A) = Andere Lebensmittel, Würzmittel, Süßungsmittel und Getränke

Kapha-Mahlzeiten für den Winter

Frühstück

Roggengrießbrei oder
Gewürz-Haferbrei (G)
oder
passendes Obst (G+O)
Frühstückstee mit Honig (1 TL),
falls gewünscht (A)

Mittagessen

Maistortilla oder Maisbrot (G)
Kohl-Sabji (nur mit Kitchari) (G+O)
Mung-Dal-Kitchari *(Kapha)* oder
Tofu und Gemüse (F)
frische Limette (A)
Pickle aus grüner Mango (A)
Tee für Kapha-Konstitution (A)

Zwischenmahlzeit

Popcorn (kein Salz oder Butter) oder
ungesalzene Maischips mit Salsa (G)
Äpfel oder Birnen oder anderes passendes Obst (G+O)
1 Tasse passender Kräutertee (A)

Abendessen

Roggenbrot ohne Hefe oder Roggen-Kräcker,
Reisflocken mit Kartoffeln (G)
Maissuppe (G+O)
(Protein durch die Mais-Roggen-Kombination) (F)
frische Limette (A)
Korianderblätter-Chutney (A)
Masala-Tee (A)

*(G) = Getreide, Brote, Frühstückszerealien, Reis und Nudeln
(G+O) = Gemüse und Obst
(F) = Fleisch und Alternativen zu Fleisch
(M) = Milch und Milchprodukte
(A) = Andere Lebensmittel, Würzmittel, Süßungsmittel und Getränke

Kapha-Mahlzeiten für den Sommer

Frühstück	Mittagessen
Puffhirse oder Hafer-Müsli (G) 125 ml entrahmte Ziegen- oder Sojamilch, falls gewünscht (F) **Tee für Kapha-Konstitution** mit 1 TL Honig, falls gewünscht (A)	Roggenbrot ohne Hefe oder gewürzte gekochte Hirse oder Gerste (G) **Sabji mit grünen Bohnen** (G+O) (Protein durch die Bohnen-Getreide-Kombination) (F) frische Limette oder Zitrone (A) **Karotten-Pickle** (A) **Tee zum Mittagessen** (A)
Zwischenmahlzeit	**Abendessen**
1 oder 2 Reiswaffeln (G) passendes Obst oder Saft der Saison (G+O) trockene geröstete, ungesalzene Sonnenblumenkerne (F) 1 Tasse Kräutertee wie Ingwer, Zimt oder Minze (A)	Gemischter grüner Salat mit Zitrone oder Limettensaft (G+O) **Tapioka-Kitchari** (F) (Getreide sollte nicht mit Tapioka-Kitchari gegessen werden) (G) frische Limette oder Zitrone (A) **Kurkuma-Pickle** (A) **Agni-Tee** (A)

*(G) = Getreide, Brote, Frühstückszerealien, Reis und Nudeln
(G+O) = Gemüse und Obst
(F) = Fleisch und Alternativen zu Fleisch
(M) = Milch und Milchprodukte
(A) = Andere Lebensmittel, Würzmittel, Süßungsmittel und Getränke

7 Rezepte

Hinweise für das āyurvedische Kochen

Aufgrund ihres Bemühens, jedes Gericht so zuzubereiten und zu würzen, dass die größtmögliche Verdaulichkeit und ein ausgezeichneter Geschmack und Nährwert erreicht werden, ist die āyurvedische Küche wohl weltweit einmalig. Der Āyurveda macht keine strenge Trennung zwischen Kräutern und Gewürzen, die zur Verbesserung von Geschmack und Verdaulichkeit verwendet werden, und denen, die der Heilung dienen. Während sie unserem Essen also Würze verleihen, fügen sie ihm außerdem heilende Wirkungen hinzu. Und wie im Abschnitt *Einrichtung Ihrer āyurvedischen Küche* bereits erwähnt, ist der wichtigste Bestandteil bei der Zubereitung all dieser Rezepte die Liebe und der Respekt, die Sie dem Essen entgegenbringen, das Sie kochen und servieren.

Jedes Gewürz und Kraut in diesen Rezepten wird aus mehreren wichtigen Gründen verwendet: um den Geschmack zu verstärken, das Verdauungsfeuer anzuregen, die Verdaulichkeit und Absorption zu erhöhen und dabei zu helfen, unverträglichen Essenskombinationen entgegenzuwirken (siehe auch den Abschnitt zu *Lebensmittelkombinationen*). Die Mengen der Gewürze und Kräuter, die in jedem Rezept angegeben sind, sollen Ihnen als Einführung und Richtlinie dienen. Die Würzung wurde absichtlich mild angelegt, damit sie sich besser für alle Konstitutionen eignet. Sobald Sie sich mit den Rezepten vertraut gemacht haben, können Sie die Gewürzzugabe ja nach eigenem Geschmack variieren, achten Sie nur darauf, dass die Verhältnisse im Gleichgewicht bleiben. *Wer das Glück hatte, Gerichte von Usha Lad zu genießen, wird erkennen, dass sie mindestens die doppelte Menge an Gewürzen verwendet als hier angegeben ist.* Wie die meisten guten Köche kocht Usha Lad eher nach Gefühl als nach präziser Mengenangabe und sie variiert vielleicht die Gewürzzugabe auch je nach Jahreszeit, den Menschen, die das Gericht essen, oder anderen Variablen.

Wenn Sie bereit sind, mit dem Kochen zu beginnen, werden Sie feststellen, dass viele der Rezepte auf ähnliche Weise beginnen. *Ghee* oder Öl werden auf mittlerer Stufe in einer schweren Kasserolle erhitzt, dann werden schwarze Senfsamen und Kreuzkümmelsamen kurz im Öl sautiert, bis sie platzen. Dieses Platzen setzt das *Prāna* oder die Lebensenergie der Samen frei und erhöht den Wert des Lebensmittels. Als Nächstes wird oft Asafoetida – die Mischung, nicht das reine Produkt – hinzugegeben. Dies hilft dabei, durch Bohnen und andere Nahrungsmittelkombinationen hervorgerufene Gase zu zerteilen. Danach werden andere Samen und Kräuter zusammen mit Zwiebeln, Ingwer, Curryblättern etc. beigefügt. Gemahlene Gewürze werden wegen ihrer Tendenz, zu verbrennen, zuletzt dazugetan. Dann den Reis oder das Gemüse hineingeben und umrühren, damit es gut von den Gewürzen bedeckt ist. Ihre Küche wird durch das Sautieren von vielen würzigen Aromen erfüllt sein. Sobald Sie mit den Gewürzen und āyurvedischen Kochtechniken vertraut sind, können Sie sie vielleicht auch an Ihre eigenen Lieblingsrezepte anpassen.

Bei Rezepten, die frischen Ingwer verwenden, ist angegeben, diesen zu schälen und ganz fein zu schneiden. Falls der Ingwer ganz frisch und seine Haut dünn und glatt ist, genügt es auch, ihn einfach nur gründlich zu waschen und ihn mitsamt der Haut zu raspeln.

Ungewöhnliche Nahrungsmittel oder Abläufe werden direkt im Rezept besprochen. Bei jedem Rezept ist aufgeführt, ob man besondere Vorsicht bei bestimmten *Doshas* walten lassen sollte, und auch, ob ein Rezept einen speziellen Heilwert besitzt. In vielen Fällen sind zudem die Qualitäten der einzelnen Lebensmittel aufgeführt. Weitere Einzelheiten zu den Nahrungsqualitäten und deren Wirkungen auf die Doshas finden Sie ab Seite 224. Hinten im Buch gibt es ein *Glossar* mit ungebräuchlichen Lebensmitteln und Begriffen.

Die Herausgeber

Suppen

In der āyurvedischen Küche werden Suppen zumeist mit dem Hauptgang gegessen. Suppen aus Bohnen, Erbsen oder Linsen und Gewürzen sind am verbreitetsten und liefern die Ergänzung zu einem Getreide (gewöhnlich Reis), wodurch eine gut verdauliche Mahlzeit mit hohem Proteingehalt entsteht.

Kokum-Suppe

V↓ P↓ K↓

FÜR 4 PERSONEN

9	getrocknete Kokumfrüchte, alternativ Tamarinde oder Curryblätter
1 l	Wasser
2 EL	*Ghee*
1 TL	Kreuzkümmelsamen
4	Curryblätter, frisch oder getrocknet
1 EL	frische Korianderblätter, gehackt
2	Lorbeerblätter
2 EL	Kichererbsenmehl
1/4 TL	Zimt
2	Prisen Cayenne- oder schwarzer Pfeffer
1/4 TL	gemahlene Nelken
3/4 TL	Salz
1 EL	Jaggery (oder Vollrohrzucker)

1. Die Kokumfrüchte in 250 ml Wasser waschen und für 10–20 Minuten einweichen. Dann die Früchte mehrmals in diesem Wasser ausdrücken und aus dem Wasser nehmen.
2. Einen Topf auf mittlerer Stufe erwärmen und *Ghee*, Kreuzkümmelsamen, Curryblätter, Korianderblätter und Lorbeerblätter hineingeben. Den Topf umrühren oder schwenken, bis die Samen platzen.
3. Das Fruchtwasser sowie weitere 500 ml Wasser hinzugießen.
4. Das Kichererbsenmehl gut mit den letzten 250 ml Wasser vermengen, dann der Suppe beigeben. Gut verrühren, damit sich keine Klumpen bilden. Nun Zimt, Cayenne, Nelke, Salz und Jaggery hineingeben. Umrühren und 5 Minuten lang leicht köcheln.

Tipps

- Bewahren Sie die Suppe nicht in einem Metallbehälter auf (außer aus Edelstahl), denn die Fruchtsäure reagiert auf das Metall und die Suppe wird schlecht.
- Kokum bekommt man in Asien-Läden. Es ist sauer und erwärmend. Diese Suppe ist eine gute Vorspeise und fördert die Verdauung. Sie regt das normale Magenfeuer an und entgiftet den Körper von Toxinen (Âma). Sie eignet sich auch ausgezeichnet zur Blutreinigung. Wird sie vor der Mahlzeit gegessen, regt sie den Appetit an. Am Ende der Mahlzeit fördert sie die Verdauung. Nicht zum Frühstück essen!
- In Ordnung für *Pitta* und *Kapha*, wenn nicht mehr als eine Suppentasse gegessen wird.

Medizinische Anwendung

Gut bei Durchfall, Schwellungen, Hämorrhoiden und Würmern und für das Herz. Kokum kann auch als Antiallergikum bei Hautausschlag helfen.

Maissuppe

V↓ P↓ K↓

FÜR 4 PERSONEN

5	frische Maiskolben
1,25 l	Wasser
2,5 cm	Stück frischer Ingwer, geschält und fein gehackt
1	gehäufter EL Korianderblätter, gehackt
60 ml	Wasser
2 EL	*Ghee*
1 TL	Kreuzkümmelsamen
1/4 TL	schwarzer Pfeffer
1	Prise Salz
1/2 TL	Garam Masala

1. Die Maiskörner von den gewaschenen Kolben schneiden. Nun den Mais mit 500 ml Wasser in einen Standmixer geben und pürieren, bis er cremig ist. In eine Schüssel gießen und beiseitestellen.
2. .Jetzt Ingwer, Korianderblätter und 60 ml Wasser in den Mixer geben und 1 Minute lang pürieren.
3. Einen Suppentopf auf mittlerer Stufe erwärmen und *Ghee* und Kreuzkümmelsamen hineingeben. Wenn die Samen platzen, die vermengten Gewürze, den zerkleinerten Mais und den schwarzen Pfeffer hinzufügen.
4. Das restliche Wasser zugeben und gut vermischen.
5. Ohne Deckel etwa 15–20 Minuten sanft köcheln lassen, bis alles weich ist. Ab und zu umrühren. Salz erst vor dem Servieren beimengen.
6. Nach Geschmack mit Korianderblättern und schwarzem Pfeffer garnieren.

Tipps

- Maissuppe ist gut zum Frühstück.
- Maissuppe gleicht *Tridosha* aus, wirkt aber langfristig austrocknend auf *Vâta*. *Vāta* kann sie also gelegentlich essen und *Pitta* in Maßen. Der Koriander hilft, *Pitta* etwas Hitze zu nehmen.

Medizinische Anwendung

Diese Mahlzeit eignet sich gut für Menschen mit hohem Cholesterin oder solche, die an Fettleibigkeit leiden, solange sie die Suppe ohne *Ghee* zubereiten.

Grüne-Mungbohnen-Suppe

V↓ P↓ K↓
FÜR 4–6 PERSONEN

115 g	ganze grüne Mungbohnen
1,25-1,5 l	Wasser
2 EL	Färberdistelöl
1 TL	Kreuzkümmelsamen
1 TL	schwarze Senfsamen
1 Prise	Asafoetida
2	große Zehen Knoblauch, gehackt
5	Curryblätter, frisch oder getrocknet
1	kleine Handvoll Korianderblätter, gehackt
1/2 TL	Kurkuma
1/2 TL	Masala-Pulver
1/2 TL	Salz

1. Die Bohnen zweimal waschen und über Nacht in reichlich Wasser einweichen. Abgießen.
2. Nun Mungbohnen und 1 l Wasser in einen Suppentopf geben und zum Kochen bringen. Ab und zu umrühren, damit die Bohnen nicht am Boden festkleben. 30 Minuten auf mittlerer Stufe und ohne Deckel kochen.
3. Noch 250 ml Wasser hinzufügen und weitere 15–20 Minuten kochen oder bis die Bohnen weich sind. Beiseitestellen.
4. Das Öl in einem Pfännchen oder einer Bratpfanne auf mittlerer Stufe erwärmen, dann Senfsamen, Kreuzkümmelsamen und Asafoetida hineingeben. Sobald die Samen platzen, den Knoblauch einrühren und leicht bräunen.
5. Curryblätter, Korianderblätter, Kurkuma und Masala-Pulver dazutun und rasch verrühren.
6. Diese Gewürzmischung in die Suppe einrühren. Das Salz hinzufügen. Etwas oder das gesamte restliche Wasser hineingießen, je nachdem, wie dickflüssig die Suppe sein soll.
7. 2 Minuten zum Kochen bringen und servieren.

Tipp

Grüner Mung ist süß und astringent mit einer kühlenden Energie. Diese Suppe ist in Verbindung mit Reis und Chapatis eine gute Proteinquelle und ein Energiespender. Sie ist leicht verdaulich und hält die drei Doshas im Gleichgewicht. Menschen mit Verdauungsproblemen können die Grüne-Mungbohnen-Suppe leicht verdauen. Ein, zwei Teller passen gut zum Hauptgericht. Das Asafoetida hilft, den blähenden Effekt der Bohnen zu beseitigen.

Medizinische Anwendung

Ein gutes Essen bei Erkrankungen mit Fieber oder Augenproblemen.

Rote-Linsen-Suppe

V↓ P↓ K↓

FÜR 4–6 PERSONEN

180 g	rote Linsen
1,25 l	Wasser
2 TL	Färberdistelöl
1 TL	Kreuzkümmelsamen
1 TL	schwarze Senfsamen
1 Prise	Asafoetida
2	große Zehen Knoblauch, gehackt
5	Curryblätter, frisch oder getrocknet
1	kleine Handvoll Korianderblätter, gehackt
1/2 TL	Kurkuma
1 TL	Masala-Pulver
1/2 TL	Salz

1. Die Linsen zweimal waschen und über Nacht in reichlich Wasser einweichen. Abgießen.
2. Nun die Linsen und 1 l Wasser in einen Suppentopf geben und zum Kochen bringen. 30 Minuten auf mittlerer Stufe und ohne Deckel kochen. Ab und zu umrühren, damit die Linsen nicht am Boden festkleben.
3. Noch 250 ml Wasser hinzufügen und weitere 15–20 Minuten kochen oder bis die Linsen weich sind. Beiseitestellen.
4. Das Öl in einem Pfännchen oder einer Bratpfanne auf mittlerer Stufe erwärmen, dann Senfsamen, Kreuzkümmelsamen und Asafoetida hineingeben.
5. Sobald die Samen platzen, den Knoblauch einrühren und leicht bräunen.
6. Curryblätter, Korianderblätter, Kurkuma und Masala-Pulver dazutun und rasch verrühren.
7. Diese Gewürzmischung in die Suppe einrühren, dann das Salz hinzufügen. Etwas oder das gesamte restliche Wasser hineingießen, je nachdem, wie dickflüssig die Suppe sein soll.
8. 2 Minuten zum Kochen bringen und mit Reis und Chapati oder Brot servieren.

Tipps

- Obgleich diese Suppe *Tridosha* ist, kann die leichte und trockene Qualität *Vāta* reizen, daher sollten *Vāta*-Menschen sie nicht mehr als zweimal pro Woche essen. Die Gewürze in diesem Rezept machen die Linsen für *Pitta* verträglich.
- Das Anbraten des Knoblauchs hilft, dessen Gas bildende Qualitäten zu beseitigen.
- Masala-Pulver kann man in den meisten Gewürzläden kaufen oder mit dem Rezept in diesem Buch sein Eigenes herstellen.

Medizinische Anwendung

Ein gutes Essen bei Grippe und Durchfall. Rote Linsen sind eine ergiebige Eisenquelle und dementsprechend gut für Blutbildung und Leberreinigung.

Mischgemüsesuppe

V↓ P↓ K↓

Für 4 Personen

600 g	gemischtes Gemüse (Karotten, grüne Bohnen, Kürbis etc.)
500 ml	Wasser
1 TL	Kreuzkümmelsamen
6	ganze Pfefferkörner
2,5 cm	Zimtstange
10	Nelken
10	Kardamomkapseln
2 EL	*Ghee*
1/2 TL	Salz

1. Das Gemüse waschen und in mundgerechte Stücke schneiden.
2. Gemüse und Wasser in einen großen Suppentopf geben und mit Deckel auf mittlerer Stufe kochen, bis es gerade weich ist. In einer Schüssel beiseitestellen.
3. In der Zwischenzeit Kreuzkümmelsamen, Pfefferkörner, Zimtstange, Kardamomkapseln und Nelken in einem Mörser zu einem feinen Pulver zerreiben oder in einem Mixer mahlen.
4. Einen Suppentopf auf mittlerer Stufe erwärmen und zuerst das *Ghee*, dann die gemahlenen Gewürze hineingeben. Einen Moment sautieren, aber aufpassen, dass sie nicht verbrennen.
5. Das Gemüse und 1 l von der Brühe hinzufügen. 2 Minuten lang kochen.
6. Das Salz einrühren und servieren.

Tipp

Jede Gemüsesorte hat einen besonderen, beruhigenden oder anregenden Effekt auf die Doshas, wenn sie allein gegessen wird. Karotten z. B. beruhigen *Vāta* und *Kapha*, aber können *Pitta* wegen ihrer erhitzenden Qualität reizen. Kocht man Gemüse zusammen und mit diesen Gewürzen, erhält man eine Suppe, die *Tridosha* und somit gut für alle Konstitutionen ist.

Spinatsuppe

V↓ P↑ K↓
FÜR 4 PERSONEN

1	große Handvoll Spinat
1,25 l	Wasser
1/2	kleine grüne Chili, gehackt
3,7 cm	frischer Ingwer, geschält und fein gehackt
1	kleine Handvoll frische Korianderblätter
125 ml	Wasser
2 EL	*Ghee*
1 TL	Kreuzkümmelsamen
1 TL	schwarze Senfsamen
1 Prise	Asafoetida
4	Curryblätter, frisch oder getrocknet
1/2 TL	Salz
	gemahlener schwarzer Pfeffer

1. Die Spinatstiele entfernen. Blätter waschen und klein schneiden.
2. Spinat mit 1 Liter Wasser in einen Standmixer geben und bei mittlerer Geschwindigkeit 2 Minuten lang pürieren. Aus dem Mixer gießen.
3. 125 ml Wasser, Chili, Ingwer und Korianderblätter in den Mixer geben und glatt pürieren.
4. Einen Suppentopf auf mittlerer Stufe erwärmen und *Ghee*, Kreuzkümmelsamen, Senfsamen, Asafoetida und Curryblätter hinzufügen. Einen Augenblick kochen, bis die Samen platzen.
5. Die vermengten Gewürze, den pürierten Spinat, Salz und das restliche Wasser hinzufügen und gut umrühren. Zum Kochen bringen und 10–15 Minuten ohne Deckel sanft köcheln.
6. Beim Servieren nach Geschmack schwarzen Pfeffer beigeben.

Tipps

- Gekochter Spinat ist astringent, sauer und wärmend mit einem süßen *Vipāka*. Allein regt er *Pitta* an, beruhigt jedoch *Vāta* und *Kapha*, wenn man ihn maßvoll verwendet. Er ist schwer verdaulich und unverdauter Spinat kann Blähungen und Verstopfung hervorrufen. Diese Spinatsuppe mit ihren Gewürzen fördert die Verdauung und kann wegen ihrer medizinischen Eigenschaften von allen Doshas gelegentlich gegessen werden.
- *Pitta*-Menschen sollten Spinat in Maßen genießen.

Medizinische Anwendung

Die Suppe ist gut bei Asthma, zur Blutbildung und als abschwellendes Mittel. Spinat eignet sich nicht so gut für Patienten mit Nieren- und Gallensteinen oder für Menschen mit Gichtarthritis und Ödemen, da er Wassereinlagerungen hervorruft.

Tomatensuppe

V↓ P↑↓ K↓

FÜR 4 PERSONEN

3	große Tomaten
1 l	Wasser
1 EL	ungesüßte, geraspelte Kokosnuss
3,7 cm	frischer Ingwer, geschält und fein gehackt
1	Knoblauchzehe, geschält und gehackt
1/2	kleine, grüne Chili, gehackt
1	kleine Handvoll frische Korianderblätter
125 ml	Wasser
2 EL	*Ghee*
1 TL	schwarze Senfsamen
1 TL	Kreuzkümmelsamen
4	Curryblätter, frisch oder getrocknet
1/4 TL	Zimt
3/4 TL	Salz
125 ml	Wasser
1 EL	Jaggery oder anderes Süßungsmittel

1. Die ganzen Tomaten waschen und mit 1 l Wasser in einen Suppentopf geben. Zugedeckt kochen, bis die Tomaten weich sind und sich die Häute leicht lösen.
2. Tomaten etwas abkühlen lassen. Die Schalen abziehen und verwerfen. Tomaten und kochendes Wasser in einen Standmixer geben und zu einer gleichmäßigen Masse pürieren. Aus dem Mixer gießen.
3. Nun Kokosnuss, Ingwer, Knoblauch, Chili und Korianderblätter mit den 125 ml Wasser in den Mixer geben und glatt pürieren.
4. Einen Suppentopf auf mittlerer Stufe erwärmen und *Ghee*, Kreuzkümmelsamen, Senfsamen und Curryblätter hinzufügen. Umrühren, bis die Samen platzen, dann die pürierte Kokosmischung dazugeben.
5. Kurz kochen, dann die pürierten Tomaten, Zimt, Salz, Zucker und zuletzt 125 ml Wasser hineingießen. Zum Kochen bringen, zudecken und Herd ausschalten.

Tipp

Aufgrund ihrer sauren und erhitzenden Qualität kann diese Suppe *Pitta* reizen, daher sollte sie nicht mehr als ein- bis zweimal pro Woche gegessen werden. Tomaten selbst stören die *Tridosha*-Balance, aber in diesem Rezept sind sie *Tridosha*. Diese Suppe ist verdauungsfördernd, abführend und beruhigt *Vāta* und *Pitta*. Tomaten gehören zur Familie der Nachtschattengewächse. Menschen mit Nierensteinen, Gallensteinen und Gicht sollten keine Tomaten oder andere Nachtschattengewächse essen.

Tor-Dal-Suppe Nr. 1

V↓ P↓ K↓
FÜR 4–6 PERSONEN

180 g	Tor Dal
2,25 l	Wasser
1 EL	*Ghee*
1 TL	schwarze Senfsamen
1 TL	Kreuzkümmelsamen
1/2 TL	Kurkuma
2 Prisen	Asafoetida
1/2 TL	Salz
	Ghee

1. Tor Dal zweimal waschen.
2. Tor Dal, 1 l Wasser, Kurkuma und Asafoetida in einen Suppentopf geben und 30 Minuten auf mittlerer Stufe ohne Deckel kochen. Ab und zu umrühren, damit er nicht am Boden festklebt.
3. Nach 30 Minuten 1 weiteren l Wasser hinzugeben und noch 50–60 Minuten weiterkochen, bis der Tor Dal weich ist. Die restlichen Gewürze im *Ghee* anrösten und dazugeben.
4. Restliche 250 ml beifügen und alles gut mit einem Schneebesen verquirlen.
5. Das Salz hinzufügen und 1 Minute lang aufkochen. Vom Herd nehmen.
6. Vor dem Servieren 1 TL *Ghee* in jede Suppentasse einrühren.

Tipps

- Tor Dal ist astringent, süß und erhitzend. Diese Suppe wirkt auf *Vāta* und *Kapha* beruhigend und ist besonders günstig, wenn sie als Hauptgericht mit Basmati-Reis gegessen wird.
- Der scharfe postdigestive Effekt des Dals kann *Pitta* verschärfen, daher wird hier nur der gelegentliche Verzehr (ein- bis zweimal pro Woche) empfohlen.

Medizinische Anwendung

Gut zur Muskelstärkung und Blutbildung. Auch hervorragend für Haut, Augen, Knochen und Gelenke.

SUPPEN

Tor-Dal-Suppe Nr. 2

V↓ P↓ K↓

FÜR 4–6 PERSONEN

180 g	Tor Dal
2,25 l	Wasser
1/2 TL	Kurkuma
2 Prisen	Asafoetida
2 EL	Färberdistelöl
1 TL	schwarze Senfsamen
1 TL	Kreuzkümmelsamen
5	Curryblätter, frisch oder getrocknet
1	kleine Handvoll Korianderblätter, gehackt
2 Prisen	Masala-Pulver
1 TL	Salz

1. Tor Dal zweimal waschen.
2. Tor Dal, 1 l Wasser, Kurkuma und Asafoetida in einen Suppentopf geben und 30 Minuten auf mittlerer Stufe ohne Deckel kochen. Ab und zu umrühren, damit er nicht am Boden festklebt.
3. Nach 30 Minuten 1 weiteren l Wasser hinzugeben und noch 50–60 Minuten weiterkochen, bis er weich ist.
4. Die Suppe mit einem Schneebesen verschlagen, bis alles gut vermischt ist. Die restlichen 250 ml Wasser beifügen.
5. Erhitzen Sie eine kleine Pfanne und geben Sie Öl, Senfsamen, Kreuzkümmelsamen, Curryblätter, Korianderblätter und Masala hinein. Einen Augenblick sautieren, bis die Samen platzen. Zur Suppe geben.
6. Die Suppe ein bis zwei Minuten zum Kochen bringen, das Salz hinzufügen und servieren.

Tipp

Pitta sollte die Suppe in Maßen essen, ein- oder zweimal pro Woche.

Hinweis

Die Eigenschaften entsprechen denen von Tor-Dal-Suppe Nr. 1.

SUPPEN

Urid-Dal-Suppe

V↓ P↑ K↑

FÜR 4 PERSONEN

360 g	Urid Dal
1,25 l	Wasser
1 EL	Färberdistelöl
1 TL	schwarze Senfsamen
1 TL	Kreuzkümmelsamen
4	Curryblätter, frisch oder getrocknet
1/4 Bund	frische Korianderblätter, gehackt
2 Zehen	Knoblauch, gehackt oder
2 Prisen	Cayenne
1 Prise	Asafoetida
1/4 TL	Kurkuma
3/4 TL	Salz

1. Urid Dal zweimal waschen.
2. Urid Dal etwa eine halbe Stunde im Wasser kochen, bis er weich ist. Ab und zu umrühren.
3. Öl in einem großen Topf auf mittlerer Stufe erwärmen. Senf-, Kreuzkümmelsamen und Curryblätter hinzufügen und umrühren, bis die Samen platzen.
4. Hitze reduzieren und Koriander, Knoblauch, Chili oder Cayenne und Asafoetida beigeben. Kochen, bis der Knoblauch leicht gebräunt ist. Die gekochte Dal-Suppe zu den Gewürzen geben, dann Kurkuma und Salz einrühren.
5. Zum Kochen bringen, den Herd ausschalten und mit Reis und Chapatis servieren.

Tipps

- Urid Dal ist süß, schwer, ölig und leicht wärmend. Das ist ein ausgezeichnetes, beruhigendes Essen für *Vātas, die sie* regelmäßig essen sollten. *Pitta* und *Kapha* können sie ein- oder zweimal pro Woche essen
- Urid-Dal-Suppe entgiftet das System. Sie nährt Muskeln, Knochen und reproduktive Flüssigkeiten. Sie fördert die Milchbildung und energetisiert den ganzen Körper.
- Dies ist keine gute Mahlzeit bei *Kapha*-Störungen, besonders Adipositas, und auch nicht bei *Pitta*-Erkrankungen.
- Essen Sie diese Suppe niemals mit Fisch, Joghurt oder Aubergine (sie alle sind erhitzend), denn dies ist eine schlechte Nahrungsmittelkombination, die Toxine hervorrufen kann.

Suppe mit gelbem Mung Dal

V↓ P↓ K↓

FÜR 6 PERSONEN

180 g	gelber Mung Dal
1,5 l	Wasser
4 EL	Färberdistelöl
1 TL	schwarze Senfsamen
1 TL	Kreuzkümmelsamen
1 Prise	Asafoetida
2	große Zehen Knoblauch, gehackt
1	kleine Handvoll Korianderblätter, gehackt
5	Curryblätter, frisch oder getrocknet
1/2 TL	Kurkuma
1 TL	Masala-Pulver
3/4 TL	Salz

1. Mung Dal zweimal waschen.
2. Mung Dal und 750 ml Wasser in einen Suppentopf geben und zum Kochen bringen. 25 Minuten auf mittlerer Stufe ohne Deckel kochen und ab und zu umrühren, damit er nicht anbrennt.
3. Die restlichen 750 ml Wasser hinzugeben und weitere 20 Minuten kochen.
4. Vom Herd nehmen und mit einem Rührbesen glatt rühren. Beiseitestellen.
5. Das Öl in einem kleinen Topf auf mittlerer Stufe erwärmen. Kreuzkümmel, Senfsamen und Asafoetida hinzufügen. Umrühren, bis die Samen platzen.
6. Die Hitze reduzieren, den Knoblauch hineingeben und leicht bräunen. Dann Curryblätter, Korianderblätter, Kurkuma und Masala-Pulver beifügen. Umrühren und alles in die Suppe geben.
7. Salzen.
8. 2 Minuten lang kochen und servieren.

Tipps

- Gelber Mung ist süß und kühlend und beruhigt vor allem *Vāta* und *Pitta*. Er ist sehr leicht verdaulich und stärkend.
- Die Gewürze helfen bei diesem Gericht, die austrocknenden, leichten und astringenten Qualitäten der Suppe auszugleichen, die sonst *Vāta* reizen könnten.

Medizinische Anwendung

Gut bei Fieber, Durchfall, Augenproblemen und Hauterkrankungen.

Varan Phala

V↓ P↓ K↓

FÜR 8 PERSONEN ALS HAUPTGERICHT

270 g	Tor Dal
2 l	Wasser
1/2 TL	Kurkuma
4 El	Sonnenblumenöl
1 TL	Senfsamen
1 TL	Kreuzkümmelsamen
1 Prise	Asafoetida
1/2 TL	Kurkuma
1 TL	Salz
7	Curryblätter, frisch oder getrocknet
1	kleine grüne Chili, gehackt oder 1/2 TL Cayenne
2 EL	Korianderblätter, gehackt
500 ml	Wasser (oder mehr)

Teig

360 g	Chapati-Mehl (oder Vollkorn-Weizenmehl)
1/2 TL	Salz
160 ml	Wasser (ungefähr)

Tipps

- *Pitta*-Menschen können dieses Gericht in Maßen essen. (Weitere Informationen zu Chapati-Mehl finden Sie auf Seite 160.)
- Die Rauten aus Chapati-Teig sind, wenn sie im Dal gekocht werden, eine Mischung aus einer dicken Nudel und einem Knödel. Dieses Gericht enthält durch die Kombination aus Dal und Getreide viel Protein.

1. Tor Dal zweimal waschen.
2. Tor Dal, 1 l Wasser und 1/2 TL Kurkuma in einen mittelgroßen Topf geben. Zum Kochen bringen und herunterschalten, bis er gerade eben kocht. Teilweise abdecken. Die Suppe etwa alle 5 Minuten umrühren, damit sie nicht anbrennt.
3. Das restliche Wasser nach und nach zugeben, während die Suppe eindickt. Etwa 1 1/4 Stunden kochen, bis alles weich ist. Leicht abkühlen lassen und mit einem Rührbesen glatt rühren. Während der Dal kocht, bereitet man den Teig zu.
4. Mehl und Salz in einer flachen Schüssel miteinander vermengen.
5. Nach und nach 160 ml Wasser zugießen, bis man einen dicken Teig hat, der nicht an den Händen klebt. Man vermengt ihn am besten mit der Hand und knetet ihn einige Minuten durch. Den Teig mit einem Tuch abdecken und ca. 15 Minuten ruhen lassen.
6. Einen ziemlich großen Suppentopf auf mittlerer Stufe erhitzen. Öl, Senf- und Kreuzkümmelsamen hineingeben. Den Topf schwenken oder umrühren, bis die Samen platzen. Asafoetida und danach das restliche Kurkuma, Salz, Curryblätter, Chili und Korianderblätter hinzufügen und einen Moment anbraten.
7. Den gekochten Dal und genug Wasser zu den Gewürzen geben, damit es etwa 2,25 l »Suppe« ergibt. Umrühren und alles zum Kochen bringen.
8. Während die Suppe zum Kochen gebracht wird, den Teig zubereiten. Die Teigkugel halbieren. Ein Brett leicht bemehlen und mit einem Nudelholz jedes Stück zu einem großen, 3 mm dicken Chapati ausrollen.
9. Schneiden Sie jedes Chapati mit einem scharfen Messer in 2,5 cm breite Streifen. Dann diagonal alle 2,5 cm über diese Streifen schneiden, sodass Rauten entstehen.
10. Wenn die »Suppe« kocht, nacheinander die Rauten hinein gleiten lassen. Wieder auf kleiner Stufe zum Kochen bringen und so lange weiterköcheln, bis die Rauten durch sind, etwa eine halbe Stunde. Ab und zu umrühren. Die Rauten sind gekocht, wenn sie sich auf Druck zwischen Daumen und Zeigefinger weich anfühlen, wie eine gut gekochte Nudel.
11. Als Hauptgericht servieren.

Hinweis

Es ist sehr wichtig, alles gut gar zu kochen. Ansonsten ist es schwer verdaulich.

Kitcharis

Kitchari, eine gewürzte Mischung aus Reis und Mung Dal, gehört zu den Grundlagen der āyurvedischen Lebensweise. Basmati-Reis und Mung Dal besitzen beide die Qualitäten süß und kühlend und haben einen süßen Nachgeschmack. Zusammen bilden sie ein sehr ausgewogenes Essen, das eine ausgezeichnete Proteinkombination darstellt und Tridosha ist. Diese vollständige Mahlzeit ist leicht verdaulich und verleiht Stärke und Vitalität. Sie nährt alle Körpergewebe. Kitchari eignet sich am besten, wenn man fastet und nur eine Art von Nahrung zu sich nimmt oder wenn man Reinigungsprogramme wie Pañchakarma durchführt. Kitchari ist ausgezeichnet zur Entgiftung und Verjüngung der Zellen. Die Anteile liegen gewöhnlich bei 2 Teilen Reis zu 1 Teil Dal, doch dies lässt sich, ebenso wie die Gewürze, nach Bedarf und Konstitution variieren.

Die folgenden Kitcharis besitzen alle heilende Eigenschaften und sind alle Tridosha.

Tapioka-Kitchari (Sabudana)

V↓ P↓ K↓

FÜR 4–5 PERSONEN

450 g	(am besten mittelgroße) Tapiokaperlen
200 g	Erdnüsse (ohne Häute und ungesalzen)
12 EL	*Ghee*
1 TL	Kreuzkümmelsamen
1	kleine grüne Chili, gehackt
1/2 Bund	Koriander, gehackt
1/2 TL	Salz

1. Tapiokaperlen zweimal gut in reichlich Wasser waschen. Dann abgießen und 1 Stunde zur Seite stellen.
2. Erdnüsse 2–3 Minuten in einer Pfanne trocken rösten, bis sie leicht gebräunt sind. In einem Standmixer zu einem mittelfeinen Pulver vermahlen, aber kein Erdnussmus herstellen. (Erdnussmus ist in diesem Rezept kein zufriedenstellender Ersatz.)
3. Eine mittelgroße Pfanne erhitzen und *Ghee* und Kreuzkümmelsamen hineingeben. Einen Moment umrühren, bis sie platzen.
4. Die Chili und Korianderblätter beifügen, danach Perltapioka, gemahlene Nüsse und Salz.
5. Auf mittlerer Stufe kochen und umrühren, bis die Tapioka weich ist, etwa 5–8 Minuten. Die Hitze auf Köcheln reduzieren und abdecken. Kochen, bis die Tapiokaperlen eine breiartige Konsistenz haben.

Es mag vielleicht überraschen, dass in diesem Rezept kein Wasser verwendet wird. Doch so behalten die Perlen ihre Form und werden leicht knusprig. Fügt man Wasser hinzu, entsteht ein klebriger Pudding.

Tipps

- Tapioka ist süß, astringent und kühlend mit einem süßen *Vipāka*. Sie ist ein stärkehaltiges Essen und besonders gut für Fastentage. Sie beruhigt *Pitta* und *Kapha* und eignet sich ausgezeichnet zum Frühstück, sollte aber bei einer normalen Ernährung nicht als Hauptgericht dienen. Die Kombination von Getreide und Tapioka ist nicht zu empfehlen.
- Die trockenen, leichten und astringenten Qualitäten von Tapioka können *Vāta* reizen, daher sollten solche Menschen dieses Kitchari nur gelegentlich verzehren.

Medizinische Anwendung

Dieses Essen eignet sich am besten für Patienten mit Fieber, Durchfall, schlechter Verdauung und schwachem Darm.

Mung-Dal-Kitchari (Vāta)

V↓ P↓ K↓

Für 4 Personen

215 g	Basmati-Reis
90 g	gelber halber Mung Dal
3 EL	*Ghee*
1 TL	schwarze Senfsamen
1 TL	Kreuzkümmelsamen
2 Prisen	Asafoetida
1/2 TL	Kurkuma
3/4 TL	Salz
1 l	Wasser

1. Reis und Mung Dal gut waschen. Wenn Sie Zeit haben, lassen Sie den Mung Dal vor dem Kochen einige Stunden einweichen, da dies die Verdaulichkeit fördert. Falls Sie mit der Verdauung von Bohnen besondere Schwierigkeiten haben, können Sie diese mit dem Wasser auch 20–30 Minuten vorkochen.
2. Das *Ghee* in einem Topf auf mittlerer Stufe erwärmen und Senfsamen, Kreuzkümmelsamen und Asafoetida hinzufügen. Einen Moment umrühren, bis die Samen platzen.
3. Reis, Mung Dal, Kurkuma und Salz beigeben und umrühren, bis alles gut mit den Gewürzen vermischt ist.
4. Das Wasser hineingießen und zum Kochen bringen. 5 Minuten ohne Deckel kochen und ab und zu umrühren.
5. Hitze reduzieren und den Deckel so auf den Topf legen, dass noch ein Spalt offen bleibt. Etwa 20–25 Minuten kochen, bis alles weich ist.

Tipp

Dieses Kitchari kann von allen Doshas gegessen werden, ist aber besonders gut für *Vāta*.

Mung-Dal-Kitchari (Kapha)

V↓ P↓ K↓

Für 4–6 Personen

180 g	gelber halber Mung Dal
215 g	Basmati-Reis
3 EL	*Ghee*
4	Lorbeerblätter
4	kleine Stücke Zimtrinde
4	ganze Nelken
4	ganze Kardamomkapseln
1,5 l	Wasser
3/4 TL	Salz

1. Mung Dal und Reis zweimal waschen. Wenn Sie Zeit haben, den Dal einige Stunden einweichen.
2. Einen Topf auf mittlerer Stufe erwärmen und das *Ghee* hineingeben. Sobald es heiß ist, Lorbeerblätter, Zimt, Nelken und Kardamom hinzufügen und umrühren, bis die Gewürze vermischt sind und zu duften beginnen.
3. Reis, Dal, Salz und Wasser einrühren. Bei niedriger Hitze 5 Minuten ohne Deckel kochen. Ca. 25–30 Minuten bedeckt bei niedriger Hitze weiterkochen, bis Dal und Reis weich sind.

Tipp

Dieses Kitchari ist *Tridosha*, doch wegen der wärmenden und scharfen Qualität der Gewürze besonders gut für *Kapha*.

Mung-Dal-Kitchari (Pitta)

V↓ P↓ K↓

FÜR 6 PERSONEN

180 g	gelber Mung Dal
215 g	Basmati-Reis
3,7 cm	frischer Ingwer, geschält und fein gehackt
2 EL	ungesüßte, geraspelte Kokosnuss
1	kleine Handvoll Korianderblätter, gehackt
125 ml	Wasser
2 EL	*Ghee*
1 TL	schwarze Senfsamen
1 TL	Kreuzkümmelsamen
3–4 cm	Zimtstange
1/2 TL	Kurkuma
1/2 TL	Salz
1,5 l	Wasser

1. Mung Dal und Reis zweimal waschen. Wenn Sie Zeit haben, den Mung Dal einige Stunden einweichen, dann abgießen.
2. Ingwer, Kokosnuss, Korianderblätter und 125 ml Wasser in einen Standmixer geben und glatt pürieren, bis alles flüssig ist.
3. Das *Ghee* in einem großen Topf auf mittlerer Stufe erwärmen und die pürierten Zutaten, Kurkuma und Salz hinzufügen. Gut umrühren.
4. Als Nächstes Reis, Mung Dal und 1,5 l Wasser einrühren.
5. Zum Kochen bringen und 5 Minuten ohne Deckel kochen. Dann den Deckel leicht offen auf den Topf legen, die Zimtstange dazugeben, die Hitze reduzieren, damit es nur leicht köchelt, und 20–25 Minuten kochen, bis Dal und Reis weich sind. Zum Schluss Senfsamen in etwas *Ghee* erhitzen, bis sie platzen, dann Kreuzkümmel dazugeben, kurz anrösten und zum Reis geben.

Tipp

Obwohl dieses Kitchari *Tridosha* ist, eignet es sich besonders gut für *Pitta*. Koriander und Kokosnuss erhöhen die kühlenden Qualitäten, die *Pitta* benötigt.

Mung-Dal-Kitchari (Tridosha)

V↓ P↓ K↓

FÜR 4–5 PERSONEN

180 g	gelber Mung Dal
215 g	Basmati-Reis
2,5 cm	frischer Ingwer, geschält und fein gehackt
2 EL	geraspelte, ungesüßte Kokosnuss
1	kleine Handvoll frische Korianderblätter
125 ml	Wasser
3 EL	*Ghee*
3,7 cm	Stück Zimtrinde
5	ganze Kardamomkapseln
5	ganze Nelken
10	schwarze Pfefferkörner
3	Lorbeerblätter
1/4 TL	Kurkuma
3/4 TL	Salz
1,5 l	Wasser

1. Mung Dal und Reis waschen, bis das Wasser klar bleibt. Wenn man den Dal einige Stunden einweicht, fördert dies die Verdaulichkeit.
2. Ingwer, Kokosnuss, Korianderblätter und 125 ml Wasser in einen Standmixer geben und pürieren, bis alles flüssig ist.
3. Einen großen Topf auf mittlerer Stufe erwärmen und *Ghee*, Zimt, Nelken, Kardamom, Pfefferkörner und Lorbeerblätter hinzufügen. Einen Moment umrühren, bis die Gewürze zu duften beginnen.
4. Die pürierten Zutaten, dann Kurkuma und Salz zu den Gewürzen geben. Anbraten, bis alles leicht gebräunt ist.
5. Mung Dal und Reis einrühren und sehr gut vermischen.
6. Nun 1,5 l Wasser hineingießen, abdecken und zum Kochen bringen. 5 Minuten lang kochen lassen, dann die Hitze auf kleinste Stufe reduzieren und etwa 25–30 Minuten leicht bedeckt kochen, bis Dal und Reis weich sind.

Tipp

Dieses Kitchari ist besonders günstig, um *Tridosha* im Gleichgewicht zu halten.

Reisgerichte

Im Āyurveda ist Reis, vor allem Basmati-Reis, das verbreiteteste Getreide in der Ernährung. In der āyurvedischen Küche wird brauner Reis selten verwendet, da er schwerer zu verdauen, zu wärmend für Pitta und zu schwer für Kapha ist. Reis ist besonders gut für Vāta und Pitta, sollte allerdings von Kapha-Menschen nur in Maßen verzehrt werden.

»Einfacher gekochter Reis«

V↓ P↓ K↑

Für 4 Personen

430 g	Basmati-Reis
1 EL	*Ghee*
1 Prise	Kreuzkümmelsamen
1/2 TL	Salz
1 l	heißes Wasser

1. Den abgemessenen Reis in einen Topf geben und nacheinander mehrmals mit reichlich Wasser waschen und durch ein Sieb abgießen, bis das Wasser klar bleibt.
2. Den Topf bei reduzierter Hitze trocknen. Die Kreuzkümmelsamen kurz im *Ghee* sautieren, dann den Reis hineingeben und gründlich vermischen.
3. Salz und heißes Wasser hinzufügen. Zum Kochen bringen und 2–3 Minuten sprudelnd kochen.
4. Hitze auf kleinste Stufe reduzieren und den Deckel auflegen. Soll der Reis klebriger werden, lässt man den Deckel leicht offen. Wünscht man trockneren Reis, kocht man ihn vollständig zugedeckt.
5. Etwa 15–20 Minuten kochen, bis der Reis weich ist.

Tipps

- Gekochter Reis kann mit Linsensuppe, Kokum-Suppe oder Mischgemüsesuppe gegessen werden.
- Gekochter Reis ist süß und kühlend mit einem süßen *Vipāka*. Er ist hydrophil (hält das Wasser), kann also *Kapha* erhöhen, wenn er in großen Mengen gegessen wird. In Maßen genossen, ist er für alle Doshas ausgleichend.

Gebratener Reis

V↓ P↓ K↓

FÜR 4 PERSONEN

215 g	Basmati-Reis
625 ml	Wasser
1/2 TL	Salz
3 EL	Sonnenblumenöl
1/2 TL	Senfsamen
1/2 TL	Kreuzkümmelsamen
1 Prise	Asafoetida
1 Prise	Kurkuma
1/2	große Zwiebel, der Länge nach in feine Streifen geschnitten
1/2	kleine grüne Chili, gehackt
7	Curryblätter, frisch oder getrocknet
2 EL	Korianderblätter, gehackt

1. Den Reis mehrmals waschen und abgießen.
2. Reis, Wasser und Salz in einen mittelgroßen Topf geben und zum Kochen bringen. Teilweise abdecken und 5 Minuten sanft köcheln lassen. Die Hitze auf die kleinste Stufe reduzieren und etwa 15 Minuten zugedeckt kochen, bis er weich ist.
3. Eine schwere Bratpfanne auf mittlerer Stufe erwärmen und das Öl hineingießen. Wenn das Öl heiß ist, Kreuzkümmel und Senfsamen beifügen. Einen Moment umrühren, bis die Samen platzen. Den Rest der Gewürze und die Zwiebel hinzugeben und braten, bis die Zwiebeln glasig sind.
4. Den gekochten Reis zu den Gewürzen und Zwiebeln geben. Schnell umrühren und servieren.

Tipp

Pitta-Menschen verzichten am besten auf die Chili.

Safranreis

V↓ P↓ K↓

FÜR 6 PERSONEN

1 Prise	Safran
1 EL	Wasser
375 ml	Basmati-Reis
3 EL	*Ghee* oder ungesalzene Butter
4	Lorbeerblätter
7	Stückchen Zimtrinde (etwa 1 gehäuften TL)
7	ganze Nelken
1/2 TL	Salz
7	ganze Kardamomkapseln
1 l	heißes Wasser

1. Safran für mindestens 10 Minuten in 1 EL Wasser einweichen.
2. Den Reis mehrmals waschen, spülen und abgießen.
3. Einen Topf auf mittelstarker Stufe erwärmen und das *Ghee* hineingeben. Dann Lorbeerblätter, Zimt, Nelken, Salz und Kardamom hinzufügen und eine Minute lang gut vermischen. Die Hitze reduzieren, den Reis beimengen und 2 Minuten lang in den Gewürzen braten.
4. Das heiße Wasser und den eingeweichten Safran hineingießen und sanft zum Kochen bringen. 5 Minuten ohne Deckel kochen. Dann auf mittlere Hitze reduzieren und teilweise zudecken.
5. Weitere 5 Minuten sanft köcheln lassen und ein- oder zweimal umrühren, damit er nicht anbrennt.
6. Die Hitze zurückschalten und mit geschlossenem Deckel etwa 10 Minuten simmern lassen, bis der Reis weich ist.

Tipp

Safran ist vom Geschmack her süß, astringent, bitter und erhitzend mit einem süßen Vipāka. Er ist für alle drei Doshas ausgleichend, leicht verdaulich und hilft bei Lebensmittelallergien.

Medizinische Anwendung

Safran ist sehr wirksam bei migräneartigem Kopfschmerz. Er kann effektiv zur Wiederbelebung von Blut, Kreislauf und dem weiblichen Fortpflanzungssystem beitragen.

Würziger Auberginenreis

V↓ P↑ K↓

Für 4 Personen als Hauptgericht

215 g	Basmati-Reis
3,7 cm	frischer Ingwer, geschält und fein gehackt
2 EL	geraspelte Kokosnuss
1	kleine Handvoll Korianderblätter
125 ml	Wasser
3 EL	*Ghee*
1 TL	Kreuzkümmelsamen
1 TL	schwarze Senfsamen
1 Prise	Asafoetida
1	Knoblauchzehe
5	ganze Lorbeerblätter
2,5 cm	(etwa 1 TL) Zimtrinde
5	ganze Nelken
6	Curryblätter, frisch oder getrocknet
5	Kardamomkapseln
1 TL	Masala-Pulver
3/4 TL	Salz
115 g	frische Aubergine, in 2,5 cm große Stücke geschnitten
750 ml	heißes Wasser
	Limette, Kokosnuss und Korianderblätter zum Verzieren

1. Den Reis mindestens zweimal waschen und abgießen. Die Aubergine waschen und kleinschneiden.
2. Ingwer, Kokosnuss und Korianderblätter in einem Standmixer mit 125 ml Wasser pürieren, bis alles flüssig ist. Beiseitestellen.
3. Einen mittelgroßen Topf auf mittlerer Stufe erwärmen und das *Ghee* hineingeben. Sobald es heiß ist, Kreuzkümmelsamen, Senfsamen und Asafoetida hinzufügen. Wenn die Samen platzen, den Knoblauch beigeben und braten, bis er leicht gebräunt ist.
4. Nun Lorbeerblätter, Zimt, Nelken, Curryblätter, Kardamom, Masala-Pulver und Salz zugeben. Gut vermischen. Die pürierte Mischung eingießen. Eine Minute lang umrühren und simmern lassen. Den Reis und die Aubergine einrühren.
5. Die 750 ml heißes Wasser hineingießen und zum Kochen bringen. 2 Minuten lang kochen.
6. Hitze reduzieren, teilweise abdecken und auf kleiner Stufe 5 Minuten kochen, dabei ab und zu umrühren.
7. Jetzt die Hitze zurückschalten und ca. 10–12 Minuten zugedeckt kochen, bis alles weich ist.
8. Mit frischen Korianderblättern, Kokosnuss und einer Limettenspalte garnieren.

Tipps

- Aubergine kann *Pitta* reizen, daher sollten *Pitta*-Menschen dieses Essen nur gelegentlich zu sich nehmen und Knoblauch, Nelke und Asafoetida weglassen.
- Dieses Gericht ist leicht verdaulich, sollte aber auch von *Vāta* und *Kapha* nur in Maßen genossen werden.

Gewürzreis mit Erbsen

V↑ P↓ K↓

FÜR 4–5 PERSONEN

430 g	Basmati-Reis
150 g	frische oder gefrorene grüne Erbsen
2,5 cm	frischer Ingwer, geschält und fein gehackt
2 EL	ungesüßte, geraspelte Kokosnuss
1	kleine Handvoll frische Korianderblätter
125 ml	Wasser
4 EL	*Ghee*
1 TL	Kreuzkümmelsamen
1 TL	schwarze Senfsamen
5	ganze Lorbeerblätter
3,7 cm	Zimtstange
7	Nelken
7	Kardamomkapseln
1 TL	Masala-Pulver
1/2 TL	Salz
1 l	heißes Wasser
	Korianderblätter, Kokosnuss und Limette zum Verzieren

1. Den Reis und die Erbsen zweimal waschen.
2. Ingwer, Kokosnuss, Korianderblätter und die 125 ml Wasser in einem Standmixer glatt pürieren. Beiseitestellen.
3. Eine recht große Pfanne auf mittlerer Stufe erwärmen und *Ghee*, Kreuzkümmelsamen, Senfsamen und Lorbeerblätter hineingeben. Umrühren, bis die Samen platzen.
4. Danach Zimt, Nelken, Kardamom, die pürierte Mischung, Masala-Pulver und Salz hinzufügen und 1 Minute lang sautieren.
5. Reis und Erbsen untermischen, gut umrühren und 1 l heißes Wasser dazugießen. 2 Minuten lang aufkochen lassen. Hitze reduzieren, zudecken und etwa 20 Minuten kochen, dabei ab und zu umrühren, bis alles gar ist.
6. Mit Korianderblättern und Kokosnuss garnieren. Einen Spritzer Limette auf jede Portion geben.

Tipps

- Grüne Erbsen sind bitter, astringent und kühlend, mit einem scharfen Nachgeschmack. Die Erbsen müssen gut gekocht werden, sonst fermentieren sie und erzeugen Blähungen.
- *Vāta* kann das in kleinen Mengen mit extra *Ghee* essen.

Medizinische Anwendung

Gut gekochte Erbsen scheiden Stuhl und Gase aus dem Dickdarm aus.

Würziger Kartoffelreis

V↑ P↓ K↓

FÜR 4–5 PERSONEN

430 g	Basmati-Reis
140 g	Kartoffeln, geschält und in 2,5 cm große Würfel geschnitten
3,7 cm	frischer Ingwer, geschält und fein gehackt
1	kleine Handvoll frische Korianderblätter
2 EL	ungesüßte, geraspelte Kokosnuss
125 ml	Wasser
4 EL	*Ghee*
1 TL	Kreuzkümmelsamen
1 TL	schwarze Senfsamen
5	ganze Lorbeerblätter
2,5 cm	Zimtstange, in Stücke gebrochen
7	ganze Nelken
7	Kardamomkapseln
1 TL	Masala-Pulver
1/2 TL	Salz
1 l	heißes Wasser
	Limettenspalten, Korianderblätter, Kokosnuss zum Verzieren

1. Den Reis und die zerkleinerten Kartoffeln zweimal waschen.
2. Ingwer, Kokosnuss, Korianderblätter und die 125 ml Wasser in einen Standmixer geben und glattpürieren.
3. Einen großen Topf auf mittlerer Stufe erwärmen und zuerst das *Ghee*, dann Kreuzkummelsamen, Senfsamen und Lorbeerblätter hinzugeben. Umrühren, bis die Samen platzen.
4. Nun Zimt, Nelken, Kardamom, pürierte Mischung, Masala-Pulver und Salz beifügen. 1 Minute leicht anbraten.
5. Reis und Kartoffeln untermischen und umrühren, damit alles von den Gewürzen umhüllt ist.
6. Das heiße Wasser zugießen und zum Kochen bringen. Teilweise abdecken und 12 Minuten kochen, dann zudecken und auf kleiner Stufe für ca. 15 Minuten kochen.
7. Mit Korianderblättern und Kokosnuss garnieren. Auf jede Portion einen Spritzer frische Limette geben.

Tipps

- Kartoffeln sind Nachtschattengewächse, daher stören sie im Allgemeinen die *Tridosha*-Balance. Die Gewürze helfen, die Kartoffeln besser verdaulich zu machen. Dieses Gericht gibt viel Energie.
- Die leichte und trockene Natur von Kartoffeln reizt *Vāta*, daher sollten solche Menschen nur eine geringe Menge davon mit extra *Ghee* essen.

Würziger Gemüsereis

V↓ P↓ K↓

FÜR 4–6 PERSONEN

430 g	Basmati-Reis
70 g	Zucchini, geschnitten
60 g	grüne Bohnen, geschnitten
75 g	frische Erbsen (Karotten, Kartoffeln, Blumenkohl oder Brokkoli können je nach *Dosha* hinzugefügt oder ersetzt werden)
3 Zehen	Knoblauch, gehackt
2,5 cm	frischer Ingwer, geschält und fein gehackt
60 g	frische Korianderblätter
2 EL	geraspelte, ungesüßte Kokosnuss
125 ml	Wasser
8 EL	*Ghee*
1 TL	Kreuzkümmelsamen
1 TL	schwarze Senfsamen
1/4 TL	Kurkuma
1 Prise	Asafoetida
12	ganze Nelken
8	Lorbeerblätter
10	Kardamomkapseln
5 cm	Zimtstange, in kleine Stücke gebrochen
1/2 TL	Salz
1/2 TL	Cayenne oder mehr nach Geschmack
1,25 l	Wasser
	Limette, Kokosnuss und Korianderblätter zum Verzieren

1. Den Reis mehrmals waschen und abgießen. Das Gemüse waschen und in mundgerechte Stücke schneiden.
2. Knoblauch, Ingwer, Korianderblätter, Kokosnuss und die 125 ml Wasser in einen Standmixer geben, glatt pürieren und beiseitestellen.
3. Eine ausreichend große Pfanne auf mittlerer Stufe erwärmen und *Ghee*, Senfsamen, Kreuzkümmelsamen, Kurkuma und Asafoetida hineingeben. Kurz braten, bis die Samen platzen. Nelken, Lorbeerblätter, Kardamom, Zimt und Cayenne hinzufügen. Gut vermischen.
4. Die pürierte Mischung und Salz beimengen und kochen, bis alles leicht gebräunt ist.
5. Reis und Gemüse einrühren und gut vermischen, damit alles mit Gewürzen bedeckt ist.
6. Das Wasser hineingießen und einige Minuten aufkochen lassen. Teilweise zudecken und die Hitze wegnehmen. Etwa 15–20 Minuten kochen, bis alles weich ist.
7. Mit frischer Limette, etwas gehackten Korianderblättern und Kokosnuss garnieren.

Tipps

- Dieses Gericht gleicht *Tridosha* aus, denn kocht man das Gemüse zusammen, beseitigt dies alle im Einzelnen vorhandenen Qualitäten, die ein *Dosha* reizen könnten.
- Verwenden Sie bei diesem Rezept für *Pitta* keinen Knoblauch, Cayenne oder Nelken. Es schmeckt trotzdem noch gut!

Poha (Reisflocken)

V↓ P↓ K↓

FÜR 4–5 PERSONEN

330 g	Reisflocken (die dicke Sorte)
5 EL	Färberdistelöl
1 TL	schwarze Senfsamen
1 TL	Kreuzkümmelsamen
5	Curryblätter, frisch oder getrocknet
1/2 TL	Kurkuma
1/2 TL	Salz
1 Prise	Asafoetida
1/2 Bund	Korianderblätter, gehackt
1	kleine Zwiebel, fein gehackt
1	kleine grüne Chili, fein gehackt
	Kokosnuss, Korianderblätter und Limette zum Verzieren

1. Die Reisflocken zweimal waschen, abgießen und beiseitestellen.
2. Das Öl in einer Bratpfanne auf mittlerer Stufe erwärmen und Senfsamen, Kreuzkümmelsamen und Curryblätter hineingeben.
3. Umrühren, bis die Samen platzen und Kurkuma, Salz und Asafoetida beifügen.
4. Als Nächstes Korianderblätter, Zwiebeln und Chili hinzugeben und kochen, bis sie weich und leicht braun sind.
5. Die Reisflocken einrühren, Deckel auflegen und Hitze ausschalten. Nach einigen Minuten mit Kokosnuss und Korianderblättern bestreut servieren. Auf jede Portion einen Spritzer frische Limette geben.

Tipps

- Poha ist ungekochter Basmati-Reis, der auf gleiche Weise hergestellt wird wie Haferflocken. Er kocht rasch und braucht nur das Wasser, das beim Waschen absorbiert wurde.
- Die Reisflocken sind leicht verdaulich und recht ausgleichend für *Tridosha*. Sie eignen sich gut zum Frühstück oder können ergänzend zum Hauptgericht gereicht werden.

Reisflocken mit Kartoffeln

1. Die Reisflocken zweimal waschen und gründlich abtropfen lassen. Beiseitestellen.
2. Kartoffel waschen, schälen und mittelfein raspeln.
3. Eine Bratpfanne auf mittlerer Stufe erwärmen und das Öl hineingeben. Wenn es heiß ist, Kreuzkümmelsamen, Senfsamen, Curryblätter und Asafoetida hinzufügen und die Samen platzen lassen. Dann die Korianderblätter, grüne Chili und Zwiebel dazugeben.
4. Auf mittlerer Stufe kochen, bis die Zwiebel glasig ist, dabei ständig umrühren, damit sie nicht anbrennt.
5. Die geraspelte Kartoffel beifügen. Nochmals gut umrühren, zudecken und für 5 Minuten kochen. Erneut umrühren und weitere 5 Minuten kochen.
6. Salz, Kurkuma, Erdnüsse und die Reisflocken hinzufügen. Gut vermischen, Deckel auflegen, Hitze ausschalten und einige Minuten stehen lassen.

Tipps

- Dieses Rezept gleicht *Tridosha* aus, sollte aber nicht zu oft gegessen werden.
- *Vātas* sollten dieses Gericht in Maßen essen, denn für sie ist es eher schwer verdaulich.

V↓ P↓ K↓

Für 6 Personen

440g	Reisflocken (die dicke Sorte)
1	mittelgroße Kartoffel, geraspelt
6 EL	Färberdistelöl
1 TL	Kreuzkümmelsamen
1/2 TL	Senfsamen
1 Prise	Asafoetida
10	Curryblätter, frisch oder getrocknet
1	kleine Handvoll Korianderblätter, gehackt
1	kleine grüne Chili, fein gehackt
1	kleine Zwiebel, fein gehackt
1 TL	Kurkuma
1	Handvoll Erdnüsse
1/2 TL	Salz

Murmura Chivda (Zwischenmahlzeit mit Puffreis)

V↓ P↓ K↓

FÜR EINE KLEINE GRUPPE

280 g	Murmura (Puffreis)
130 g	ganze Erdnüsse
125 ml	Färberdistelöl
180 g	gerösteter Dal
1 TL	schwarze Senfsamen
1 TL	Kreuzkümmelsamen
2 Prisen	Asafoetida
1 TL	Kurkuma
1	grüne Chili, fein gehackt oder 1/2 TL Cayenne
10	Curryblätter, frisch oder getrocknet
1	kleine Handvoll frische Korianderblätter, gehackt
1 TL	Salz

1. Den Puffreis in eine große Schüssel geben und beiseitestellen.
2. Das Öl in einer tiefen Pfanne erhitzen, bis es heiß ist, aber nicht raucht. Das Öl ist bereit, wenn eine hineingeworfene Erdnuss schnell zu sprudeln beginnt.
3. Die Erdnüsse hineingleiten lassen und etwa 2–3 Minuten vorsichtig mit einem Schaumlöffel wenden, bis sie ganz leicht gebräunt sind. Aus dem Öl holen, abtropfen lassen und zum Reis geben.
4. Nun den gerösteten Dal ins heiße Öl schütten und etwa 2 Minuten vorsichtig umrühren, bis er leicht gebräunt ist. Herausschöpfen, abtropfen lassen und zu Puffreis und Erdnüssen geben.
5. Die Hitze reduzieren und Senfsamen, Kreuzkümmelsamen, Asafoetida, Chili, Kurkuma, Curryblätter und Korianderblätter hinzufügen. Einen Moment umrühren und sautieren, dann alles zusammen über den Puffreis streuen, auch eventuell übriges Öl. Salz nach Belieben dazugeben und gründlich vermischen.

Tipps

- Diese Menge reicht für eine kleine Gruppe. Reste halten sich gut, wenn sie in einem geschlossenen Behältnis aufbewahrt werden.
- Puffreis und gerösteten Dal erhält man in Asien-Geschäften. Murmura ist ungewürzter, weißer Puffreis.
- Soll die Mischung weniger scharf sein, ersetzen Sie Chili mit Cayenne.
- *Tridosha*, doch *Pitta* sollte nicht so viel Asafoetida, Erdnüsse und Senfsamen verwenden.

Buttermilch-Curry

V↓ P↓ K↓

FÜR 4–6 PERSONEN

2 EL	*Ghee*
1 TL	schwarze Senfsamen
1 TL	Kreuzkümmelsamen
1 Prise	Asafoetida
4	Curryblätter, frisch oder getrocknet
1	Knoblauchzehe, gehackt
1/2	kleine grüne Chili, gehackt
3,7 cm	frischer Ingwer, geschält und fein gehackt
1	kleine Handvoll frische Korianderblätter, gehackt
1/2 TL	Kurkuma
1/2 TL	Salz
1 l	Buttermilch (für *Kapha* Ziegenmilch benutzen)

1. Das *Ghee* auf mittlerer Stufe in einem Topf erwärmen und Senfsamen, Kreuzkümmelsamen, Curryblätter und Asafoetida beigeben. Umrühren, bis die Samen platzen.
2. Knoblauch und Chili hinzufügen und leicht bräunen. Dann Ingwer, Korianderblätter und Salz dazugeben.
3. Die Buttermilch hineingießen. Den Messbecher mit 25 ml Wasser ausschwenken und dieses auch in den Topf geben.
4. Das Kurkuma einrühren und erhitzen, bis es heiß ist, aber nicht kocht.

Tipps

- Lässt sich mit Reis und Chapati servieren.
- *Kapha* sollte dies nur gelegentlich essen und die Menge an Senfsamen und Asafoetida erhöhen.

REISGERICHTE

Tofu »mit Pepp«

V↓ P↓ K↑

FÜR 4 PERSONEN

500 g	Bio-Tofu (fester Tofu ist am besten)
8 EL	*Ghee*
1 TL	Kreuzkümmelsamen
1 TL	schwarze Senfsamen
1 Prise	Asafoetida
1	Knoblauchzehe, gehackt
1	grüne Chili, fein gehackt
1	kleine Handvoll Korianderblätter, gehackt
1/2	Zwiebel, fein gehackt
1/4 TL	Kurkuma
1 TL	Salz

1. Das *Ghee* auf mittlerer Stufe in einer Bratpfanne erhitzen und Senfsamen, Kreuzkümmelsamen und Asafoetida zugeben. Umrühren, bis die Samen platzen.
2. Knoblauch, Chili, Zwiebel, Korianderblätter und Kurkuma beifügen und braten, bis die Zwiebeln leicht gebräunt sind.
3. Den Tofu hineinbröseln. Umrühren und ein paar Minuten leicht anbraten. Salzen, zudecken, Hitze ausschalten und eine Weile ohne Hitzezufuhr stehen lassen, damit der Tofu die Gewürze absorbieren kann.

Tipps

- Tofu ist astringent, kühlend und süß.
- *Vāta* sollte dieses Gericht in Maßen essen. Es ist schwer verdaulich und kann *Kapha* anregen. Extra Knoblauch und Chili (und Maß halten) bewahren *Kapha* vor einer Reizung.

Gemüse und Tofu

V↓ P↓ K↑
FÜR 4–6 PERSONEN

500 g	Gemüse (Brokkoli, gelbe und grüne Zucchini, Spargel, Sellerie sind besonders gut)
1	Rezept für *Tofu »mit Pepp«* (vorherige Seite)

1. Gemüse waschen und grob schneiden.
2. Bereiten Sie das Rezept für *Tofu »mit Pepp«* zu und fügen Sie dem Tofu das Gemüse hinzu. Rühren Sie gründlich um, damit alles gut von *Ghee* und Gewürzen umhüllt ist. 5 Minuten sautieren und schwenken.
3. Hitze ausschalten. Zudecken und eine Weile ohne Hitzezufuhr stehen lassen, bis das Gemüse fast gar und noch bissfest ist.

Tipp

Es gelten die gleichen Qualitäten wie beim vorherigen Rezept.

Weichweizengrießbrei

V↓ P↓ K↓
FÜR 4 PERSONEN

8 EL	*Ghee*
100g	Weichweizengrieß
1 l	Wasser
1/2 TL	gemahlener Kardamom
1/2 TL	Zimtpulver
1	Nelke

1. Einen Topf auf mittlerer Stufe erhitzen und das *Ghee* dazugeben. Als Nächstes den Weichweizengrieß einrühren, dabei ständig rühren, bis er leicht gebräunt ist und duftet.
2. Wasser zugießen und kräftig rühren, bis Klumpen aufgelöst sind und der Brei weich ist.
3. Nun den Kardamom, das Zimtpulver und die Nelke hinzufügen. Die Hitze ganz klein stellen und bedeckt kochen, bis der Brei fertig ist. Nach Belieben mit Milch und Süßungsmittel servieren.

Tipps

- Dies ist ein ausgezeichnetes Frühstück.
- *Kapha* sollte 1/8 TL Ingwerpulver beigeben, das *Ghee* reduzieren und den Brei nur hin und wieder essen.

Upma

V↓ P↓ K↓
FÜR 4 PERSONEN

100 g	Weich- oder Hartweizengrieß
8 EL	Färberdistelöl oder *Ghee*
1 TL	schwarze Senfsamen
1 TL	Kreuzkümmelsamen
1 Prise	Asafoetida
5	Curryblätter, frisch oder getrocknet
1/2 TL	Kurkuma
1	kleine grüne Chili, fein gehackt
1	kleine Zwiebel, gehackt
1/4 Bund	Korianderblätter, gehackt
1/2 TL	Salz
750 ml	Wasser
	Kokosnussraspel und Korianderblätter zum Verzieren

1. Den Hartweizengrieß auf mittlerer Stufe in einer schweren, trockenen Pfanne rösten, bis er leicht braun ist. Umrühren oder regelmäßig schwenken. In einer Schüssel zum Abkühlen beiseitestellen.
2. Einen Topf auf mittlerer Stufe erwärmen und das Öl oder *Ghee* hineingeben, danach die Senf- und Kreuzkümmelsamen. Wenn die Samen platzen, alle anderen Gewürze hinzufügen, außer dem Salz.
3. Zwiebel, Korianderblätter und Chili einrühren und kochen, bis die Zwiebel gebräunt ist.
4. Das Salz und Wasser beigeben und zum Kochen bringen. Nun ganz langsam den gerösteten Grieß einrieseln lassen. 1–2 Minuten kochen und dabei ständig umrühren, damit sich keine Klumpen bilden.
5. Die Hitze reduzieren und bedecken. Weichweizengrieß 3–5 Minuten und Hartweizengrieß 10 Minuten kochen.
6. Mit Kokosnussraspeln und gehackten Korianderblättern garnieren.
7. Auf jede Portion einen Spritzer frische Limette geben.

Tipps

- Das Rösten beseitigt Allergene, Glutamin und andere *Kapha*-Qualitäten des Weizens.
- *Kapha* kann das in Maßen essen, wenn Senfsamen und Chiligaben erhöht werden.
- Hartweizengrieß ist süß, ölig und kühlend. Er ähnelt dem Weichweizengrieß, muss aber länger kochen. Upma eignet sich gut zum Frühstück oder als Ergänzung zum Hauptgericht.

Gemüse

Die bevorzugte Zubereitungsart von Gemüse im Āyurveda besteht darin, es entweder langsam in *Ghee* oder Öl mit Gewürzen zu braten oder es mit Gewürzen in etwas Wasser zu kochen. Das Āyurveda empfiehlt nicht, rohes Gemüse in großen Mengen zu verzehren, da es schwer, rau und schwierig zu verdauen ist. Rohes Gemüse und Salate sollte man eher bei warmem Wetter als im Winter essen und lieber zum Mittagessen, wenn das Agni hoch ist. Wenn zwei oder mehr Gemüse zusammen gekocht werden, heben sich oft einige ihrer unharmonischen Qualitäten gegenseitig auf, die ansonsten für eine schlechte Lebensmittelkombination sorgen könnten.

Paprika-Sabji

V↓ P↓ K↓

FÜR 4 PERSONEN

600 g	Paprika, mittelgroß, geschnitten
2 EL	Färberdistelöl
1 TL	Kreuzkümmelsamen
1 TL	schwarze Senfsamen
1 Prise	Asafoetida
1/4 TL	Kurkuma
1/2 TL	Masala-Pulver
2 EL	geröstete, gemahlene Erdnüsse
2 EL	geröstete, gemahlene Sesamsamen
1/2 TL	Salz

1. Eine Bratpfanne auf mittlerer Stufe erwärmen und Öl, Kreuzkümmelsamen, Senfsamen und Asafoetida hineingeben. Umrühren, bis die Samen platzen.
2. Kurkuma, Masala-Pulver, gemahlene Erdnüsse, gemahlene Sesamsamen und Salz hinzufügen. Umrühren, dann die Paprikastückchen beigeben. Die Hitze reduzieren und schwenken, um es gut zu vermischen.
3. Zugedeckt kochen, bis die Paprika ganz weich ist, etwa 10 Minuten.

Tipps

- Paprikas sind süß, scharf und sauer, anregend und gut für die Verdauung.
- Dieses Gericht sollte von *Pitta* in Maßen genossen und ohne Asafoetida und Masala-Pulver gekocht werden. Das Rezept für das Masala-Pulver finden Sie in diesem Buch.

Bittergurken-Sabji Nr. 1

1. Die Bittergurke in runde, mundgerechte Stücke schneiden.
2. Einen flachen Topf oder eine Pfanne auf mittlerer Stufe erhitzen und das Öl hineingeben, dann Kreuzkümmelsamen, Senfsamen und Asafoetida. Vorsichtig umrühren, bis die Samen platzen.
3. Bittergurke, Korianderblätter, Knoblauch, Ingwer, Chili und Limette hinzufügen. Umrühren und Kurkuma und Salz beimengen.
4. Schütteln, damit alles vermischt und die Bittergurke von den Gewürzen überzogen wird. Deckel auflegen und die Hitze reduzieren.
5. Etwa 25 Minuten kochen, bis alles gar ist.

V↓ P↓ K↓

FÜR 4 PERSONEN

500 g	Bittergurke
3 EL	Färberdistelöl
1 TL	Kreuzkümmelsamen
1 TL	schwarze Senfsamen
1 Prise	Asafoetida
1	kleine Handvoll Korianderblätter, gehackt
3	Zehen Knoblauch, gehackt
3,7 cm	frischer Ingwer, geschält und fein gehackt
1	kleine grüne Chili, der Länge nach in 4 Stücke geschnitten
1/2	Limette, geviertelt
1/4 TL	Kurkuma
1/2 TL	Salz

Tipp

Bittergurke ist bitter, kühlend und scharf. Sie ist leicht verdaulich und beruhigt *Kapha* und *Pitta*. Dieses Rezept hält die *Tridoshas* im Gleichgewicht – die Korianderblätter besänftigen *Pitta*, die Senfsamen beseitigen *Kapha* und Färberdistelöl, Kreuzkümmelsamen und Asafoetida entlasten *Vāta*. Im Übermaß genossen, kann das Gericht *Vāta* reizen.

Medizinische Anwendung

Dieses Gericht eignet sich gut bei Diabetes, Anämie und gegen Würmer. Es ist ein mildes Abführmittel und fördert die Leberreinigung.

Bittergurken-Sabji Nr. 2

V↓ P↓ K↓

FÜR 4 PERSONEN

3 EL	Färberdistelöl
1/2 TL	Kreuzkümmelsamen
1 TL	schwarze Senfsamen
1 Prise	Asafoetida
500 g	Bittergurke, quer in 3 mm große Stücke geschnitten
1/4 TL	Kurkuma
1/2 TL	Masala-Pulver
1/4 TL	Salz
1 EL	geröstete, gemahlene Erdnüsse
1 EL	geröstete, gemahlene Sesamsamen

1. Eine Bratpfanne auf mittlerer Stufe erwärmen und Öl, Kreuzkümmelsamen, Senfsamen und Asafoetida hineingeben.
2. Ein oder zwei Minuten lang kochen, bis die Samen platzen, dann Kurkuma, Masala-Pulver, Salz, Erdnüsse und Sesamsamen hinzufügen. (Die gemahlenen Erdnüsse nicht durch Erdnussmus ersetzen.) Gut vermischen und die Bittergurke beimengen.
3. Vorsichtig umrühren, damit die Bittergurke mit Gewürzen bedeckt wird.
4. Die Hitze zurückschalten und ohne Deckel kochen, ab und zu umrühren, bis alles gebräunt und knusprig ist.

Tipp

Dieses Gericht hat die gleichen Qualitäten wie *Bittergurken-Sabji Nr. 1*. Die Erdnüsse sorgen für eine Beruhigung von *Vāta* und geben Energie. Es ist ein gutes Essen bei Hautkrankheiten und Diabetes und zur Blutreinigung.

Blumenkohl-Kartoffel-Sabji

1. Blumenkohl waschen und Kartoffeln schälen. Das Gemüse in mundgerechte Stücke schneiden.
2. Ingwer, Kokosnuss, Korianderblätter und 125 ml Wasser in einen Standmixer geben und glatt pürieren, beiseitestellen.
3. Eine tiefe Pfanne auf mittlerer Stufe erwärmen und Öl, Curryblätter, Kreuzkümmelsamen, Senfsamen und Asafoetida hineingeben. Umrühren, bis die Samen platzen. Dann die pürierte Mischung, Masala-Pulver, Kurkuma und Salz dazugeben. Leicht anbräunen und Blumenkohl, Kartoffeln und Tomate hinzufügen. Umrühren, bis alle Zutaten vermischt sind.
4. 1 l Wasser hineingießen und zugedeckt kochen, bis alles gerade weich ist.

V↓ P↓ K↓

FÜR 4 PERSONEN

280 g	Blumenkohl und Kartoffeln, gemischt
1	mittelgroße Tomate, geschnitten
3,7 cm	frischer Ingwer, geschält und fein gehackt
2 EL	ungesüßte, geraspelte Kokosnuss
1/4 Bund	frische Korianderblätter, gehackt
125 ml	Wasser
3 EL	Färberdistelöl
5	Curryblätter, frisch oder getrocknet
1 TL	schwarze Senfsamen
1/2 TL	Kreuzkümmelsamen
1 Prise	Asafoetida
1/2 TL	Masala-Pulver
1/4 TL	Kurkuma
3/4 TL	Salz
1 l	Wasser

Tipp

Sollte von *Vātas* in Maßen gegessen werden. Senfsamen, Asafoetida und Kurkuma helfen dabei, die rauen Qualitäten des Blumenkohls zu beseitigen.

Kohl-Sabji

V↑ P↓ K↓

FÜR 4 PERSONEN

1	mittelgroßer Kohlkopf, fein geschnitten
2 EL	Färberdistelöl
1/2 TL	schwarze Senfsamen
1/2 TL	Kreuzkümmelsamen
1 Prise	Asafoetida
1	Zimtstange
2	Nelken
1/4 TL	Kurkuma
1/2	kleine grüne Chili, fein gehackt
1/2 TL	Salz

1. Den geschnittenen Kohl zweimal waschen.
2. Einen Topf auf mittlerer Stufe erwärmen und Öl, Senfsamen, Kreuzkümmelsamen, Asafoetida, Zimtstange, Nelken, Kurkuma und grüne Chili hineingeben. Braten, bis die Samen platzen.
3. Kohl und Salz hinzufügen. Umrühren und zudecken. Ca. 8–10 Minuten auf kleiner Stufe köcheln lassen, bis der Kohl weich, aber leicht knusprig ist.
4. Kann mit Reis und Chapati oder Roti gegessen werden.

Tipps

- Kohl ist bitter, astringent, kühlend und scharf. Er ist leicht, verdauungsfördernd und facht das Magenfeuer an. Aufgrund der bindenden und trockenen Qualitäten kann er Verstopfung und Blähungen hervorrufen.
- Obgleich dieses Rezept *Tridosha* ausgleicht, sollten *Vāta*-Menschen es in Maßen essen. Kurkuma, Asafoetida und Salz helfen dabei, die Qualitäten zu lindern, die *Vāta* reizen.

Medizinische Anwendung

Wirkt leicht harntreibend.

Karotten-Sabji

V↓ P↓ K↓

FÜR 4 PERSONEN

800 g	Karotten, geraspelt
1	kleine Handvoll frische Korianderblätter, gehackt
1/2	kleine grüne Chili, gehackt
3,7 cm	frischer Ingwer, geschält und fein gehackt
2 Zehen	Knoblauch, gehackt
2 EL	geraspelte, ungesüßte Kokosnuss
125 ml	Wasser
1 EL	*Ghee*
1/2 TL	schwarze Senfsamen
1/2 TL	Kreuzkümmelsamen
1 Prise	Asafoetida
1/2 TL	Salz

1. Die Karotten waschen und mittelfein raspeln.
2. Korianderblätter, Chili, Ingwer, Knoblauch, Kokosnuss und Wasser in einen Standmixer geben und auf hoher Stufe glatt pürieren.
3. Einen Topf auf mittlerer Stufe erhitzen und *Ghee*, Senfsamen, Kreuzkümmelsamen und Asafoetida hineingeben. Wenn die Samen platzen, die pürierte Mischung und Salz hinzufügen und sehr leicht bräunen.
4. Die Karotten einrühren, Deckel auflegen und ca. 10 Minuten auf mittlerer Stufe kochen, bis sie gerade weich sind. Ab und zu umrühren.

Tipp

Karotten haben viele Qualitäten – süß, bitter, kräftig, wärmend, leicht, scharf. Für *Pitta* sollte man nur wenig Chili, Knoblauch, Senfsamen und Asafoetida nehmen und das Gericht in Maßen verzehren. Gekochte Karotten sind süß und erhitzend mit einem scharfen Vipāka, daher ist dieses Rezept besonders ausgleichend für *Vāta* und *Kapha*.

Medizinische Anwendung

Ein gutes Essen bei Hämorrhoiden, Wassereinlagerungen und zur Blutbildung. Es ist ein ausgezeichnetes Gehirntonikum und hilft bei tiefem Nachdenken.

Sabji mit grünen Bohnen

V↓ P↓ K↓

FÜR 4 PERSONEN

460 g	grüne Bohnen, geschnitten
2 Zehen	Knoblauch, gehackt
2,5 cm	frischer Ingwer, geschält und fein gehackt
1 EL	geraspelte Kokosnuss
2 EL	frische Korianderblätter, gehackt
80 ml	Wasser
2 EL	Färberdistelöl
1/2 TL	Kreuzkümmelsamen
1/2 TL	schwarze Senfsamen
1/4 TL	Kurkuma
1 Prise	Asafoetida
1/2	mittelgroße Zwiebel, gehackt
1/2 TL	Masala-Pulver oder Cayenne
1/2 TL	Salz

1. Die Enden der Bohnen abbrechen und diagonal in sehr kleine, etwa einen halben Zentimeter dicke Stücke schneiden. Die Bohnen zweimal waschen.
2. Knoblauch, Ingwer, Kokosnuss, Korianderblätter und Wasser in einem Standmixer pürieren. Beiseitestellen.
3. Das Öl in einem mittelgroßen Topf erhitzen. Kreuzkümmelsamen, Senfsamen und Asafoetida hineingeben.
4. Wenn die Samen platzen, Kurkuma, Masala-Pulver und gehackte Zwiebel hinzufügen. Umrühren, bis die Zwiebel weich und leicht braun ist.
5. Die pürierte Mischung, Salz und grüne Bohnen einrühren. Zugedeckt etwa 5–10 Minuten auf kleiner Stufe köcheln lassen, bis sie gar sind.

Tipps

- Grüne Bohnen sind süß, astringent und kühlend, mit einem scharfen *Vipāka*. Sie helfen, das *Agni* anzufachen, können jedoch *Vāta* beeinträchtigen, wenn sie im Übermaß verzehrt werden. Sie haben die Tendenz, Gas und Verstopfung zu erzeugen.
- Grüne Bohnen allein verschlimmern *Vāta*. Kreuzkümmelsamen, Asafoetida und Cayenne helfen dabei, *Vāta* zu beruhigen. Dennoch sollten *Vāta*-Menschen dieses Gericht nur in Maßen essen.

Medizinische Anwendung

Gutes Essen für Hals und Lungen und bei *Pitta*-Störungen.

Auberginen-Sabji

V↓ P↑ K↓
Für 4 Personen

700 g	Aubergine (etwa 2 mittelgroße)
2 EL	Färberdistelöl
1 TL	schwarze Senfsamen
1 TL	Kreuzkümmelsamen
1/4 TL	Kurkuma
1 Prise	Asafoetida
1	mittelgroße Zwiebel, fein gehackt
1/2 TL	Masala-Pulver
3/4 TL	Salz

1. Die Auberginen waschen und in 1,25 cm große Würfel schneiden.
2. Einen Topf auf mittlerer Stufe erwärmen und Öl, Senfsamen, Kreuzkümmelsamen, Kurkuma und Asafoetida hineingeben. Umrühren, bis die Samen platzen.
3. Die Zwiebel zugeben und kochen, bis sie leicht gebräunt und glasig ist.
4. Masala-Pulver, Salz und Aubergine einrühren. Den Topf schwenken, bis alles gründlich vermischt ist. Bedecken und Hitze auf eine kleine Stufe stellen.
5. Etwa eine halbe Stunde kochen, bis alles gar ist, und mit geraspelter Kokosnuss und gehackten Korianderblättern bestreut servieren.

Tipps

- Aubergine ist astringent, bitter und wärmend, mit einem scharfen *Vipāka*. Sie reizt *Pitta*, ist aber allgemein ausgleichend für *Vāta* und *Kapha*.
- *Pittas* können das Gericht gelegentlich essen, wenn sie Asafoetida, Senfsamen und Masala weglassen.

Medizinische Anwendung

Facht Agni an und entgiftet den Dickdarm, sollte jedoch nicht von Menschen mit Nieren- und Gallensteinproblemen gegessen werden. Die Aubergine gehört zur Familie der Nachtschattengewächse und enthält viel Oxalsäure, was zu Kristallbildung führen kann.

Mischgemüse-Sabji

1. Das Gemüse waschen, putzen und in mundgerechte Stücke schneiden. Versuchen Sie, jedes Gemüse in eine andere Form zu schneiden, das ergibt einen hübschen visuellen Effekt.
2. Eine tiefe Pfanne auf mittlerer Stufe erwärmen und das Öl oder *Ghee* hineingeben, danach Kreuzkümmelsamen, Senfsamen, Ajowan und Asafoetida einrühren.
3. Wenn die Samen platzen, Masala oder Cayenne und Kurkuma hinzufügen. Kurz umrühren, dann Gemüse und Salz beimengen. Vermischen, bis alles gründlich von den Gewürzen umhüllt ist.
4. Die Hitze reduzieren und den Deckel aufsetzen. Nach 5 Minuten umrühren.
5. Auf kleiner Stufe noch 15 Minuten weiterkochen oder bis das Gemüse gerade gar ist.

V↓ P↓ K↓

FÜR 4 PERSONEN

500 g	zerkleinertes Gemüse (grüne Paprika, grüne Bohnen, Zucchini, gelber Kürbis etc.)
2 EL	*Ghee* oder Färberdistelöl
1/2 TL	Kreuzkümmelsamen
1/2 TL	schwarze Senfsamen
1/4 TL	Ajowansamen
1/2 TL	Masala-Pulver oder Cayenne
1/4 TL	Kurkuma
1 Prise	Asafoetida
1/2 TL	Salz

Tipp

Dieses Sabji ist von der Energie her *Tridosha*. Es gleicht Agni aus und ist abführend. Ein gutes Essen für Knochen und Gelenke.

Okra-Sabji

V↓ P↓ K↓

FÜR 4 PERSONEN

500 g	frische Okraschoten
1 EL	Färberdistelöl
1 TL	Kreuzkümmelsamen
1 TL	schwarze Senfsamen
1/2	grüne Chili, gehackt
1/2 TL	Salz

1. Die Okras waschen und trocknen. Stielansatz und Spitze entfernen und in 1/2 cm dicke Stücke schneiden.
2. Öl in einer Pfanne auf mittlerer Stufe erwärmen und Kreuzkümmel und Senfsamen hineingeben.
3. Wenn die Samen platzen, Chili und Salz hinzufügen und weiterrühren, bis alles leicht braun ist.
4. Die Okras beimengen, bedecken und 15 Minuten lang simmern lassen, bis sie weich sind. Häufig umrühren, damit nichts anbrennt.

Tipps

- Okra ist süß und astringent im Geschmack, besitzt eine kühlende Vīrya und süße Vipāka. Sie hält die drei Doshas in einem sehr feinen Gleichgewicht. Okra ist weich, schleimig und gekocht leicht verdaulich.
- *Pitta* sollte die grüne Chili weglassen. Selbst für *Vāta* und *Kapha* sollte man die Chilisamen weglassen, da sie schwer verdaulich sind. Die Samen sind ein sanftes Abführmittel.

Medizinische Anwendung

Schmiert die Gelenke, spendet viel Energie und ist gut für die Fortpflanzungsorgane. Ausgezeichnetes Essen bei Arthritis und Osteoporose.

Kartoffelsabji Nr. 1

V↓ P↓ K↓

Für 4 Personen

3	mittelgroße Kartoffeln
3 EL	Färberdistelöl
1 TL	schwarze Senfsamen
1 TL	Kreuzkümmelsamen
1/2 TL	Ajowansamen
1/4 TL	Kurkuma
1 Prise	Asafoetida
1 Prise	Cayenne
2 EL	Korianderblätter, gehackt
1/2 TL	Salz

1. Die Kartoffeln in der Schale kochen, bis sie weich sind.
2. Abseihen und abkühlen lassen, dann schälen und in 1,25 cm große Würfel schneiden.
3. Eine Bratpfanne auf mittlerer Stufe erwärmen und Öl, dann Senfsamen, Kreuzkümmelsamen, Ajowan und Asafoetida hineingeben. Die Samen platzen lassen.
4. Kurkuma, Korianderblätter und Cayenne hinzufügen. Umrühren und Salz und Kartoffeln beigeben.
5. Die Kartoffeln vorsichtig vermischen, mit den Gewürzen umhüllen und 2–3 Minuten auf mittlerer Stufe kochen.

Tipp

Vāta kann dieses Gericht hin und wieder essen. *Pitta* sollte wenig Cayenne, Ajowan und Senfsamen verwenden. Ansonsten *Tridosha.*

Kartoffelsabji Nr. 2

V↓ P↓ K↓

FÜR 4 PERSONEN

560 g	weiße Kartoffeln
2,5 cm	frischer Ingwer, geschält und fein gehackt
2	Zehen Knoblauch, gehackt
2 EL	geraspelte, frische (oder getrocknete) Kokosnuss
1	kleine Handvoll Korianderblätter, gehackt
125 ml	Wasser
3 EL	Färberdistelöl
1/2 TL	schwarze Senfsamen
1/2 TL	Kreuzkümmelsamen
1	Prise Asafoetida
1/4 TL	Kurkuma
1/4 TL	Ajowan
1/2 TL	Masala-Pulver oder je nach Geschmack auch mehr
4	Curryblätter, frisch oder getrocknet
1/2 TL	Salz
1	kleine Tomate, grob gehackt
1 l	Wasser

1. Die Kartoffeln waschen und schälen und in 2,5 cm große Stücke schneiden. Erneut waschen.
2. Ingwer, Knoblauch, Kokosnuss, Korianderblätter und die 125 ml Wasser in einen Standmixer geben und glatt pürieren.
3. Einen Topf auf mittlerer Stufe erwärmen und das Öl hinzugeben, danach Senfsamen, Kreuzkümmelsamen und Asafoetida beimengen. Umrühren, bis die Samen platzen.
4. Kurkuma, Ajowan, Curryblätter, die pürierte Mischung, Masala-Pulver und Salz in den Topf geben. Gut vermischen und Kartoffeln und Tomate hinzufügen. Umrühren, um alles mit Gewürzen zu umhüllen.
5. 1 l Wasser hineingießen und zum Kochen bringen. Hitze reduzieren, teilweise zudecken und etwa 20 Minuten simmern lassen, bis sie weich sind.

Tipp

Pittas können dieses Gericht essen, wenn sie Knoblauch, Ajowan und Tomate reduzieren. Die Gewürze helfen *Vāta*, die Kartoffeln zu verdauen.

Kartoffelsabji Nr. 3

V↓ P↓ K↓

Für 4 Personen

560 g	weiße Kartoffeln, geschält und in kleine Würfel geschnitten
3 EL	Färberdistelöl
1/2 TL	schwarze Senfsamen
1/2 TL	Kreuzkümmelsamen
1 Prise	Asafoetida
1/4 TL	Ajowan
1/4 TL	Kurkuma
1/2 TL	Masala-Pulver
1	mittelgroße Zwiebel, fein gehackt
1/4 TL	Salz

1. Die gewürfelten Kartoffeln zweimal waschen.
2. Eine Bratpfanne auf mittlerer Stufe erwärmen und Öl, Senfsamen, Kreuzkümmelsamen, Asafoetida, Ajowan und Zwiebel hineingeben.
3. Ein oder zwei Minuten sautieren, dann Kurkuma, Masala-Pulver und Salz hinzufügen. Umrühren, bis alles leicht gebräunt ist.
4. Nun die Kartoffeln beimengen und leicht vermischen, bis sie von den Gewürzen bedeckt sind.
5. Auf kleiner Stufe mit Deckel kochen, bis sie gar sind, dabei alle 5 Minuten umrühren, damit nichts anbrennt.

Tipp

Tridosha in Maßen.

Sabji aus geraspelten Kartoffeln

1. Kartoffeln waschen, schälen und reiben. Die geraspelten Kartoffeln nochmals waschen und gut abtropfen lassen.
2. Eine tiefe Pfanne auf mittlerer Stufe erwärmen und Öl, Senfsamen, Kreuzkümmelsamen und Asafoetida hineingeben. Wenn die Samen platzen, Chili, Kurkuma, Ajowan und Salz hinzufügen. Umrühren und Kartoffeln beimengen, dann gut vermischen, damit alles mit den Gewürzen bedeckt ist.
3. Die Hitze reduzieren, zudecken und für 5 Minuten kochen. Umrühren, dann weitere 5 Minuten kochen.
4. Steht das Gericht zugedeckt und bei ausgeschaltetem Herd ein paar Minuten, wird es etwas weicher.

V↓ P↓ K↓

Für 4 Personen

560 g	weiße Kartoffeln
2 EL	Färberdistelöl
1/2 TL	schwarze Senfsamen
1/2 TL	Kreuzkümmelsamen
1 Prise	Asafoetida
1/2	kleine grüne Chili, gehackt
1/4 TL	Kurkuma
1/4 TL	Ajowan
1/2 TL	Salz

Tipp

Asafoetida, Chili und Ajowan helfen dabei, die *Vāta* vermehrenden Qualitäten der Kartoffeln zu reduzieren. *Pitta*-Menschen sollten dieses Gericht ohne Chilis und Asafoetida zubereiten.

Kürbis-Sabji

V↓ P↓ K↓

Für 4 Personen

2 EL	Färberdistelöl
1/2 TL	Kreuzkümmelsamen
1/2 TL	schwarze Senfsamen
1 Prise	Asafoetida
4	Curryblätter, frisch oder getrocknet
1	kleine Handvoll frische Korianderblätter, gehackt
1	kleine grüne Chili, gehackt
500 g	gelber Winterkürbis
1/2 TL	Salz
1/4 TL	Kurkuma
250 ml	Wasser

1. Den Kürbis waschen und schälen und in 2,5 cm große Würfel schneiden.
2. Eine Pfanne auf mittlerer Stufe erwärmen und das Öl hineingeben, dann Kreuzkümmelsamen, Senfsamen und Asafoetida beimengen. Sobald die Samen platzen, Curryblätter, Korianderblätter, Kurkuma, Chili und Kürbis hinzufügen.
3. Salz darauf streuen und das Wasser hineingießen.
4. Umrühren oder schwenken, um es gut zu vermischen, Teilweise abdecken und die Hitze reduzieren.
5. Etwa 25 Minuten kochen, bis alles gar ist.

Tipps

- Kürbis selbst reizt *Vāta*, doch kocht man ihn mit diesen Gewürzen, eignet er sich für den gelegentlichen Verzehr.
- Wirkt sehr ausgleichend für *Pitta* und *Kapha*.

Weißrettich-Sabji

V↓ P↑ K↓

Für 4 Personen

800 g	weißer (Daikon-)Rettich, geraspelt
2 EL	Färberdistelöl
1/2 TL	schwarze Senfsamen
1/2 TL	Kreuzkümmelsamen
1/4 TL	Kurkuma
1 Prise	Asafoetida
1/2	kleine grüne Chili, gehackt
1/2 TL	Salz

1. Rettich waschen und mittelfein reiben. Den geraspelten Rettich noch zweimal spülen.
2. Eine Bratpfanne auf mittlerer Stufe erwärmen und das Öl hineingeben, danach Senfsamen, Kreuzkümmelsamen, Asafoetida, Kurkuma, Chili und Salz.
3. Umrühren, bis die Samen platzen. Den Rettich hinzufügen und gut vermischen.
4. Zudecken und etwa 12 Minuten bei reduzierter Hitze kochen, bis er gar ist. Ausgezeichnet für die Verdauung.

Tipp

Rettich ist scharf und erhitzend mit einem scharfen *Vipāka*. Er ist verdauungsfördernd und hilft gegen Blähungen.

Medizinische Anwendung

Ein gutes Essen bei Verstopfung, Hämorrhoiden und Herzerkrankungen. Rettich ist harntreibend und gut gegen Nierensteine.

Spinat-Sabji

V↑ P↑ K↓

Für 4 Personen

6	Handvoll Spinat, geschnitten und leicht geschichtet
90 g	halber gelber Mung Dal oder Tor Dal
500 ml	Wasser
1 EL	Färberdistelöl
1 TL	schwarze Senfsamen
1 TL	Kreuzkümmelsamen
1	Prise Asafoetida
1	Knoblauchzehe, gehackt
1	kleine grüne Chili, gehackt oder 1/4 TL Cayenne
1/2 TL	Salz

1. Den Spinat und den Dal zweimal waschen. Mit dem Wasser in einen Topf geben und ohne Deckel etwa 30 Minuten kochen, bis sie gar sind. Tor Dal braucht vielleicht länger.
2. Den gekochten Dal und Spinat leicht mit einem Schneebesen verquirlen und beiseitestellen.
3. Eine Pfanne auf mittlerer Stufe erhitzen und das Öl hineingeben, dann Kreuzkümmelsamen, Senfsamen, Asafoetida, Knoblauch, Chili oder Cayenne einrühren. Kochen, bis der Knoblauch bräunt.
4. Die Mischung aus gekochtem Spinat und Dal hineingießen. Das Salz hinzufügen und zum Kochen bringen.
5. Vom Herd nehmen und servieren.

Tipp

Vāta und *Pitta* können dieses Gericht hin und wieder essen, aber nicht zu oft. *Pitta* sollte den Knoblauch weglassen.

Medizinische Anwendung

Dies ist ein gutes Gericht für die Lungen, es entgiftet das Blut und stärkt es.

Gemüse

Schwarzaugenbohnen-Bhaji

1. Bohnen über Nacht einweichen. Zweimal waschen und abseihen.
2. Die Bohnen und 1,5 l Wasser in einen großen Topf geben und 30 Minuten ohne Deckel auf mittlerer Stufe kochen.
3. Die restlichen 500 ml Wasser dazugießen und weitere 25 Minuten kochen oder bis die Bohnen weich sind. Beiseitestellen.
4. Knoblauch, Korianderblätter, Ingwer, Kokosnuss und die 125 ml Wasser in einen Standmixer geben und auf mittlerer Stufe glatt pürieren. Beiseitestellen.
5. Eine ziemlich große Pfanne auf mittlerer Stufe erwärmen. Das Öl, gefolgt von Senfsamen, Kreuzkümmelsamen, Asafoetida und Curryblättern hineingeben. Wenn die Samen platzen, die pürierte Kokosmischung einrühren. Als Nächstes Ajowan, Kurkuma, Masala oder Cayenne und Salz beimengen. 1 Minute kochen und umrühren, damit alles leicht gebräunt wird.
6. Die Bohnen und das kochende Wasser hinzufügen und gut vermischen.
7. Den Mixer mit 125 ml Wasser ausspülen und zur Suppe geben.
8. Die Suppe zum Kochen bringen und 1 Minute lang aufkochen.

Tipps

- Diese Bohnen sind süß, astringent, kühlend und scharf. Sie sind schwer verdaulich und können im Darm fermentieren. Asafoetida, Kreuzkümmelsamen und Ajowan helfen dabei, dies zu verhindern.
- Vāta-Menschen können diese Mahlzeit gelegentlich essen, wenn die Menge der Gewürze erhöht wird.

Medizinische Anwendung

Ein gutes Essen für die Milchbildung.

V↑ P↓ K↓

FÜR 4–6 PERSONEN

220g	Schwarzaugenbohnen
2 l	Wasser
1	große Knoblauchzehe, gehackt
1	kleine Handvoll frische Korianderblätter, gehackt
3,7 cm	frischer Ingwer, geschält und fein gehackt
2	gehäufte EL geraspelte, ungesüßte Kokosnuss
125 ml	Wasser
2 EL	Färberdistelöl
1 TL	schwarze Senfsamen
1 TL	Kreuzkümmelsamen
1 Prise	Asafoetida
5	Curryblätter, frisch oder getrocknet
1/4 TL	Ajowan
1/4 TL	Kurkuma
1/2–1 TL	Masala-Pulver oder Cayenne
1/4 TL	Salz

Kidneybohnen-Bhaji

V↓ P↓ K↑

Für 6 Personen

220 g	getrocknete Kidneybohnen
1,5-1,75 l	Wasser
2 Zehen	Knoblauch, gehackt
2,5 cm	frischer Ingwer, geschält und fein gehackt
1	kleine Handvoll frische Korianderblätter, gehackt
1	gehäufter EL geraspelte, ungesüßte Kokosnuss
125 ml	Wasser
4 EL	Färberdistelöl
1 TL	schwarze Senfsamen
1 TL	Kreuzkümmelsamen
1 Prise	Asafoetida
5	Curryblätter, frisch oder getrocknet
1/2 TL	Ajowan
1/2 TL	Kurkuma
1/2 TL	Masala-Pulver
1/2 TL	Salz

1. Die Kidneybohnen über Nacht einweichen, dann zweimal waschen. Abseihen und das Einweichwasser wegschütten.
2. 1 l Wasser und die Bohnen in einen Suppentopf geben und auf mittlerer Stufe 30 Minuten ohne Deckel kochen.
3. Die restlichen 500 ml Wasser hinzugießen und 30–40 Minuten ohne Deckel weiterkochen oder bis die Bohnen weich sind.
4. Ingwer, Knoblauch, Korianderblätter, Kokosnuss und 125 ml Wasser in einen Standmixer geben und auf mittlerer Stufe glatt pürieren.
5. Einen mittelgroßen Topf erhitzen, dann Öl, Senfsamen, Kreuzkümmelsamen, Asafoetida und Curryblätter hineingeben. Samen platzen lassen, dann die pürierte Mischung, gefolgt von Ajowan, Kurkuma, Masala-Pulver und Salz einrühren. 1 Minute lang vermischen und kochen, bis alles leicht braun ist.
6. Die Bohnen und ihr Kochwasser zu den Gewürzen geben. Gut umrühren.
7. Ist das Bhaji zu dick, den Mixer mit den restlichen 250 ml Wasser ausschwenken und ins Bhaji geben.
8. 1 Minute lang aufkochen, anrichten und mit Korianderblättern und Kokosnuss garnieren, danach servieren.

Tipp

Dieses Gericht gleicht *Tridosha* aus, *Pitta* sollte jedoch keinen Knoblauch verwenden und *Kapha* nur wenig davon. Asafoetida, Knoblauch und Ajowan helfen *Vāta* und *Kapha*, die Bohnen zu verdauen.

Limabohnen-Bhaji

V↓ P↓ K↓
FÜR 4 PERSONEN

1,3 cm	frischer Ingwer, geschält und fein gehackt
1	Knoblauchzehe, gehackt
1	kleine Handvoll Korianderblätter
2 EL	geraspelte, ungesüßte Kokosnuss
125 ml	Wasser
2 EL	Färberdistelöl
1 TL	schwarze Senfsamen
1 TL	Kreuzkümmelsamen
1 Prise	Asafoetida
1/2 TL	Kurkuma
1 Prise	Cayenne
1/2 TL	Masala-Pulver
1/2 TL	Salz
330 g	frische (oder gefrorene) Limabohnen
500 ml	Wasser

1. Ingwer, Knoblauch, Korianderblätter, Kokosnuss und 125 ml Wasser in einen Standmixer geben und zu einer gleichmäßigen Masse pürieren.
2. Einen Topf auf mittlerer Stufe erwärmen, Öl hineingießen und dann Senfsamen, Kreuzkümmelsamen und Asafoetida zugeben. Umrühren, bis die Samen platzen.
3. Als Nächstes Kurkuma, Cayenne und Masala-Pulver hinzufügen. Einen Moment anbraten und die pürierte Kokosmischung beimengen und umrühren, bis alles leicht braun ist.
4. Nun die Bohnen dazugeben und vorsichtig umrühren, bis sie mit den Gewürzen bedeckt sind. Salz und Wasser hinzufügen. Zum Kochen bringen.
5. Bedecken und auf mittlere Hitze reduzieren. Etwa 12–15 Minuten kochen, bis die Bohnen gar sind. Abtropfen lassen und servieren.

Tipp

Vâta kann etwas mehr Cayenne, Masala und Öl nehmen, um die Verdauung zu unterstützen, und sollte dieses Gericht in Maßen essen.

Bhaji mit grünen Erbsen

V↑ P↓ K↓

FÜR 6 PERSONEN

150 g	getrocknete, ganze grüne Erbsen
1,5-1,75 l	Wasser
2 Zehen	Knoblauch, gehackt
1	kleine Handvoll Korianderblätter, gehackt
3,7 cm	frischer Ingwer, geschält und fein gehackt
1	gehäufter EL ungesüßte, geraspelte Kokosnuss
125 ml	Wasser
2 EL	Färberdistelöl
1 TL	Kreuzkümmelsamen
1 TL	schwarze Senfsamen
1 Prise	Asafoetida
4	Curryblätter, frisch oder getrocknet
1/2 TL	Ajowan
1/2 TL	Kurkuma
1/2 TL	Masala-Pulver oder mehr
1/2 TL	Salz

1. Die Erbsen waschen und über Nacht einweichen. Vor Gebrauch abtropfen lassen und das Einweichwasser abgießen. Auf kleine, harte Erbsen absuchen und diese entfernen.
2. Erbsen und 1 l Wasser in einen mittelgroßen Topf geben und ohne Deckel auf größerer Stufe 30 Minuten lang kochen.
3. Weitere 500 ml Wasser hinzufügen und nochmals 35–40 Minuten kochen, bis die Erbsen gar sind.
4. Knoblauch, Korianderblätter, Ingwer, Kokosnuss und die 125 ml Wasser in einen Standmixer geben und glatt pürieren.
5. Einen Topf erhitzen und Öl, Senfsamen, Kreuzkümmelsamen, Asafoetida und Curryblätter hineingeben. Kurz kochen, bis die Samen platzen, dann die pürierte Kokosnussmischung, Ajowan, Kurkuma, Masala-Pulver und Salz hinzufügen.
6. Eine Minute lang umrühren, vermischen und die gekochten Erbsen samt Flüssigkeit hineingießen. Ist das Bhaji zu dick, den Mixer mit den restlichen 250 ml letzten Wasser ausschwenken und ins Bhaji geben.
7. Eine Minute zum Kochen bringen, Deckel aufsetzen und ausschalten.

Tipp

Grüne Erbsen sind astringent, bitter, kühlend und scharf. *Vātas* können sie hin und wieder essen. Dieses Gericht ist ausgleichend für die anderen zwei *Doshas*, abführend und energiespendend.

Bhaji aus Mung Dal und Gemüse

1. Gemüse waschen und in mundgerechte Stücke schneiden. Den Mung Dal waschen.
2. Dal, Gemüse und Wasser in einen Topf geben. Teilweise zugedeckt etwa 30 Minuten kochen, bis Dal und Gemüse weich sind. Regelmäßig umrühren, damit nichts anbrennt.
3. Das Öl auf mittlerer Stufe in einem recht großen Topf erwärmen und Senf- und Kreuzkümmelsamen dazugeben. Unter Umrühren erhitzen, bis die Samen platzen, dann Koriander, Knoblauch und Asafoetida einrühren. Braten, bis der Knoblauch leicht gebräunt ist.
4. Die Mung-Dal-Mischung zu den Gewürzen geben. Kurkuma, Salz und Masala-Pulver beigeben.
5. Zum Kochen bringen, den Herd ausschalten und servieren.

V↓ P↓ K↓

FÜR 4–6 PERSONEN

500 g	(insgesamt) grüne Bohnen, Brokkoli, Zucchini, Karotten, Kartoffeln, oder Aubergine, je nach *Dosha* (verwenden Sie eine oder mehrere Gemüsesorten)
360 g	halber gelber Mung Dal
1,25 l	Wasser
1 EL	Färberdistelöl
1 TL	Kreuzkümmelsamen
1/2 TL	schwarze Senfsamen
1	kleine Handvoll frische Korianderblätter, gehackt
2 Zehen	Knoblauch, gehackt
1 Prise	Asafoetida
1/4 TL	Kurkuma
1/2 TL	Salz
1/2 TL	Masala-Pulver oder Cayenne

Würzig gebratener Spargel

V↓ P↓ K↓
Für 4 Personen

350 g	Spargel
1 EL	*Ghee*
1 Prise	schwarze Senfsamen
1 Prise	Kreuzkümmelsamen
1 Prise	Cayenne
1 Prise	Salz

1. Den Spargel sauber schälen und die unteren Enden entfernen. In der Mitte halbieren.
2. Eine flache Pfanne erhitzen und *Ghee*, Senfsamen, Kreuzkümmelsamen und Cayenne hineingeben. Die Samen platzen lassen und Spargel und Salz beifügen.
3. 4–5 Minuten unter ständigem Umwenden braten.
4. Zugedeckt bei ausgeschalteter Hitze ein paar Minuten auf dem Herd stehen lassen.

Tipp

Spargel ist astringent, süß, kühlend und harntreibend. Er ist ausgleichend, *Tridosha* und leicht abführend. *Vāta* kann etwas mehr Cayenne verwenden, *Pitta* mehr Kreuzkümmelsamen und *Kapha* mehr Senfsamen.

Gefüllte Bittergurke

V↑ P↓ K↓
FÜR 4 PERSONEN

2	Bittergurken
2 Zehen	Knoblauch, sehr fein gehackt
1	kleine Handvoll Korianderblätter, gehackt
3,7 cm	frischer Ingwer, geschält und fein gehackt
2	gehäufte EL geraspelte, ungesüßte Kokosnuss
125 ml	Wasser
2 EL	geröstete, gemahlene Erdnüsse
2 EL	geröstete, gemahlene Sesamsamen
1/2 TL	Masala-Pulver
1/4 TL	Kurkuma
1/2 TL	Salz
3 EL	Färberdistelöl
1/2 TL	schwarze Senfsamen
1/2 TL	Kreuzkümmelsamen
1 Prise	Asafoetida
250 ml	Wasser

1. Die Bittergurken waschen, abtrocknen und die Enden abschneiden. Jede Bittergurke in der Mitte einmal durchtrennen. Jede dieser Hälften noch einmal der Länge nach bis 1,25 cm oberhalb des Endes durchschneiden, sodass die vier Teile zum Füllen auseinandergespreizt werden können. Passen Sie auf, dass Sie die Bittergurke nicht ganz teilen.
2. Knoblauch, Korianderblätter, Ingwer, Kokosnuss und 1 l Wasser in einen Standmixer geben und glatt pürieren.
3. Die pürierte Mischung in eine Schüssel gießen und die gemahlenen Erdnüsse und Sesamsamen hinzufügen, dann Masala-Pulver, Kurkuma und Salz einrühren. Gut vermischen.
4. Nun jedes Gurkenstück vorsichtig auseinanderziehen und mit dieser Mischung füllen. Das geht am besten mit der Hand, weil sie recht saftig sind.
5. Eine flache Pfanne auf mittlerer Stufe erhitzen. Öl, Senfsamen, Kreuzkümmelsamen und Asafoetida hineingeben. Wenn die Samen platzen, die gefüllten Gurken hineinlegen und alles, was von der Füllung noch übrig ist ebenfalls zugeben.
6. Den Mixer mit 250 ml Wasser ausschwenken und dieses zu den Bittergurken geben.
7. Bei reduzierter Hitze, teilweise abgedeckt, etwa 20–25 Minuten kochen, bis die Gurken bei Berührung weich sind. Gelegentlich mit der Soße übergießen.

Tipp

Bittergurke ist bitter und kühlend und die *Vipāka* ist scharf. Sie ist saftig und leicht verdaulich. Sie kann *Vāta* anregen, Menschen dieses Typs sollten daher zum Ausgleich etwas mehr Asafoetida, Salz und geröstete Sesamsamen hinzufügen.

Gefüllte gelbe Chilis

V↓ P↑ K↓

Für 4 Personen

250 g	gelbe Chilis (etwa 5 cm lang)
65 g	geröstete und gemahlene Erdnüsse
75 g	geröstete und gemahlene Sesamsamen
2 EL	ungesüßte, geraspelte Kokosnuss
1 EL	frische Korianderblätter, gehackt
60 ml	Wasser
3 EL	Färberdistelöl
1/2 TL	schwarze Senfsamen
1/2 TL	Kreuzkümmelsamen
1/4 TL	Salz
1/4 TL	Kurkuma
1 Prise	Asafoetida

1. Die Chilis waschen und abtrocknen. Jeden Chili auf einer Seite der Länge nach vom Stielansatz zur Spitze aufschlitzen, sodass eine Tasche entsteht. Die Samen herauskratzen, wenn Sie ein milderes Gericht wünschen.
2. Die gemahlenen Erdnüsse und Sesamsamen, Kokosnuss, Korianderblätter und Wasser in einen Standmixer geben. Auf niedriger Stufe zu einer dicken Paste pürieren.
3. Die Chilis vorsichtig mit dieser Paste füllen.
4. Eine Bratpfanne auf mittlerer Stufe erwärmen und das Öl hineingeben, dann Senfsamen, Kreuzkümmelsamen, Salz, Kurkuma und Asafoetida einrühren. Sautieren, bis die Samen platzen.
5. Die gefüllten Chilis hineinlegen. Auf mittlerer Stufe braten, immer wieder behutsam umdrehen, bis die Haut auf allen Seiten gleichmäßig gebräunt ist und die Chilis weich sind.

Tipps

- Diese Chilis sind vom Geschmack her mittelscharf, bis auf die Samen am Stielansatz, die sehr scharf sind. Chilis sind würzig und heiß, scharf, durchdringend und anregend. Sie sind ein gutes verdauungsförderndes Mittel und fachen das Agni an.
- *Pitta* kann dieses Gericht ab und zu essen, wenn mehr Kokosnuss, Korianderblätter und Kreuzkümmelsamen hinzugegeben werden.

Gefüllte Okraschoten

V↓ P↓ K↓

Für 4 Personen

500 g	frische Okraschoten
75 g	geröstete, gemahlene Sesamsamen
65 g	geröstete, gemahlene Erdnüsse
2 EL	ungesüßte, geraspelte Kokosnuss
1/4 TL	Kurkuma
1/2 TL	Masala-Pulver
1 Prise	Asafoetida
1/4 TL	Salz
1 EL	frische, gehackte Korianderblätter
1 EL	Kichererbsenmehl
125 ml	Wasser
3 EL	Färberdistelöl
1/2 TL	Kreuzkümmelsamen
1/2 TL	schwarze Senfsamen

1. Okraschoten waschen, trocken tupfen und die Enden abschneiden. Jede Okra auf einer Seite der Länge nach vom Stielansatz zur Spitze mit einem Messer aufschlitzen, sodass eine Tasche entsteht.
2. Sesamsamen, Erdnüsse (nicht durch Erdnussmus ersetzen), Kokosnuss, Kurkuma, Masala-Pulver, Asafoetida, Korianderblätter, Salz, Kichererbsenmehl und Wasser zu einer Paste vermischen. Am besten macht man das mit der Hand.
3. Jede aufgeschlitzte Okra etwas weiten und mit dieser Paste füllen.
4. Eine Bratpfanne auf mittlerer Stufe erwärmen und Öl, Kreuzkümmel und Senfsamen hineingeben. Kochen, bis die Samen platzen.
5. Die Okras einlegen und etwa 10–15 Minuten auf mittlerer Stufe braten, dabei vorsichtig umwenden, bis sie gebräunt und knusprig sind.

Tipp

Okra ist *Tridosha* und abführend. *Pitta* kann mehr Korianderblätter und Kokosnuss verwenden. *Vāta* und *Kapha* können die Menge an Senfsamen erhöhen.

Gefüllte Tomaten

V↑↓ P↑ K↑

FÜR 4–5 PERSONEN

9	kleine (ca. 5 cm große) Tomaten oder Flaschentomaten
2,5 cm	frischer Ingwer, geschält und fein gehackt
2 Zehen	Knoblauch
1	Handvoll frische Korianderblätter
2 EL	ungesüßte, geraspelte Kokosnuss
125 ml	Wasser
130 g	geröstete und gemahlene Erdnüsse
1/4 TL	Kurkuma
1/2 TL	Masala-Pulver
1/2 TL	Salz
2 EL	Vollrohr- oder anderer natürlicher Zucker
2 EL	Färberdistelöl
1/2 TL	schwarze Senfsamen
1/2 TL	Kreuzkümmelsamen
1 Prise	Asafoetida
500 ml	Wasser

1. Die Tomaten waschen. Jede Tomate der Länge nach von der Spitze bis etwa 1,25 cm über dem Stielansatz einschneiden und dann erneut kreuzweise in gleicher Manier. Passen Sie auf, dass Sie die Tomate nicht durchschneiden.
2. Ingwer, Knoblauch, Korianderblätter, Kokosnuss und das Wasser in einen Standmixer geben und glatt pürieren.
3. Die pürierte Mischung, Erdnüsse, Kurkuma, Masala-Pulver, Salz und Zucker zusammenmischen, sodass eine dicke Paste entsteht. Mit den Händen geht das am besten.
4. Die Tomaten auseinanderspreizen und von Hand mit der Nusspaste füllen.
5. Eine tiefe Pfanne auf mittlerer Stufe erwärmen und Öl, Kreuzkümmelsamen, Senfsamen und Asafoetida hineingeben. Umrühren, bis die Samen platzen.
6. Tomaten hineinlegen und sehr vorsichtig wenden.
7. Die 500 ml Wasser zugießen und zum Kochen bringen. Hitze reduzieren und teilweise abdecken. Etwa 10 Minuten kochen, bis alles gar ist.

Tipp

Tomaten als Nachtschattengewächse haben gewöhnlich eine negative Wirkung auf die *Tridosha*-Balance, wenn man sie im Übermaß genießt. Die Gewürze in diesem Rezept helfen, diesen negativen Effekt zu minimieren. *Vāta*-Menschen können etwas Knoblauch hinzufügen und sollten dieses Gericht nur hin und wieder zu sich nehmen.

Kartoffel-Vadha

V↑ P↓ K↓

Für 4–5 Personen

5	weiße Kartoffeln
1	grüne Chili, gehackt
3,7 cm	frischer Ingwer, geschält und fein gehackt
125 ml	Wasser
1 TL	Kreuzkümmelsamen
1/2 TL	Kurkuma
1	Prise Asafoetida
1/2 TL	Ajowansamen
1 TL	Sesamsamen
1/2 TL	Salz
1	kleine Handvoll Korianderblätter, gehackt

Teig

1 1/2	Tassen Kichererbsenmehl
1/2 TL	Kurkuma
1/4 TL	Ajowansamen
1	Prise Backnatron
180 ml	Wasser (ungefähr)
	Öl zum Frittieren
	Kokosnuss- (Seite 154) oder Minz-Chutney (Seite 156)

1. Die Kartoffeln in der Schale kochen. Abgießen, abkühlen lassen, schälen und zerdrücken.
2. Chili, Ingwer und die 125 ml Wasser in einen Standmixer geben und glatt pürieren.
3. Kreuzkümmelsamen, Kurkuma, Asafoetida, Ajowansamen, Sesamsamen, Salz und Korianderblätter auf die zerstampften Kartoffeln geben. Die pürierte Mischung hinzufügen und gut vermischen. Mit den Händen lässt es sich am besten mischen.
4. Aus dieser Kartoffelmischung Bratlinge formen, die einen Durchmesser von ungefähr 5 cm haben und 1,25 cm dick sind, indem man sie zu Bällen formt und sie dann mit der Hand flachdrückt.
5. Nun den Teig zubereiten: Kurkuma und Ajowan zum Kichererbsenmehl geben und gut vermischen. Dann schluckweise das Wasser hinzufügen und so lange rühren, bis eine mäßig dicke Paste entsteht. Vorsichtig das Backnatron einrühren. 5–10 Minuten beiseitestellen.
6. Öl in einer schweren Kasserolle oder tiefen Pfanne erhitzen, bis ein Teigtropfen sofort an der Oberfläche schwimmt.
7. Die Kartoffelbratlinge in den Teig tauchen, etwas abtropfen lassen und vorsichtig ins heiße Öl gleiten lassen, bis die Oberfläche davon bedeckt ist.
8. Unter regelmäßigem Wenden etwa 5 Minuten braten, bis jeder Kartoffelbratling eine hübsche, goldbraune Farbe angenommen hat.
9. Mit Kokosnuss- oder Minz-Chutney servieren. Gut als Mittagessen oder für ein Picknick.

Tipps

- Kichererbsenmehl besitzt eine sehr körnige Textur und man bekommt es in Asien-Läden. Vollkorn-Weizenmehl ist als Ersatz nicht geeignet, da es eine völlig andere Konsistenz besitzt.
- Kartoffeln neigen dazu, *Vāta* zu reizen, daher sollten *Vāta*-Menschen extra Asafoetida und Ajowan beimengen. Leute vom *Pitta*-Typ sollten vielleicht mehr Kreuzkümmelsamen und Korianderblätter verwenden und *Kaphas* etwas Chili und Kurkuma hinzufügen.
- *Kapha*-Menschen sollten dieses Gericht in Maßen genießen.

Samosas

V↑ P↓ K↓

FÜR 4 PERSONEN

FÜLLUNG

4	mittelgroße Kartoffeln
300 g	gemischtes Gemüse (Karotten, frische grüne Erbsen und Blumenkohl sind besonders gut)
1	Handvoll Korianderblätter, fein gehackt
1/2 TL	Kurkuma
1/2 TL	Salz
1/2 TL	Cayenne
1 TL	Korianderpulver
1 TL	Kreuzkümmelsamen, gemahlen
1/4 TL	Zimtpulver

TEIG

360 g	normales Mehl
4 EL	Färberdistelöl
1/2 TL	Salz
180 ml	Wasser (ungefähr)
	Öl zum Frittieren
	Minz-Chutney (Seite 156)

FÜLLUNG

1. Kartoffeln waschen und ganz in der Schale kochen, bis sie gar sind.
2. Das Gemüse waschen und sehr fein hacken. Mit einer kleinen Menge Wasser kochen, bis es gar ist.
3. Wenn die Kartoffeln gekocht sind, abkühlen lassen, dann schälen und in kleine Würfel schneiden.
4. Das gekochte Gemüse abseihen. Mit den Kartoffeln vermischen. Korianderblätter, Kurkuma, Salz, Cayenne, Korianderpulver, Kreuzkümmelsamen und Zimtpulver hinzufügen und gut verrühren.

TEIG

1. Mehl und Salz in einem flachen Teller miteinander vermengen.
2. Färberdistelöl erhitzen, bis ein Tropfen Teig darin zischend kocht.
3. Eine Vertiefung ins Mehl machen. Das heiße Öl in die Mehlmulde gießen, dann sorgfältig mit den Händen vermischen.
4. Nun das Wasser löffelweise hinzufügen, vermischen und so lange mit den Händen kneten, bis der Teig dick und glatt ist und nicht mehr klebt.
5. Den zugedeckten Teig etwa 20 Minuten beiseitestellen.

DIE SAMOSAS HERSTELLEN

1. Ein walnussgroßes Stück Teig abtrennen und zu einer Kugel formen. Auf einem leicht bemehlten Brett ausrollen, bis ein Kreis entsteht, der einen Durchmesser von etwa 10–12 cm hat und ca. 3 mm dick ist.
2. Etwa 2 EL der abgekühlten Füllung in die Mitte des Kreises geben. Jetzt die Füllung bedecken, indem man die Seiten zu je einem Drittel so einschlägt, dass ein Dreieck entsteht. Alle Enden gut zusammendrücken. Wenn sie nicht zusammenkleben, mit etwas Wasser oder Milch leicht anfeuchten, dann andrücken.
3. Sobald alle Samosas gefüllt sind, mit dem Frittieren beginnen. Das Öl erhitzen, bis ein Teigtropfen sofort an der Oberfläche schwimmt. 1 oder 2 Samosas ins heiße Öl legen und für ca. 4–5 Minuten frittieren, dabei ständig wenden, bis sie eine leicht goldene Farbe haben.
4. Auf Küchenpapier abtropfen lassen und mit Minz-Chutney servieren.

Tipp

- *Kapha*-Menschen sollten Samosas wegen des Frittierens in Maßen essen.
- Besitzt die gleichen Qualitäten wie Kartoffel-Vadha.

Zwiebel-Pakora

V↓↑ P↑ K↓↑
Für 2–3 Personen

1	große Zwiebel
225 g	Kichererbsenmehl
1 TL	Ajowan
1/2 TL	Kurkuma
1/4 TL	Cayenne
1 Prise	Asafoetida
2–3 EL	Wasser
2 Prisen	Backnatron
1/2 TL	Salz
	Öl zum Frittieren

1. Die Zwiebel in der Mitte halbieren, dann der Länge nach in lange, dünne Scheiben schneiden.
2. Gewürze und Salz zum Mehl geben, gut vermischen und die Hälfte davon auf die geschnittenen Zwiebeln streuen. Gut vermengen, am besten mit den Händen, damit die Zwiebel gut bemehlt ist. Den Rest der Mehlmischung hinzugeben und nochmals gut vermengen.
3. Nun das Wasser in kleinen Gaben hinzufügen und ständig mit den Händen verkneten, bis sich eine dicke, klebrige Paste um die Zwiebeln gebildet hat.
4. Das Backnatron über diese Paste streuen und leicht vermischen.
5. Etwa 10 Minuten beiseitestellen.
6. Öl zum Frittieren erhitzen, bis ein Tropfen der Pakora-Mischung sofort an der Oberfläche schwimmt. Das Öl sollte nicht rauchen.
7. Die einzelnen Zwiebelstücke vorsichtig ins Öl gleiten lassen, bis die Oberfläche bedeckt ist. Die Pakoras bewegen und wenden, bis sie auf allen Seiten leicht braun sind. Abtropfen lassen und warm servieren.

Tipp

Rohe Zwiebel hat einen scharfen Rasa, wärmende Vīrya, scharfe Vipāka und ist schwer verdaulich. *Kapha* kann etwas Cayennepfeffer beigeben, damit die Pakora nicht so reizen und diesen Snack nur gelegentlich essen.

Medizinische Anwendung

Gekochte Zwiebeln sind sehr wirksam, um *Vāta*-Störungen zu regulieren.

Spinat-Pakora

V↑ P↓↑ K↑

FÜR 4 PERSONEN

4	Handvoll frischer Spinat
360 g	Kichererbsenmehl
1 TL	Ajowansamen
1/2 TL	Kurkuma
1 Prise	Asafoetida
1/2 TL	Cayenne
1/2 TL	Salz
125 ml	Wasser
2 Prisen	Backnatron
	Öl zum Frittieren

1. Die Spinatstiele entfernen. Die Blätter waschen, trocken schütteln und mittelfein schneiden.
2. Alle Gewürze sowie Salz ins Mehl geben und gut vermischen. Dem Spinat die Hälfte des Mehls hinzufügen und gut vermengen, um den Spinat damit zu bedecken. Mit den Händen geht das am besten. Den Rest des Mehls zugeben, gut verkneten und umrühren.
3. Nun das Wasser in kleinen Gaben hinzufügen und ständig mit den Händen durchmischen, bis sich eine dicke, klebrige Paste gebildet hat.
4. Das Backnatron über diese Paste streuen und leicht vermengen.
5. Für 15–20 Minuten beiseitestellen.
6. Öl zum Frittieren erhitzen, bis ein Tropfen der Pakora-Mischung sofort an der Oberfläche schwimmt. Das Öl sollte nicht rauchen.
7. Teelöffelgroße Stücke der Pakora-Mischung ins Öl gleiten lassen, bis die Oberfläche bedeckt ist. Benutzt man einen Teelöffel, erhalten die Pakoras die Form eines Bratlings, lässt man den Teig direkt von den Fingern hineingleiten, ergeben sich zartere, interessantere Gebilde.
8. Die Pakoras etwa 4–5 Minuten bewegen und wenden, bis sie auf allen Seiten leicht braun sind. Abtropfen lassen und warm servieren.

Tipps

- Gekochter Spinat ist astringent, sauer und erhitzend mit einem süßen *Vipāka*. Allein regt er *Pitta* an, beruhigt jedoch *Vāta* und *Kapha*, wenn er in Maßen verwendet wird. Er ist schwer verdaulich und kann eine abführende Wirkung haben. Wenn *Vāta*-Menschen extra Asafoetida, Salz und eine Prise Ajowan hinzufügen und *Kapha*-Leute extra Kurkuma und Cayenne, können sie das Gericht ab und zu essen.
- Spinat sollte von Menschen mit Nieren- oder Gallensteinen gemieden werden.

Gemüse-Pakora

V↓ P↓ K↓

FÜR 4–6 PERSONEN

Je nachdem, welche Konstitution Sie besitzen, können Sie jedes beliebige Gemüse verwenden, insgesamt 500-600 g, z. B.:

- grüne Paprikas, in 6 mm breite Stücke geschnitten
- weißen Rettich, in dünne Scheiben geschnitten
- Pilze, der Länge nach in 6 mm breite Stücke geschnitten
- Zucchini, in 8 mm breite Scheiben geschnitten
- große grüne Chilis, der Länge nach vom Stiel in 2,5 cm lange Stücke geschnitten
- Kartoffeln oder Süßkartoffeln, in dünne Scheiben geschnitten

1/2 TL	Kreuzkümmelsamen
1/4 TL	Ajowansamen
1/4 TL	Salz
1/4 TL	Kurkuma
1/2 TL	Cayenne
540 g	Kichererbsenmehl
2 Prisen	Backnatron
250 ml	Wasser
	Öl zum Frittieren

1. Mehl, Gewürze und Salz gut vermischen.
2. 125 ml Wasser einarbeiten und vermischen, bis ein glatter Teig entsteht. Dann das restliche Wasser zugeben und vermischen, bis es die mittelfeste Konsistenz eines Pfannkuchenteigs hat.
   Am besten von Hand vermischen.
3. Das Backnatron einrühren. Abdecken und 20–30 Minuten stehen lassen.
4. Gemüse waschen, trocknen und vorbereiten.
5. Öl in einer schweren, tiefen Bratpfanne erhitzen, bis ein Teigtropfen gleich blasig zu braten beginnt.
6. Jedes Gemüsestück in den Teig tauchen, leicht abschütteln, dann ins Öl gleiten lassen, bis die Oberfläche bedeckt ist. Je nach Gemüse 3–6 Minuten mit einem Schaumlöffel bewegen, bis alles goldbraun ist.

Tipps

- Dieses Rezept ist ausgleichend, doch *Pitta* sollte extra Kreuzkümmelsamen, *Kapha* extra Cayenne und *Vâta* extra Ajowan verwenden.
- Menschen vom Kapha-Typ können diesen Snack hin und wieder essen.

Frische Korianderblätter-Pakora

V↓ P↓ K↓↑

Für 4 Personen

4	Handvoll frische Korianderblätter
360 g	Kichererbsenmehl
1 TL	Ajowansamen
1/2 TL	Kurkuma
1 Prise	Asafoetida
1/2 TL	Cayenne
1/2 TL	Salz
125 ml	Wasser
2 Prisen	Backnatron
	Öl zum Frittieren

1. Dickere Korianderstängel verwerfen. Die Blätter waschen und trocken tupfen. In eine flache Schüssel legen.
2. Alle Gewürze sowie Salz zum Mehl geben und gut vermischen. Die Hälfte des Mehls gut mit den Korianderblättern vermengen, sodass der Koriander gut bemehlt ist. Am besten vermischt man alles mit den Händen. Den Rest des Mehls hinzufügen und gründlich verkneten.
3. Nun allmählich das Wasser zugeben und dabei ständig weiter mit den Händen vermengen, bis man eine dicke, klebrige Paste hat.
4. Das Backnatron über diese Paste streuen und leicht vermischen.
5. Für 15–20 Minuten beiseitestellen.
6. Öl zum Frittieren erhitzen, bis ein Tropfen der Pakora-Mischung sofort an der Oberfläche schwimmt. Das Öl sollte nicht rauchen.
7. Einen teelöffelgroßes Stück der Pakora-Mischung ins Öl gleiten lassen, bis die Oberfläche bedeckt ist. Benutzt man einen Teelöffel, erhalten Pakoras die Form eines Bratlings, lässt man den Teig direkt von den Fingern hineingleiten, ergeben sich zartere, interessantere Gebilde.
8. Die Pakoras bewegen und wenden, bis sie auf allen Seiten leicht braun sind. Abtropfen lassen und warm servieren.

Tipps

- Korianderblätter sind astringent, süß und kühlend mit einem süßen *Vipāka*. Sie sind leicht und besonders beruhigend für *Pitta*. Dieses Rezept ist *Tridosha*.
- *Kapha*-Menschen sollten diesen Snack in Maßen essen.

Raitas

Raitas sind eine leckere Beilage, die auch hilfreich für die Verdauung ist. Joghurt ist der Hauptbestandteil in allen Raitas. Joghurt selbst ist sauer, wärmend und schwer zu verdauen. Die Gewürze in den folgenden Rezepten helfen, Joghurt leichter verdaulich zu machen. Am wichtigsten ist, dass man Joghurt nur in sehr geringen Mengen isst, ein oder zwei Löffel mit einer Mahlzeit. Der Āyurveda empfiehlt, Joghurt nicht schüsselweise zu verzehren, außer bei bestimmten gesundheitlichen Beschwerden.

Rote-Bete-Raita

V↓ P↑ K↓

Für 4–6 Personen

125 g	rohe Rote Bete, geschält und geraspelt
2 EL	*Ghee*
1/2 TL	schwarze Senfsamen
1/2 TL	Kreuzkümmelsamen
1 Prise	Asafoetida
1 EL	Korianderblätter, gehackt
1/2	kleine grüne Chili oder 1 große Prise Cayenne
5	Curryblätter, frisch oder getrocknet
250 g	Naturjoghurt
1/4 TL	Salz

1. Die Rote Bete ins Joghurt geben und vorsichtig umrühren.
2. Das *Ghee* auf mittlerer Stufe in einem Topf erwärmen. Senfsamen, Kreuzkümmelsamen und Asafoetida hinzufügen. Umrühren, bis die Samen platzen. Korianderblätter, Curryblätter und Chili oder Cayenne dazugeben, rasch verrühren und vom Herd nehmen. Etwas abkühlen lassen und zu der Joghurtmischung geben und gut vermischen.
3. Für 4–6 Personen als Beilage zu einem Essen, 1 oder 2 Löffel pro Person

Tipps

- Rote Bete ist süß, kühlend und hat einen scharfen *Vipāka*. Die Schärfe kann *Pitta* verstärken, doch der gelegentliche Verzehr ist in Ordnung, vor allem in Verbindung mit etwas, das *Pitta* so beruhigt wie Korianderblätter. *Kapha*-Menschen können diese Raita gelegentlich essen.
- Die Gewürze in diesem Rezept helfen, die schwere Qualität des Joghurts zu mildern.
- Rote Bete ist gut als Bluttonikum und zur Blutbildung.

Gurken-Raita

V↓ P↓ K↑

Für 4–6 Personen

2	Gurken
3 EL	*Ghee*
1/2 TL	schwarze Senfsamen
1/2 TL	Kreuzkümmelsamen
1 Prise	Asafoetida
4	Curryblätter, frisch oder getrocknet
1	kleine Handvoll Korianderblätter, gehackt
1 Prise	Cayenne oder 1/2 kleine Chili, gehackt
125 g	Naturjoghurt
1/2 TL	Salz

1. Die Gurken schälen und raspeln. Zusätzliches Gurkenwasser abschütten.
2. Das *Ghee* in einer Pfanne auf mittlerer Stufe erwärmen und Senfsamen, Kreuzkümmelsamen, Asafoetida und Curryblätter hineingeben. Einen Augenblick braten, bis die Samen platzen.
3. Cayenne oder Chili und Korianderblätter beimengen, schwenken und die Pfanne vom Feuer nehmen.
4. Joghurt, Salz und geraspelte Gurke in einer Schüssel miteinander vermengen.
5. Die abgekühlten Gewürze in die Joghurtmischung geben, gut vermischen und servieren.

Tipps

- Für 4–6 Personen als Beilage, 1 oder 2 Löffel pro Person.
- Gurke ist kühlend und süß, doch die Schale ist bitter.
- Gurke und Joghurt in diesem Rezept können *Kapha* reizen. *Kapha*-Menschen können dies hin und wieder mit extra Asafoetida und Senfsamen essen.

Karotten-Raita

V↓ P↑ K↓

FÜR 6–8 PERSONEN

150 g	rohe Karotten
1/2	grüne Chili, fein gehackt
2 EL	*Ghee*
1/2 TL	schwarze Senfsamen
1/2 TL	Kreuzkümmelsamen
1 Prise	Asafoetida
1	kleine Handvoll Korianderblätter, gehackt
250 g	Naturjoghurt
1/4 TL	Salz

1. Die Karotten waschen und mittelfein reiben.
2. Karotten ins Joghurt geben und langsam vermengen.
3. Das *Ghee* in einer kleinen Pfanne erwärmen und Senfsamen, Kreuzkümmelsamen und Asafoetida hinzufügen. Umrühren, bis die Samen platzen, dann Chili und Korianderblätter dazugeben. Vom Herd nehmen.
4. Die gekochten Gewürze und das Salz in die Joghurt-Karotten-Mischung einrühren.

Tipps

- Eignet sich als Beilage für 6–8 Personen, ein oder zwei Löffel pro Person.
- Die scharfen und erhitzenden Qualitäten der Karotten können *Pitta* verstärken. Der gelegentliche Verzehr ist in Ordnung für *Pitta*-Menschen, wenn man extra Kreuzkümmelsamen und Korianderblätter hinzufügt. *Kapha* kann das Gericht ab und zu essen.
- In der Schwangerschaft ist davon abzuraten, Karotten zu häufig zu essen.

Spinat-Raita

V↑ P↑ K↓

FÜR 4–6 PERSONEN

1	große Handvoll roher Spinat
2 EL	*Ghee*
1/2 TL	schwarze Senfsamen
1/2 TL	Kreuzkümmelsamen
1 Prise	Asafoetida
4	Curryblätter, frisch oder getrocknet
2 EL	Korianderblätter, gehackt
1	große Prise Cayenne
130 g	geröstete, gemahlene Erdnüsse (nicht Erdnussbutter)
1/4 TL	Salz
250 g	Naturjoghurt

1. Spinatstiele entfernen, Blätter waschen und klein schneiden.
2. *Ghee* auf mittlerer Stufe in einer Pfanne erwärmen. Senfsamen, Kreuzkümmelsamen, Curryblätter und Asafoetida hinzufügen. Sanft braten, bis die Samen platzen.
3. Koriander und Cayenne beigeben und vom Herd nehmen.
4. Spinat und Joghurt, Erdnüsse und Salz in einer Schüssel miteinander vermischen. Dann die abgekühlten Gewürze hinzufügen, umrühren und servieren.

Tipps

- Für 4–6 Personen als Beilage, 1 oder 2 Löffel pro Person.
- Die Gewürze in diesem Rezept helfen, einige der rauen und kühlenden Qualitäten des Spinats zu mildern, *Vāta* und *Pitta* sollten dieses Gericht dennoch nur gelegentlich und im Fall einer medizinischen Anwendung essen. Spinat ist gut zur Blutreinigung. Menschen mit Nieren- oder Gallensteinen sollten ihn aber meiden.

Tomaten-Raita

V↓ P↑ K↓

FÜR 8–10 PERSONEN

200 g	frische Tomaten, geschnitten
250 g	Joghurt
2 EL	*Ghee*
1/2 TL	Kreuzkümmelsamen
1/2 TL	schwarze Senfsamen
1 Prise	Asafoetida
5	Curryblätter, frisch oder getrocknet
1	kleine Handvoll Korianderblätter, gehackt
1	große Prise Cayenne oder 1/2 kleine grüne Chili, gehackt
1/4 TL	Salz

1. Die Tomaten waschen und mittelfein schneiden.
2. Tomaten und Joghurt vorsichtig mischen und beiseitestellen.
3. Eine kleine Pfanne auf mittlerer Stufe erhitzen und das *Ghee* hineingeben. Wenn es heiß ist, Senfsamen, Kreuzkümmelsamen, Asafoetida und Curryblätter zugeben. Unter Rühren braten, bis die Samen platzen.
4. Korianderblätter und Cayenne oder Chili hinzufügen, umrühren und vom Feuer nehmen.
5. Die Gewürze in die Tomaten-Joghurt-Mischung geben. Das Salz beimischen und sorgfältig umrühren.
6. Nur ein oder zwei Löffel pro Person und Mahlzeit.

Tipps

- Im Abschnitt *Lebensmittelkombinationen* steht, dass Tomaten und Joghurt unverträglich gelten. Dieses Rezept ist ein Beispiel dafür, wie die richtige Kombination von Gewürzen und Kräutern dazu beitragen kann, unvereinbare Speisen auszugleichen.
- *Pitta*-Menschen können extra Korianderblätter, Kreuzkümmelsamen und Curryblätter beigeben, Cayenne, Chili und Asafoetida vermeiden und diese Speise in Maßen essen.

Pickles und Chutneys

Pickles und Chutneys verleihen einer Mahlzeit Farbe, Glanz und Geschmack. Doch ihre Hauptrolle in der āyurvedischen Küche besteht darin, Agni anzuregen, das Verdauungsfeuer zu erhöhen und beim Verdauungsprozess zu unterstützen. Ebenso wie Raitas, isst man Pickles und Chutneys in kleinen Mengen.

Karotten-Pickle

V↓ P↓ K↓

2	Karotten
3 EL	Öl
1 TL	schwarze Senfsamen
1 Prise	Asafoetida
1 TL	Pickle-Masala-Pulver
2 Prisen	Salz

1. Die Karotten waschen und gründlich abtrocknen, dann schälen und sehr fein schneiden.
2. Öl in einer kleinen Pfanne auf mittlerer Stufe erhitzen und Senfsamen und Asafoetida zugeben. Umrühren, bis die Samen platzen, abkühlen lassen und über die Karotten gießen.
3. Das Pickle-Masala-Pulver und Salz hinzufügen. Gut verrühren.
4. Abdecken und in den Kühlschrank stellen. Hält bis zu 1 Monat, SOLANGE KEIN WASSER ins Pickle gerät, z. B. wenn man das Pickle mit einem nassen Löffel aus dem Gefäß holt. Das Wasser löst eine Fermentierung aus und das Pickle wird schlecht.
5. In sehr geringen Mengen zum Essen reichen.

Tipps

- Pickle-Masala-Pulver kann man in Asien-Geschäften kaufen. Es ist nicht das gleiche Rezept wie das in diesem Buch aufgeführte Masala-Pulver.
- *Pitta* und *Vāta* sollten diese Beilage eher selten essen.

Korianderblätter-Chutney

V↓ P↓ K↓

Ergibt ungefähr 500 ml

3	Handvoll frische Korianderblätter
250 ml	Wasser
100 g	ungesüßte, geraspelte Kokosnuss
1/2	kleine grüne Chili, gehackt
2,5 cm	frischer Ingwer, geschält und fein gehackt
1 EL	*Ghee*
1/2 TL	Kreuzkümmelsamen
1/2 TL	schwarze Senfsamen
1 Prise	Asafoetida
4	Curryblätter, frisch oder getrocknet
1/2	frische Limette
1/4 TL	Salz

1. Die Korianderblätter waschen und die Stiele entfernen. Zusammen mit Wasser, Kokosnuss, Chili und Ingwer in einen Standmixer geben.
2. Bei hoher Geschwindigkeit pürieren, bis alles gut zu einer fein gemahlenen Paste vermischt ist. Eventuell zwischendurch mehrmals alles mit einem Löffel durchrühren.
3. Einen Topf auf mittlerer Stufe erwärmen und *Ghee*, Kreuzkümmelsamen, Senfsamen, Asafoetida und Curryblätter hinzufügen. Kochen, bis die Samen platzen. Abkühlen lassen und gut in die Korianderpaste einrühren.
4. Den ausgepressten Limettensaft beigeben, das Salz hinzufügen und vorsichtig umrühren.
5. Auf jeden Bissen einen Klecks geben.

Tipps

- Im Kühlschrank aufbewahren. Hält sich 2–3 Tage.
- Dieses Rezept ist für *Tridosha* ausgleichend. *Pitta* sollte eventuell weniger Chili, Salz und Senfsamen verwenden, auch wenn der Koriander sehr kühlend ist.

Kurkuma-Pickle

V↓ P↓ K↓

90 g	frische Kurkumawurzel
3 EL	Öl
1 TL	schwarze Senfsamen
1 Prise	Asafoetida
1 TL	Pickle-Masala-Pulver
2 Prisen	Salz

1. Die Kurkumawurzel waschen und gründlich abtrocknen, dann schälen und sehr fein schneiden.
2. Öl erhitzen und Senfsamen und Asafoetida beigeben. Umrühren, bis die Samen platzen. Abkühlen lassen und über die gehackte Kurkuma gießen.
3. Pickle-Masala-Pulver und Salz hinzufügen und gut verrühren.
4. Abdecken und in den Kühlschrank stellen. Hält bis zu 1 Monat, SOLANGE KEIN WASSER ins Pickle gerät, z. B. wenn man das Pickle mit einem nassen Löffel aus dem Gefäß holt. Das Wasser löst eine Fermentierung aus und das Pickle wird schlecht.
5. In sehr geringen Mengen zum Essen reichen.

Tipps

- Kurkumawurzel und Pickle-Masala-Pulver sind in den meisten Asien-Geschäften erhältlich. Kurkumawurzel sieht ein wenig wie eine kleine Ingwerwurzel aus, ist aber unter der Schale leuchtend orange.
- *Pitta*-Menschen sollten weniger Asafoetida und Senfsamen verwenden.

Pickle aus grüner Mango

V↓ P↑ K↑

1	große, unreife Mango
3 EL	Öl
1 TL	schwarze Senfsamen
1 Prise	Asafoetida
1 TL	Pickle-Masala-Pulver
2 Prisen	Salz

1. Die Mango waschen und gründlich abtrocknen. Enden abschneiden, in Scheiben schneiden und sorgfältig den großen Stein entfernen. Die Mango nicht schälen. Jetzt das Fruchtfleisch und die Schale ganz fein schneiden.
2. Öl erhitzen und Senfsamen und Asafoetida hinzugeben. Umrühren, bis die Samen platzen. Abkühlen lassen und über die gehackte Mango gießen.
3. Pickle-Masala-Pulver und Salz beimengen und gut umrühren.
4. Abdecken und in den Kühlschrank stellen. Hält bis zu 1 Monat, SOLANGE KEIN WASSER ins Pickle gerät, z. B. wenn man das Pickle mit einem nassen Löffel aus dem Gefäß holt. Das Wasser löst eine Fermentierung aus und das Pickle wird schlecht.
5. In sehr geringen Mengen zum Essen reichen.

Tipps

- Pickle-Masala-Pulver ist in Asien-Läden erhältlich.
- Menschen vom *Pitta*-Typ können Asafoetida und Senfsamen reduzieren.

Kokosnuss-Chutney

V↓ P↓ K↓

Ergibt ungefähr 750 ml

200 g	ungesüßte, geraspelte Kokosnuss
3,7 cm	frischer Ingwer, geschält und fein gehackt
1/2	kleiner grüner Chili, gehackt
1 EL	frische Korianderblätter
500 ml	Wasser
2 EL	*Ghee*
1/2 TL	schwarze Senfsamen
1/2 TL	Kreuzkümmelsamen
1 Prise	Asafoetida
4	Curryblätter, frisch oder getrocknet
1/2	frische Limette
1/4 TL	Salz

1. Die Kokosnuss mit Ingwer, grünem Chili und Korianderblättern in einen Standmixer geben. Das Wasser hinzufügen und alles zu einer gleichmäßigen Masse pürieren.
2. Einen Topf auf mittlerer Stufe erwärmen und *Ghee*, Senfsamen, Kreuzkümmelsamen, Asafoetida und Curryblätter beigeben. Braten, bis die Samen platzen.
3. Die Gewürze in die pürierte Mischung gießen. Den ausgepressten Limettensaft und Salz einrühren und langsam vermischen.

Tipps

- Im Kühlschrank aufbewahren. Hält sich 2–3 Tage.
- Dieses Chutney ist *Tridosha*, doch *Kapha*-Menschen können mehr Asafoetida, Senfsamen und Chilis verwenden.

Tomaten-Chutney

V↓ P↓ K↓

ERGIBT 250 ML

1	ziemlich große Tomate, fein geschnitten
1/2	große Zwiebel, fein gehackt
2 EL	Färberdistelöl
1 TL	Kreuzkümmelsamen
1 TL	schwarze Senfsamen
1	Prise Asafoetida
3	Curryblätter, frisch oder getrocknet
1 EL	Korianderblätter, gehackt
1/4 TL	Kurkuma
1/2	kleiner grüner Chili, gehackt, oder 1 Prise Cayenne
1 TL	Vollrohrzucker oder anderer Zucker
1	kleine Prise Salz

1. Eine Bratpfanne auf mittlerer Stufe erwärmen und Öl, Kreuzkümmel und Senfsamen hineingeben. Wenn die Samen platzen, Asafoetida, Curryblätter, Korianderblätter, Kurkuma, Chili und Zwiebeln hinzufügen. Braten, bis die Zwiebeln glasig sind.
2. Tomaten, Zucker und Salz beigeben. Vorsichtig umrühren, damit alles gut umhüllt ist.
3. Zudecken und die Hitze ausschalten. Ein paar Minuten stehen lassen und servieren.

Hinweis

Bereiten Sie diese Beilage nicht in einem Kupfertopf zu. Zur Aufbewahrung eignet sich auch höchstens ein Edelstahlbehälter, denn die Säure in den Tomaten reagiert mit jedem anderem Metall und ruiniert das Chutney.

Tipp

Pitta-Menschen sollten weniger Asafoetida, Senfsamen und Chili verwenden.

Minz-Chutney

V↓ P↓ K↓

Ergibt ungefähr 500 ml

3	Handvoll frische Minzeblätter
250 ml	Wasser
100 g	geraspelte, ungesüßte Kokosnuss
1/2	kleiner grüner Chili, gehackt
2,5 cm	frischer Ingwer, geschält und fein gehackt
1 EL	*Ghee*
1/2 TL	Kreuzkümmelsamen
1/2 TL	schwarze Senfsamen
1 Prise	Asafoetida
4	Curryblätter, frisch oder getrocknet
1/2	Limette
1/4 TL	Salz

1. Die Minzeblätter waschen und lange Stiele entfernen.
2. Minze, Wasser, Kokosnuss, Chili und Ingwer in einen Standmixer geben und bei mittlerer Geschwindigkeit pürieren, bis man eine gut vermischte und fein gemahlene Paste erhält.
3. Einen Topf auf mittlerer Stufe erwärmen und *Ghee*, Kreuzkümmelsamen, Senfsamen, Asafoetida und Curryblätter hinzufügen. Braten, bis die Samen platzen, abkühlen lassen und zur Minzpaste geben.
4. Den ausgepressten Limettensaft und das Salz beimengen und gut umrühren.

Tipps

- Im Kühlschrank aufbewahren. Hält sich 2–3 Tage.
- Die Minze besänftigt *Pitta*, aber man sollte die Chilischote am besten weglassen.

Erdnuss-Chutney

V↓ P↑ K↓

130 g	geröstete und gemahlene Erdnüsse
1 TL	Cayenne
1/4 TL	Salz

1. Erdnüsse, Cayenne und Salz pürieren, bis alles gut vermischt ist und pro Mahlzeit 1 TL seitlich auf den Teller geben.

Tipp

Pittas sollten sehr vorsichtig mit dem Cayenne umgehen.

Sesam-Chutney

V↓ P↓ K↓

150 g	geröstete und gemahlene Sesamsamen
1 TL	Cayenne
1/4 TL	Salz

1. Sesamsamen, Cayenne und Salz pürieren, bis alles gut vermischt ist und pro Mahlzeit 1 TL seitlich auf den Teller geben.

Tipp

Für *Pitta* verwendet man weniger Cayenne.

Brote

Die meisten Brote sind eher Fladenbrote als mit Hefe hergestellte Brote. Sie werden gewöhnlich auf dem Herd zubereitet – gebacken, gebraten oder frittiert. Das Brot sollte möglichst vor jeder Mahlzeit frisch hergestellt werden, damit darin die höchste Menge an Prāna enthalten ist. Brot wird häufig wie eine Art »Löffel« zum Essen benutzt.

Chapatis

V↓ P↓ K↓

ERGIBT UNGEFÄHR 1 DUTZEND

480 g	Chapati-Mehl (oder Vollkorn-Weizenmehl)
500 ml	Wasser
3/4 TL	Salz
	kleine Schüssel Färberdistelöl

BROTE

1. Mehl und Salz miteinander vermischen.
2. Eine Mulde in die Mitte des Mehls drücken und langsam Wasser hinzufügen, etwa 4 EL auf einmal. Nach jeder Zugabe gründlich mit den Händen kneten.
3. So lange Wasser hinzufügen, bis Sie einen festen Teig haben, der nicht an den Händen klebt. Die im Rezept angegebene Wassermenge kann variieren, je nachdem, wie feucht Ihr Klima ist.
4. Den Teig bedecken und eine halbe Stunde beiseitestellen.
5. Nun eine kleine Handvoll Teig, etwa in Größe eines Tennisballs nehmen und zu einer Kugel formen.
6. Die Kugel im Mehl wälzen und etwas mit der Hand oder einem Nudelholz flach drücken.
7. Eine Seite mit Öl bestreichen, ohne dass die Kanten ölig werden.
8. Die geölte Seite leicht ins Mehl tauchen. Halb einschlagen, wobei die geölte Seite bedeckt ist und erneut halb einschlagen. Die Kanten zusammendrücken.
9. Beide Seiten einmehlen und ausrollen, bis sie dünn und gleichmäßig sind. Damit man eine hübsche, runde Form bekommt, hilft es, das Chapati jedes Mal leicht zu drehen, bevor man es erneut bearbeitet.
10. Legen Sie das Chapati in eine bereits häufig gebrauchte – aber nicht ölige – Chapati- oder Gusseisenpfanne, bis es Blasen wirft und die Unterseite braune Flecken bekommt.
11. Etwas Öl darauf tupfen und umdrehen, dann weiter garen, bis es am Boden leicht braun ist.
12. Das Chapati sollte in 2–4 Minuten zubereitet sein.
13. In ein sauberes Geschirrtuch einschlagen, bis alle Brote fertig zum Servieren sind.

Tipps

- Chapati-Mehl ist ein indisches Vollkorn-Weizenmehl und besitzt eine körnige Textur. Man kann es in Asien-Geschäften kaufen. Sie können zum Backen Vollkorn-Weizenmehl statt Chapati-Mehl benutzen.
- Hält *Tridosha* in Balance.

Einfache Puri

1. Mehl und Salz in eine flache Schüssel geben. Gut vermischen.
2. Eine Mulde in die Mitte des Mehls drücken und langsam Wasser hinzufügen, etwa 4 EL auf einmal, nach jeder Zugabe gut mit den Händen kneten. Der Teig wird fest und bildet eine hübsche glatte Kugel, die nicht klebt.
3. Bedecken und 1/2 Stunde ruhen lassen.
4. Das Öl zum Braten erhitzen, bis ein Tropfen Teig sofort zischend an die Oberfläche steigt.
5. Eine kleine Handvoll Teig abbrechen und zu einer etwa 4–5 cm großen Kugel formen. Ein Brett leicht einölen und die Kugel zu einem 10–12 cm großen, etwa 3 mm dicken Fladen ausrollen. Wiederholen, bis der ganze Teig aufgebraucht ist.
6. Jedes Puri einzeln frittieren, bis es goldbraun und aufgebläht ist. Dabei regelmäßig wenden.
7. Mit einem Schaumlöffel herausholen und zum Abtropfen auf Küchenpapier legen. Heiß servieren.

V↓ P↓ K↓

ERGIBT UNGEFÄHR 1 DUTZEND

480 g	Chapati-Mehl (oder Vollkorn-Weizenmehl)
500 ml	Wasser (ungefähr)
3/4 TL	Salz
	Öl zum Frittieren

Tipp

Ausgleichend für *Tridosha*, aber *Kapha* sollte das Brot in Maßen essen.

Würzige Puri

V↓ P↑ K↓
ERGIBT UNGEFÄHR
1 DUTZEND

480 g	Chapati-Mehl (oder Vollkorn-Weizenmehl)
1/2 TL	Ajowansamen
1/2 TL	Kreuzkümmelsamen
1/2 TL	Sesamsamen
3/4 TL	Kurkuma
2 Prisen	Cayenne
2 EL	frische Korianderblätter, fein gehackt
1/4 TL	Salz
500 ml	Wasser
	Öl zum Frittieren

1. Mehl in eine flache Schüssel geben und alle anderen Zutaten außer dem Wasser hinzufügen. Gut vermischen.
2. Eine Mulde in die Mitte des Mehls drücken und langsam Wasser hinzufügen, etwa 4 EL auf einmal, nach jeder Zugabe gut mit den Händen kneten. Der Teig wird fest und bildet eine hübsche, glatte Kugel, die nicht klebt.
3. Bedecken und 1/2 Stunde ruhen lassen.
4. Das Öl zum Braten erhitzen, bis ein Tropfen Teig sofort an die Oberfläche steigt.
5. Eine kleine Handvoll Teig abbrechen und zu einer etwa 4–5 cm großen Kugel formen. Ein Brett leicht einölen und die Kugel zu einem 10–12 cm großen, etwa 3 mm dicken Fladen ausrollen. Wiederholen, bis der ganze Teig aufgebraucht ist.
6. Jedes Puri einzeln frittieren, bis es goldbraun und aufgebläht ist. Dabei regelmäßig wenden.
7. Mit einem Schaumlöffel herausholen und zum Abtropfen auf Küchenpapier legen. Heiß servieren.

Tipp

Pitta sollte den Cayennepfeffer reduzieren oder weglassen.

Süßigkeiten

Desserts und andere Süßigkeiten werden gewöhnlich mit dem Hauptgericht serviert, statt am Ende. Die āyurvedische Tradition besagt, dass Süßigkeiten, die am Ende der Mahlzeit gegessen werden, zu Stauung und Nebenhöhlenproblemen führen können. Süßigkeiten werden auch bei religiösen Feiern serviert.

Indische Nachspeisen oder Khirs sind in der Regel recht flüssig. Sie werden oft mit Safran und Kardamom gewürzt, denn diese Gewürze helfen dabei, die schleimbildenden Eigenschaften der Milch zu neutralisieren und verleihen der Nachspeise zudem einen leckeren Geschmack. Manchmal enthält der Khir Charolisamen – eine kleine, leckere, indische Nuss. Wenn Sie keine Charolisamen bekommen können, Können Sie sie am ehesten durch Pistazien und Mandeln ersetzen. In Indien macht man diese Süßigkeiten aus kristallisiertem Jaggery, einem natürlichen Rohzucker aus Zuckerrohr- oder Palmsaft. Wenn Sie kein Jaggery bekommen können, kann man auch braunen oder Vollrohrzucker verwenden, die beide aus natürlichem Zuckerrohrsaft hergestellt werden.

Mandel-Khir

V↓ P↓ K↓

FÜR 4 PERSONEN

40	ganze Mandeln, über Nacht eingeweicht und gehäutet
1,25 l	Milch
1/4 TL	Kardamom
1	gehäufte TL Charolisamen (optional)
1 Prise	Safran
170 g	Vollrohrzucker oder anderer Zucker (oder nach Geschmack)
1 EL	*Ghee*

1. Den Safran 10 Minuten lang in 1 EL warmem Wasser einweichen.
2. Mandeln mit 250 ml Milch in einen Standmixer geben und glatt pürieren.
3. Die restliche Milch zum Kochen bringen und Kardamom, Charolisamen, den eingeweichten Safran und die pürierten Mandeln hinzufügen. Zucker und *Ghee* einrühren. Auf kleiner Stufe 5 Minuten köcheln, ab und zu umrühren. Warm servieren.

Tipp

Kapha sollte eine Prise trockenen Ingwer beifügen und den Khir in Maßen essen.

Maismehl-Khir

V↓ P↓ K↓
FÜR 6 PERSONEN

1 Prise	Safran
1 EL	Milch
8 EL	*Ghee*
180 g	Maismehl
2 l	Milch
1	gehäufter EL Mandelblättchen
1/4 TL	gemahlener Kardamom
1 EL	Charolisamen (optional)
170 g	Vollrohrzucker oder anderer Zucker (oder nach Geschmack)

1. Den Safran ca. 10 Minuten lang in 1 EL Milch einweichen, bis er weich und gelb ist.
2. Eine Pfanne auf mittlerer Stufe erhitzen und das *Ghee* hineingeben. Maismehl hinzufügen und weiterrühren, bis es leicht gebräunt ist und duftet.
3. Die Milch und den eingeweichten Safran ins Maismehl einarbeiten und rasch rühren, damit sich keine Klumpen bilden. Dann Mandeln, Charolisamen, Kardamom und Zucker hinzufügen.
4. Zum Kochen bringen und weiterrühren, damit der Khir nicht anklebt.
5. Nach dem Aufkochen 2 Minuten lang unter ständigem Rühren weiterkochen. Warm servieren.

Tipp

Gleicht *Tridosha* aus, sollte jedoch maßvoll genossen werden, insbesondere von *Kapha*. Kardamom und Safran helfen bei der Verdauung.

Grieß-Khir

V↓ P↓ K↓

FÜR 4 PERSONEN

200 g	Hartweizengrieß
8 EL	*Ghee*
2 l	Milch
1	gehäufter EL Mandelblättchen
1 EL	Charolisamen (optional)
170 g	Vollrohrzucker oder anderer Zucker (oder nach Geschmack)
1/2 TL	gemahlener Kardamom

1. Einen großen Topf erhitzen und das *Ghee* hineingeben. Hartweizengrieß einrühren und so lange rühren, bis er leicht gebräunt ist und duftet.
2. Die Milch zugießen und dabei rasch rühren, damit sich keine Klumpen bilden. Dann Mandeln, Kardamom und Zucker hinzufügen.
3. Zum Kochen bringen und beim Eindicken weiterrühren, damit er nicht festklebt. Weitere 2 Minuten kochen und rühren. Zudecken und die Hitze ausschalten.

Tipp

Gleicht alle Doshas aus, doch *Kapha*-Menschen sollten ihn nur hin und wieder essen.

Karotten-Khir

V↓ P↓ K↓

FÜR 8–10 PERSONEN

1	Prise Safran
1 EL	Milch
8 EL	*Ghee*
400 g	Karotten, geschält und fein gerieben
2 l	Milch
1	gehäufter TL Charolisamen (optional)
1/2 TL	Kardamom
170 g	Vollrohrzucker oder anderer Zucker (oder nach Geschmack)

1. Den Safran 10 Minuten lang in 1 EL Milch einweichen.
2. In der Zwischenzeit einen Topf auf kleiner Stufe erhitzen und das *Ghee* hineingeben.
3. Die Karotten einrühren und etwa 5 Minuten weiterrühren, bis sie leicht gebräunt sind und duften.
4. Die Milch zugießen, dann Charolisamen, Kardamom, eingeweichten Safran und Zucker hinzufügen. Mehrmals umrühren und zum Kochen bringen.
5. Beim Eindicken weiterrühren, damit er nicht festklebt.
6. 5 Minuten auf kleiner Stufe kochen und umrühren. Sie können den Khir länger kochen, wenn Sie eine festere Konsistenz wünschen.
7. Kann warm oder kühl serviert werden.

Tipps

- Die Angaben lassen sich auch halbieren.
- *Kapha* kann die Süßspeise gelegentlich essen, besonders wenn sie mit Ziegenmilch zubereitet wird.
- Charolisamen sind in Asien-Geschäften erhältlich.

Dattel-Khir

V↓ P↓ K↓
Für 4 Personen

1 Prise	Safran
1 EL	Milch
150 g	getrocknete, entsteinte Datteln
1,25 l	Milch
1/4 TL	Kardamom
1	gehäufter TL Charolisamen (optional)
1 EL	*Ghee*
80 g	Vollrohrzucker oder anderer Zucker (oder nach Geschmack)

1. Safran 10 Minuten lang in 1 EL Milch einweichen.
2. Die Datteln und 250 ml Milch in den Mixer geben und glattt pürieren.
3. Die restliche Milch auf kleiner Stufe erhitzen und Kardamom, Charolisamen, den eingeweichten Safran und die pürierten Datteln hinzufügen. Zucker und *Ghee* einrühren.
4. 5 Minuten sanft köchelnd weiterkochen, ab und zu umrühren, damit nichts anbrennt.
5. Warm servieren.

Tipps

- *Kapha*-Menschen können eine Prise Ingwer beigeben und sollten den Khir in Maßen genießen.
- Normalerweise isst man Früchte nicht mit Milchprodukten, doch die getrockneten Datteln haben nicht den gleichen säuernden Effekt wie frische. Safran und Kardamom helfen zudem bei der Verdauung.

Mohn-Khir

V↓ P↓ K↓
Für 4 Personen

1 Prise	Safran
1 EL	Milch
4 EL	weiße Mohnsamen
1 l	Milch
1/4 TL	Kardamom
1 Prise	Muskatnuss
1	gehäufter TL Charolisamen (optional)
1 EL	*Ghee*
80 g	Vollrohrzucker oder anderer Zucker (oder nach Geschmack)

1. Safran 10 Minuten lang in 1 EL Milch einweichen.
2. Die Mohnsamen in einer schweren Pfanne oder einem Stieltopf auf dem Herd trocken rösten, dabei ständig rühren, bis die Samen goldbraun sind und platzen.
3. Samen und 250 ml Milch in einen Standmixer geben und glatt pürieren.
4. Restliche Milch auf kleiner Stufe erhitzen und Kardamom, Muskatnuss, Charolisamen, den eingeweichten Safran und die gemahlenen Mohnsamen hinzufügen. Zucker und *Ghee* einrühren.
5. Noch weitere 5 Minuten simmern lassen, ab und zu umrühren.
6. Warm servieren.

Tipp

Kapha sollte das Dessert in Maßen essen.

Medizinische Anwendung

Dieser Khir eignet sich ausgezeichnet zum Einschlafen und lindert Durchfall.

Tapioka-Khir

1. Die Tapiokaperlen zweimal waschen, abtropfen lassen und 1 Stunde zur Seite stellen.
2. Dann das Wasser aufkochen und unter ständigem Rühren die Tapiokaperlen hinzufügen.
3. Kardamom, Muskatnuss, Charolisamen und Ingwer einrühren.
4. Ohne Deckel ungefähr 10 Minuten bei reduzierter Hitze kochen, bis die Tapioka weich ist.
5. Vom Herd nehmen, die warme Milch und den Zucker einrühren. Abdecken.
6. Am besten warm servieren.

Tipp

Leicht verdaulich und besonders gut nach einer Krankheit.

V↓ P↓ K↓

FÜR 5 PERSONEN

120 g	Tapiokaperlen
1,25 l	Wasser
1	Prise gemahlener Kardamom
1 Prise	Muskatnuss
1 TL	Charolisamen (optional)
1 Prise	Ingwer
250 ml	erwärmte Milch
80 g	Vollrohrzucker oder anderer Zucker (oder nach Geschmack)

Khir aus gerösteten Fadennudeln

1. Safran 10 Minuten lang in 1 EL Milch einweichen.
2. Die Fadennudeln in kleine Stücke brechen.
3. Einen Topf erhitzen und das *Ghee* und die Fadennudeln hineingeben. 1 Minute lang umrühren und gut vermischen.
4. Milch, Zucker, Kardamom, Charolisamen, Mandeln und den eingeweichten Safran hinzufügen. Umrühren und sanft zum Kochen bringen.
5. Etwa 10 Minuten kochen, bis die Fadennudeln weich sind.

Tipps

- Geröstete Fadennudeln bekommt man in Asien-Läden. Falls sie nicht erhältlich sind, kann man auch normale Fadennudeln ein oder zwei Minuten länger im *Ghee* sautieren.
- *Kapha* sollte eine gute Prise Ingwer hinzufügen und die Süßspeise nur hin und wieder essen.

V↓ P↓ K↓

FÜR 4 PERSONEN

1 Prise	Safran
1 EL	Milch
200 g	geröstete Fadennudeln (oder ungeröstete Fadennudeln)
3 EL	*Ghee*
1,5 l	Milch
170 g	Vollrohrzucker oder anderer Zucker (oder nach Geschmack)
2 TL	Charolisamen (optional)
¼ TL	Kardamom, gemahlen
1 EL	gehäutete Mandelblätter

Reis-Khir

V↓ P↓ K↓

FÜR 4 PERSONEN

1 Prise	Safran
1 EL	Milch
8 EL	*Ghee*
100 g	Reisgrieß
2 l	Milch
1	gehäufter EL Mandelblättchen
1 EL	Charolisamen (optional)
1/4 TL	Kardamom
170 g	Vollrohrzucker oder anderer Zucker (oder nach Geschmack)

1. Den Safran 10 Minuten lang in 1 EL Milch einweichen.
2. Einen mittelgroßen Topf erhitzen und das *Ghee* hineingeben. Den Reisgrieß hinzufügen und weiterrühren, bis er leicht gebräunt ist und duftet.
3. Die Milch und den eingeweichten Safran zugießen, dann Mandeln, Charolisamen, Kardamom und Zucker hinzufügen.
4. Zum Kochen bringen und weiterrühren, damit sich keine Klumpen bilden. 2–3 Minuten kochen und rühren, während der Khir eindickt. Den Herd ausschalten und bis zum Servieren abdecken.

Tipp

Kapha-Menschen sollten diese Nachspeise nur sehr selten essen.

Süßkartoffel-Khir

V↓ P↓ K↓

Für 4 Personen

1	Prise Safran
1 EL	Milch
8 EL	*Ghee*
2	Süßkartoffeln, gerieben
2 l	Milch
1	gehäufter TL Charolisamen (optional)
1/4 TL	Kardamom
170 g	Vollrohrzucker oder anderer Zucker (oder nach Geschmack)

1. Safran 10 Minuten lang in 1 EL Milch einweichen.
2. Die Süßkartoffeln schälen und waschen, dann sehr fein reiben.
3. Einen großen Topf erhitzen und das *Ghee* hineingeben. Die geraspelten Süßkartoffeln hinzufügen und so lange weiterrühren, bis sie leicht gebräunt sind und duften.
4. Die Milch langsam über die Süßkartoffeln gießen und dabei gut umrühren. Charolisamen, Kardamom, den eingeweichten Safran und Zucker beimengen. Ein paarmal umrühren und zum Kochen bringen.
5. Weiterrühren, damit der Khir nicht anklebt, während er eindickt.
6. Etwa 5 Minuten auf kleiner Stufe köcheln lassen. Den Herd ausschalten und bis zum Servieren abdecken.

Tipp

Ein oder zwei Prisen trockener Ingwer zusätzlich machen dies zu einer gelegentlich akzeptablen Leckerei für *Kapha*.

Weichweizengrieß-Rauten

V↓ P↓ K↓
ERGIBT UNGEFÄHR 3 DUTZEND

4 EL	*Ghee*
200 g	Weichweizengrieß
500 ml	heißes Wasser
1 EL	Charolisamen oder fein gehackte Mandeln
5 EL	Vollrohrzucker oder anderer Zucker (oder nach Geschmack)
1/4 TL	gemahlener Kardamom
	geraspelte Kokosnuss

1. Einen Topf auf mittlerer Stufe erwärmen und das *Ghee* hineingeben. Den Weichweizengrieß hinzufügen und so lange rühren, bis er duftet und leicht gebräunt ist.
2. Das Wasser beigeben, zudecken und 5 Minuten simmern lassen.
3. Herd ausschalten und Mandeln, Zucker und Kardamom einrühren.
4. Eine große, flache Pfanne oder einen Bogen Backpapier mit *Ghee* fetten. Die Weichweizengrieß-Mischung auf die Pfanne streichen und langsam mit den Händen glattdrücken, bis sie etwa 6 mm dick ist. Etwas Kokosnuss oben drauf streuen.
5. Mit einem scharfen Messer in rautenförmige Stücke schneiden.

Tipp

Ein oder zwei Prisen trockener Ingwer zusätzlich erlauben auch *Kapha*-Menschen den gelegentlichen Verzehr.

Sheera

V↓ P↓ K↓
FÜR 4–5 PERSONEN

8 EL	*Ghee*
400 g	Weichweizengrieß
1 l	heißes Wasser
170 g	Vollrohrzucker oder anderer Zucker (oder nach Geschmack)
1 EL	Charolisamen oder Mandelblätter oder Pistazien
1 Prise	gemahlener Kardamom

1. Einen Topf erwärmen und das *Ghee* hineingeben.
2. Den Weichweizengrieß hinzufügen und auf mittlerer Stufe kochen, dabei ständig umrühren, bis er leicht gebräunt ist und duftet.
3. Den Herd ausschalten und das heiße Wasser rasch einrühren.
4. Auf mittlerer Stufe kochen und umrühren, bis die Masse anfängt einzudicken.
5. Deckel auflegen, die Hitze reduzieren und 1 Minute lang kochen.
6. Zucker, Nüsse und Kardamom einrühren, bis alles gut vermischt ist. Warm servieren.

Tipp

Für *Kapha* ein oder zwei Prisen Ingwer hinzufügen und in Maßen essen.

Shrikhanda

V↓ P↓ K↓

FÜR 4 PERSONEN

1 Prise	Safran
1 EL	Milch
1 l	Joghurt
2 TL	Charolisamen (optional)
1/4 TL	gemahlener Kardamom
1/8 TL	Muskatnuss
170 g	Vollrohrzucker oder anderer Zucker (oder nach Geschmack)

1. Den Safran 10 Minuten lang in 1 EL Milch einweichen.
2. Joghurt in eine Schüssel geben und Charolisamen, Kardamom, Muskatnuss, den eingeweichten Safran und Zucker hinzufügen. Gut miteinander verrühren und frisch servieren.
3. Hält sich 2–3 Tage im Kühlschrank.

Tipp

Kapha-Menschen sollten die Speise nur ab und zu essen, mit einer Prise Ingwer.

Shankhar Pali

V↓ P↓ K↓

FÜR 20–30 PERSONEN

250 ml	Milch
240 g	*Ghee*
170 g	Vollrohrzucker oder anderer Zucker
700 g	normales Mehl (ungefähr)
	Öl zum Frittieren

1. Milch, Zucker und *Ghee* in einem Topf vermischen. Auf kleiner Stufe erwärmen, bis der Zucker geschmolzen ist.
2. Das Mehl in eine breite Schüssel geben. In die Mitte eine Mulde drücken. Langsam die erhitzte Flüssigkeit, immer 4 EL auf einmal, ins Mehl gießen. Gut mit den Händen verkneten, bis man einen festen, weichen Teig hat, der nicht klebt.
3. Den Teig abdecken und für etwa 1/2 Stunde beseitestellen.
4. Nun den Teig in vier Stücke teilen, aus jedem eine Kugel formen und mit einem Nudelholz ausrollen, bis ein knapp 6 mm dicker Kreis entsteht. Dann mit einem scharfen Messer in 1,25 cm breite Rauten schneiden.
5. Öl zum Frittieren erhitzen, bis ein Teigtropfen sofort zischend an die Oberfläche steigt. Das Öl sollte keinesfalls rauchen.
6. Die Rauten ins Öl gleiten lassen, bis die Oberfläche bedeckt ist, und sie langsam hübsch goldbraun frittieren, dabei regelmäßig umwenden.
7. Gut abtropfen lassen und als Zwischenmahlzeit mit Chai oder bei Feiern servieren.
8. Diese Leckerei hält sich in einem verschlossenen Behälter bis zu einen Monat lang.

Tipps

- Das Rezept kann für eine kleinere Gruppe auch halbiert werden.
- Für *Kapha* empfiehlt sich eine kleine Zugabe von Ingwer und nur der gelegentliche Genuss.

Karotten-Halwa

V↓ P↓ K↓

Für 6 Personen

1 Prise	Safran
1 EL	Wasser
400 g	Karotten, fein gerieben
6 EL	*Ghee*
250 ml	Milch
5 EL	Vollrohrzucker oder anderer Zucker (oder nach Geschmack)
1/2 TL	gemahlener Kardamom
1 EL	Mandelblättchen oder 1 gehäufter TL Charolisamen

1. Den Safran mindestens 10 Minuten lang in 1 EL Wasser einweichen.
2. *Ghee* in einem schweren Topf auf kleiner Stufe erhitzen und die Karotten zugeben. Ungefähr 5 Minuten kochen und umrühren, bis die Karotten duften und leicht gebräunt sind.
3. Die Milch zugießen, dabei ständig umrühren und den eingeweichten Safran und die anderen Zutaten hinzufügen. Auf kleiner Stufe etwa 12–15 Minuten ohne Deckel kochen, bis die gesamte Flüssigkeit absorbiert ist. Regelmäßig umrühren, damit nichts anbrennt.
4. Etwa 4 EL pro Person auf kleinen Tellern als Dessert servieren.

Tipps

- Charolisamen kommen aus Indien und es gibt im Westen nichts, was sich mit ihnen vergleichen ließe. Sie sind in Asien-Geschäften erhältlich.
- Dieses Rezept ist ausgleichend für alle Doshas, doch *Kapha* sollte es in Maßen essen und möglichst mit Ziegenmilch zubereiten.

Getränke

Der Āyurveda empfiehlt zu einer Mahlzeit ein warmes Getränk, das bei der Verdauung hilft, doch es sollte mengenmäßig nicht mehr als eine Tasse sein. Im Idealfall enthält der Magen nach dem Essen ein Drittel feste Nahrung, ein Drittel Flüssigkeit und ist ein Drittel leer. Am Ende einer Mahlzeit kann eine Tasse Lassi – aus verdünntem Joghurt oder Buttermilch – bei der Verdauung helfen. Der leckere indische Tee oder Chai wird manchmal zum Essen oder zwischen den Mahlzeiten gereicht. Getränke und Kräutertees werden auch wegen ihres medizinischen Wertes eingesetzt. Der Āyurveda rät grundsätzlich vom Genuss eiskalter Getränke ab, denn die Kälte verursacht einen Schock im System und kann das Verdauungsfeuer löschen.

Sidha Dugdham (medizinische Milchgetränke)

Für Kapha-Erkrankungen

Nr. 1

1/2 TL	Pfefferkörner, gemahlen
250 ml	Milch
4 EL	Wasser

Alle Zutaten vermischen und bis zum Siedepunkt erhitzen. Auf mittlerer Stufe weiterkochen, dabei ständig umrühren, bis 250 ml Flüssigkeit übrig bleibt.

Tipp Dieses Getränk eignet sich für die Leber- und Gallenblasenreinigung. Es lässt sich gut bei einem Menschen mit hohem *Kapha* und Lymphstauung einsetzen.

Nr. 2

1/2 TL	Langpfeffer, gemahlen
250 ml	Milch
4 EL	Wasser

Alle Zutaten vermischen und bis zum Siedepunkt erhitzen. Auf mittlerer Stufe weiterkochen, dabei ständig umrühren, bis 250 ml Flüssigkeit übrig bleiben.

Tipp Förderlich bei chronischer Bronchialanschoppung, asthmatischer Kongestion vom *Kapha*-Typ und außerdem wirksam bei Atemwegsallergien vom *Kapha*-Typ.

Nr. 3

1/2 TL	Kurkuma
250 ml	Milch
4 EL	Wasser

Alle Zutaten vermischen und bis zum Siedepunkt erhitzen. Auf mittlerer Stufe weiterkochen, dabei ständig umrühren, bis 250 ml Flüssigkeit übrig bleiben.

Tipp Dieses Milchgetränk ist hilfreich bei Rachenentzündung, Kehlkopfentzündung und heiserer Stimme. Es wirkt zudem gut bei akuter Mandelvereiterung und akuten *Kapha-Pitta*-Lungenerkrankungen und ist ein natürliches Antiseptikum.

Nr. 4

1/2 TL	Ingwerpulver
250 ml	Milch
4 EL	Wasser

Alle Zutaten vermischen und bis zum Siedepunkt erhitzen. Auf mittlerer Stufe weiterkochen, dabei ständig umrühren, bis 250 ml Flüssigkeit übrig bleiben.

Tipp Hilfreich bei Schleim im Dickdarm, chronischer Verdauungsstörung und *Kapha-Vāta*-Atemwegserkrankungen wie trockenem Husten und Emphysem.

Für Vāta- und Pitta-Erkrankungen

1/4 TL	gemahlener Kardamom
1/4 TL	gemahlene Charolisamen (optional)
1/4 TL	gemahlene Mandeln
250 ml	Milch
4 EL	Wasser

Nüsse und Gewürz miteinander vermischen. Diese Mischung zu Milch und Wasser geben. Bis zum Siedepunkt erhitzen. Auf mittlerer Stufe weiterkochen, dabei ständig umrühren, bis 250 ml Flüssigkeit übrig bleiben.

Tipp

Dieses Getränk ist ein allgemeines Tonikum und spendet Energie. Es ist zudem recht wirkungsvoll bei chronischem Erschöpfungssyndrom und bei Zuständen von sexueller Schwäche und geringer Libido.

Pachak Lassi

Alle Zutaten außer den Korianderblättern in einen Standmixer geben und 1–2 Minuten glatt pürieren. Mit Korianderblättern garnieren.

Tipp

Ausgleichend für alle Doshas. Durch das Pürieren wird das Agni-Prinzip im Joghurt angeregt, daher eignet sich diese Kombination ausgezeichnet für die Verdauung, wenn man das Lassi am Ende einer Mahlzeit trinkt.

V↓ P↓ K↓

FÜR 4 PERSONEN

500 ml	Wasser
125 ml	Naturjoghurt
2,5 cm	frischer Ingwer
1/2 TL	Kreuzkümmelsamen oder -pulver
1/8 TL	Salz
1 EL	Korianderblätter, gehackt

Gewürz-Lassi

Alle Zutaten in einen Standmixer geben und 1–2 Minuten pürieren. Zucker nach Geschmack und *Dosha* hinzufügen.

Tipp

Gut für alle *Doshas*, vor allem *Kapha*. Durch das Pürieren wird das Agni-Prinzip im Joghurt angeregt.

V↓ P↓ K↓

FÜR 4 PERSONEN

500 ml	Wasser
125 ml	Naturjoghurt
2 EL	Vollrohrzucker oder anderer Zucker (oder nach Geschmack)
1/2 TL	frischer, geriebener Ingwer oder 1/4 TL trockener Ingwer
1/2 TL	gemahlener Kardamom

Süßes Lassi

V↓ P↓ K↓

FÜR 4 PERSONEN

500 ml	Wasser
125 ml	Naturjoghurt
2 EL	Vollrohrzucker oder anderer Zucker
1 Tropfen	Rosenwasser

Alle Zutaten in einen Standmixer geben und 1–2 Minuten pürieren. Zucker je nach *Dosha* hinzufügen.

Tipp

Tridosha, doch besonders ausgleichend für *Pitta*. Durch das Pürieren wird das Agni-Prinzip im Joghurt angeregt.

Frühstückstee

Das Wasser kochen und die Gewürze hinzufügen. Zudecken, den Herd ausschalten und ein paar Minuten ziehen lassen.

V↓ P↓ K↓

1/2 TL	frischer Ingwer, gerieben
1/2 TL	Zimt
1 Prise	Kardamom
250 ml	Wasser

Tipp

Gut für alle *Doshas. Pitta*-Menschen können nach Wunsch 4 EL Milch beigeben.

Tee zum Mittagessen

Das Wasser kochen und die Gewürze hinzufügen. Den Herd ausschalten und zudecken. 5 Minuten stehen lassen. Abseihen und je nach Konstitution süßen.

V↓ P↓ K↓

1/3 TL	Kreuzkümmelsamen
1/3 TL	Koriandersamen
1/3 TL	Fenchelsamen
250 ml	Wasser

Tee zum Abendessen

Das Wasser kochen und die Gewürze hinzufügen. Den Herd ausschalten, Deckel auflegen und ein paar Minuten stehen lassen. Je nach Konstitution süßen.

V↓ P↓ K↓

1/8 TL	Fenchelsamen
1/3 TL	Zimt
1/3 TL	Kamille
250 ml	Wasser

Chai

V↓ P↓ K↓
FÜR 4 PERSONEN

750 ml	Wasser
4	Nelken
2 Prisen	gemahlene Muskatnuss
2 Prisen	gemahlener Zimt
2 Prisen	gemahlener Kardamom
1,3 cm	frischer Ingwer
1 TL	Schwarztee (oder Löwenzahnwurzel oder Zitronengras)
250 ml	Milch
2 TL	Süßungsmittel Ihrer Wahl

1. Das Wasser 2 Minuten lang mit den Gewürzen kochen.
2. Tee hinzufügen und 2 Minuten köcheln lassen.
3. Die Milch dazugeben und erhitzen, aber nicht aufkochen.
4. Süßungsmittel einrühren und servieren.

Tipps

- Sie können die Milch- und Zuckermenge nach Geschmack und *Dosha* variieren. Natürlich können mehr Milch und/oder Zucker *Kapha* reizen.
- Falls Sie normalen schwarzen Tee mit Tein verwenden, hilft der Kardamom dabei, dessen Wirkung aufzuheben.

Minz-Chai

V↓ P↓ K↓
FÜR 4 PERSONEN

1/2 TL	frischer Ingwer, fein gehackt
3 Prisen	Ingwerpulver
3Prisen	gemahlener Kardamom
1	Zimtstange
2 Prisen	Muskatpulver
1 TL	Koriandersamen
1 TL	Kreuzkümmelsamen
8 EL	frische Minzeblätter oder 1 EL getrocknete Minze
3–4	ganze Nelken
750 ml	Wasser
250 ml	Milch

Das Wasser kochen und Tee, Gewürze und Milch hinzufügen. Ein paar Minuten köcheln lassen. Abseihen und servieren.

Tee für Vāta-Konstitution

V↓ P↑ K↓
FÜR 1 PERSON

1/4 TL	frischer Ingwer, gerieben
1/4 TL	gemahlener Kardamom
1/4 TL	Zimt
1/4 TL	Ajowan
250 ml	Wasser

Das Wasser kochen und die Gewürze hinzufügen. Den Herd ausschalten und ein paar Minuten stehen lassen. Nach Geschmack süßen.

Tipp

Besonders beruhigend und erdend für *Vāta*.

Tee für Pitta-Konstitution

V↓ P↑ K↓
FÜR 1 PERSON

1/4 TL	Kreuzkümmel
1/4 TL	Koriander
1/4 TL	Fenchel
1/4 TL	Rosenblüten
1/4 TL	frische Korianderblätter
250 ml	Wasser

Das Wasser kochen und die Gewürze hinzufügen. Den Herd ausschalten und abdecken. 5 Minuten stehen lassen. Abseihen und entsprechend Ihrer Konstitution süßen.

Tipp

Regt die Verdauung an. Auch sehr beruhigend für *Pitta*.

Tee für Kapha-Konstitution

V↓ P↓ K↓

FÜR 1 PERSON

1/4 TL	trockener Ingwer
1/3 TL	gemahlene Nelken
1/4 TL	Dillsamen
1/4 TL	Bockshornkleesamen
250 ml	Wasser

Das Wasser kochen und die Gewürze hinzufügen. Deckel auflegen, den Herd ausschalten und ein paar Minuten ziehen lassen.

Tipp

Besonders beruhigend für *Kapha*.

Masala-Tee

V↓ P↓ K↓

1 TL	Ingwerpulver
1/2 TL	gemahlene Nelken
1/2 TL	schwarzer Pfeffer
1/2 TL	gemahlener Kardamom
1/4 TL	Muskatpulver
1/4 TL	Zimt

Die Gewürze vermischen und bei der Teezubereitung 1 Prise pro 250 ml Wasser hinzufügen.

Tipp

Tridosha, doch *Pitta* kann weniger schwarzen Pfeffer und Nelken verwenden.

Agni-Tee

V↓ P↓ K↓

Für 6–8 Personen

1 l	Wasser
1/8 TL	Cayennepfeffer
1/2	Handvoll fein gehackte Ingwerwurzel
2 EL	Vollrohrzucker oder anderes Süßungsmittel
1/8–1/2 TL	Steinsalz
1/2	Limette

1. Alle Zutaten zum Kochen bringen.
2. 20 Minuten lang kochen.
3. Den Topf vom Herd nehmen, einige Minuten abkühlen lassen und dann den Saft einer 1/2 Limette dazugeben. *Den Limettensaft* <u>nicht</u> *kochen.*
4. Sie können den Tee in eine Thermoskanne gießen und über den Tag verteilt trinken.

Tipp

Dieser Tee facht Agni an und ist ein gutes Getränk vor dem Essen. Er ist vielleicht etwas wärmend für *Pitta*, in dem Fall bei Bedarf den Cayenne weglassen.

Extras

In diesem Abschnitt finden Sie mehrere nützliche Rezepte, auch eines für die Zubereitung von *Ghee*.

Ghee (geklärte Butter)

500 g (ungesalzene) Butter

Info

- *Ghee* ist ein verdauungsförderndes Mittel, das die Absorption und Verwertung verbessern hilft. Es nährt *Ojas, Tejas* und *Prāna*, erhöht die Gedächtniskapazität und schmiert das Bindegewebe. *Ghee* macht den Körper flexibel und ist in kleinen Dosen *Tridosha*. Außerdem ist es ein *Yogavahi*, ein Katalysator, der die medizinischen Eigenschaften der Kräuter in die sieben *Dhatus* oder Körpergewebe befördert. *Ghee* beruhigt *Pitta* und *Vāta* und ist in Maßen auch für *Kapha* akzeptabel. Menschen, die bereits einen hohen Cholesterinwert haben oder an Fettleibigkeit leiden, sollten im Umgang mit *Ghee* vorsichtig sein. *Ghee* sollte nicht eingesetzt werden, wenn ein hohes Maß an *Âma* (Toxinen) im Körper besteht.
- Ein 1-l-Behälter bietet ausreichend Platz für *Ghee*, das aus 1 kg Butter hergestellt wurde.

1. Die Butter in eine schwere, mittelgroße Pfanne geben. Auf mittlerer Stufe erwärmen, bis die Butter schmilzt.
2. Die Hitze reduzieren, bis die Butter gerade eben kocht und bei dieser Hitze weiterkochen. Den Topf nicht abdecken. Die Butter schäumt und spritzt eine Weile und beruhigt sich dann. Hin und wieder umrühren.
3. Nach 12–15 Minuten beginnt sie, wie Popcorn zu riechen und nimmt eine hübsche goldene Farbe an. Am Topfboden setzt sich ein weißliches Gerinnsel ab. Wenn das eine leicht bräunliche Farbe annimmt, ist das *Ghee* fertig. Sofort vom Herd nehmen, denn das *Ghee* kann in diesem Stadium sehr leicht anbrennen – und das passiert schnell! Verbranntes *Ghee* hat einen nussigen Geruch und eine matte, leicht bräunliche Farbe. Die Kochzeit sollte nicht mehr als 15–20 Minuten betragen, je nach Pfanne und Herd.
4. Das *Ghee* abkühlen lassen, bis es nur noch warm ist. Obenauf schwimmenden Schaum abschöpfen und aufbewahren, denn er besitzt medizinische Qualitäten und schmeckt gut mit heißem Reis. Gießen Sie das *Ghee* durch ein feines Sieb oder mehrere Lagen Mulltuch in ein gut verschließbares Schraubglas. Das Gerinnsel am Topfboden verwerfen.
5. *Ghee* kann man verschlossen im Regal aufbewahren. Es muss nicht gekühlt werden. Die medizinischen Eigenschaften sollen sich mit dem Alter erhöhen. Holen Sie das *Ghee* stets mit einem trockenen Löffel heraus. Es darf kein Wasser in den Behälter gelangen, da sich dadurch Bakterien bilden können, die das *Ghee* verderben.
6. Sobald Sie mit dem Kochablauf vertraut sind, können Sie 1–1,5 kg Butter auf einmal zu *Ghee* verarbeiten.

Masala-Gewürz

1 TL	gemahlene Nelken
1 TL	gemahlener Kardamom
1 TL	gemahlener schwarzer Pfeffer
5	Lorbeerblätter
1 TL	Zimt
5 TL	Cayenne (mehr oder weniger nach Geschmack)

1. Alle Zutaten zusammen in einem Mörser oder Standmixer zerkleinern, bis alles gut vermischt und fein gemahlen ist.
2. In einem verschlossenen Behälter aufbewahren.

Tipp

Die Cayenne-Menge im Rezept berücksichtigt nicht die Wärmeeinheiten der verwendeten Cayenneschoten. Sie kann recht unterschiedlich sein. Wenn Sie das Cayennepulver gekauft haben, ist es wahrscheinlich recht scharf.

Verdauungsfördernde Samen nach dem Abendessen

6 EL	Fenchelsamen
3 EL	Koriandersamen
3 EL	Sesamsamen
1 EL	Kreuzkümmelsamen
1 EL	Ajowansamen
2 Prisen	Salz (am besten schwarzes oder Meersalz)
1 EL	heißes Wasser

1. Suchen Sie die Fenchelsamen nach kleinen Zweigstücken oder Steinchen ab.
2. Das Salz in 1 EL Wasser auflösen.
3. Eine schwere, gusseiserne Bratpfanne auf mittlerer Stufe erwärmen. Die Fenchelsamen hineingeben und rösten, dabei etwa 2 Minuten lang ständig umrühren, bis sie leicht braun sind. Das Salzwasser darüber spritzen, weiterrühren und rösten, bis alles trocken ist und duftet. In einen Teller schütten.
4. Die übrigen Samen jeweils etwa eine Minute lang separat rösten, bis sie duften und leicht braun sind. Zum Fenchel geben und gut vermischen.
5. In einem Schraubglas aufbewahren.

Tipps

- Essen Sie einen Teelöffel voll nach Mittag- und Abendessen. So haben Sie eine gute Verdauung und einen süßen Atem.
- In asiatischen Lebensmittelgeschäften gibt es auch Koriandersamen, bei denen die harte äußere Schale entfernt wurde. In vielen Fällen wurden sie auch zusammen mit Kurkuma geröstet.

8 Lebensmittel zum Heilen

HINWEIS: Nur zur Erinnerung, dies sind nur Vorschläge. Sie können keinesfalls die Beratung durch einen qualifizierten Arzt ersetzen. Manchmal findet man unterschiedliche Anregungen und Vorgehensweisen für den gleichen Zustand, z. B. für Erkältung oder Blähungen. Da die ayurvedischen Lehren jeden Menschen als einzigartig betrachten, kann eine spezielle Herangehensweise genau die sein, die Ihnen eine gewisse Erleichterung bringt, also viel Spaß dabei, herauszufinden, was Ihren Bedürfnissen entspricht!

Sie finden hier unterschiedliche Begriffe, die die Wirkung einer Speise oder eines Krauts auf jedes der drei Doshas beschreiben, wie z. B. zu fördern, zu reizen, anzuregen etc. Diese Begriffe bedeuten alle, dass das Dosha vorübergehend gestört ist. Wird das fragliche Lebensmittel trotzdem weiter verzehrt, wird das Dosha verschärft und beginnt, sich als Krankheit zu manifestieren.

Es werden ein paar ayurvedische Kräuter genannt, die nicht vielen Leuten bekannt sein dürften. Wünschen Sie die Informationen und Quellen, schreiben Sie an das Ayurveda-Institut oder rufen Sie an.

Obst

Ananas

sind süß, sauer und wärmend, mit einer süßen *Vipāka*. Sie besänftigen *Vāta* und sind in Ordnung für *Kapha*, aber für *Pitta* eignen sich nur kleine Mengen der reifen Frucht. Reife Ananas besitzt einen angenehmen Duft. Ananassaft allein ist nicht gut für eine *Pitta*-Konstitution und *Pitta*-Krankheiten und sollte Kindern unter 7 Jahren nicht verabreicht werden. Unreife Ananas ist schwer verdaulich. Sie kann zu Völlegefühl im Magen, Mangel an Geschmack und schwerer Zunge führen, also essen Sie sie mit Vorsicht. Verzehren Sie Ananas niemals am frühen Morgen auf leeren Magen. Das reizt den Magen und erzeugt Übersäuerung.

Zwei oder drei Stunden vor oder nach dem Verzehr von Ananas sollte man niemals Milchprodukte oder Milch zu sich nehmen.

Schwangere sollten keine unreifen Ananas essen, da sie eine Fehlgeburt auslösen können.

1. Etwa 1 1/2 Stunden vor einer Mahlzeit kann man ein Glas Ananassaft mit einer Prise schwarzem Pfeffer und einer Prise Salz schluckweise trinken. Das regt die Verdauungsenzyme an und fördert den Hunger. Auf diese Art getrunkener Ananassaft ist insbesondere hilfreich, wenn Sie Fleisch zum Essen haben.
2. Ananassaft hilft Verstopfung zu beseitigen.
3. Im Fall von Verdauungsstörungen, Übelkeit oder Durchfall kann man fasten und 250 ml süßen Ananassaft mit einer Prise Ingwer, schwarzem Pfeffer und 1/2 TL Bio-Zucker trinken. Nehmen Sie das 3-mal am Tag zu sich.
4. Probieren Sie bei Bauchschmerzen 250 ml Ananassaft mit einer Prise Ajowan zu trinken.
5. Gegen Würmer im Darm können Sie eine Stunde nach dem Essen 4 Stück Ananas mit einer Prise schwarzem Pfeffer und Steinsalz essen. Dies hilft dabei, Würmer, Hefe und Amöben aufzulösen.
6. Die äußere Anwendung von warmem Ananasmus direkt auf Hämorrhoiden kann deren Schmerzen lindern.
7. Im Fall von schwerem Juckreiz durch ein Ekzem reibt man frischen Ananassaft auf die betroffene Stelle, damit das Jucken aufhört.
8. 1 Glas Ananassaft mit 1/2 TL Zucker oder Traubenzucker hilft bei brennender Blasenentleerung.

9. Bei Nikotinvergiftung wegen starken Rauchens kann man kleine Stücke Ananas mit 1/2 TL Honig kauen. Dies hilft auch dabei Rauchgewohnheiten zu bessern.

Äpfel

gibt es in vielen Farben und Sorten, doch für die āyurvedische Heilkunst betrachten wir ihre reife/süße Qualität sowie ihre saure Qualität. Süße Äpfel sind leicht astringent, kühlend und die *Vipāka* (postdigestive Wirkung) ist süß. Andererseits sind saure Äpfel überwiegend astringent vom Geschmack her, kühlend und die *Vipāka* ist scharf. Äpfel sind gut für *Pitta* und *Kapha*, aber zu austrocknend für *Vāta*, es sei denn, sie sind gut gekocht und gewürzt. Apfelschale ist schwer verdaulich und kann Blähungen hervorrufen. Essen Sie keine Apfelkerne, denn die sind astringent und bitter und können eine *Vāta*-Verstärkung bewirken.

1. Roher Apfel, obgleich er Vāta anregt, lindert Verstopfung, blutendes Zahnfleisch und übermäßige Speichelbildung. Er wird traditionell bei Stomatitis eingesetzt – einer Entzündung der Mundschleimhaut oder bei Fieberbläschen im Mund. Um den Stuhlgang zu regulieren und Zunge und Zähne zu reinigen, kann man etwa eine Stunde nach dem Essen einen Apfel schälen und gründlich kauen. Die Schale lässt sich leicht schälen, wenn der Apfel für 15 Minuten in heißes Wasser eingeweicht wird.
2. Apfelsaft ist hilfreich im Fall von brennenden Empfindungen bei *Pitta*-Leiden wie Gastritis, Kolitis und Blasenentzündungen.
3. Um Durchfall und Ruhr zu stoppen, schälen und kochen Sie ein paar Äpfel, bis sie weich sind. Fügen Sie eine Prise Muskatnuss, Safran und 1 TL *Ghee* hinzu und essen Sie sie langsam.
4. Entfernen Sie bei 5 Äpfeln Schale und Kerngehäuse für ein leckeres Dessert. Pürieren oder zerdrücken Sie die Mischung zu Brei. Fügen Sie nach Geschmack Honig hinzu und vermischen Sie ihn gründlich. Geben Sie 1/8 TL pulverisierten Kardamom, je eine Prise Safran und Muskatnuss und 10 Tropfen Rosenwasser oder einige Bio-Rosenblüten dazu. Etwa 125 ml dieses »Honig-Apfelbreis« kann man mindestens eine Stunde nach dem Essen zu sich nehmen. Der Āyurveda rät, mindestens 4 Stunden vor oder nach dem Verzehr dieses Muses weder Milch, Joghurt oder Fisch zu sich zu nehmen, denn dies wäre eine schlechte Essenskombination.
   - Dieses Dessert ist eine gute Vitalkost für den Herzmuskel, entspannt die Blutgefäße und hilft Schwellungen in den Füßen zu lindern. Üblicherweise wird es für Leute mit Krampfadern, Schlaflosigkeit, sexueller Schwäche und Arthritis eingesetzt.

Bananen

Unreife Bananen sind astringent und kühlend, mit einer scharfen *Vipāka*. Sie erhöhen *Vāta* und senken *Pitta* und *Kapha*. Reife Bananen sind süß und erhitzend mit einer sauren *Vipāka*. Sie vermindern *Vāta* und vermehren *Pitta* und *Kapha*. Bananen sind aphrodisisch und geben Muskel-, Fett-, Nerven- und Fortpflanzungsgewebe Energie.

Vorsicht

- Trinken Sie mindestens eine Stunde nach Verzehr einer Banane keine Flüssigkeiten.

- Essen Sie keine Bananen am Abend.
- Essen Sie keine Bananen mit Milch.
- Essen Sie keine Bananen mit Joghurt.
- Essen Sie keine Bananen bei Fieber, Ödem, Erbrechen oder Husten mit Schleim und laufender Nase.

(Alle Anwendungen beziehen sich auf reife Bananen, außer explizit anders angegeben.)

1. Bei emotionalen, obsessiven Essgewohnheiten ist 1 klein geschnittene Banane mit 1 TL *Ghee* und einer Prise Kardamom sehr effektiv. Es nützt auch bei Unterzuckerung, Verstopfung oder Muskelkrämpfen.
2. Besteht brennendes Wasserlassen aufgrund von Schlaflosigkeit, Verstopfung und saurem pH-Wert, hilft es, 1 oder 2 Bananen mit einer Prise Kreuzkümmelpulver zu essen, am besten zwischen den Mahlzeiten.
3. Im Fall von trockenem Husten oder Husten ohne viel Schleim, der von Brustschmerzen begleitet wird, essen Sie 2- oder 3-mal täglich 1 oder 2 Bananen mit 1 TL Honig und 2 Prisen gemahlenem schwarzem Pfeffer.
4. Zwei zerkleinerte Bananen, 5 frische Feigen und 5 frische Datteln zusammen mit ein oder zwei Löffeln Honig sowie 2 Prisen Ingwerpulver sind eine vollständige Mahlzeit und ein gutes Tonikum für Muskelschwäche oder Muskelschwund.
5. Stecken Sie bei chronischem Bronchialasthma ca. 7 Nelken in eine geschälte Banane und lassen Sie sie über Nacht stehen. Essen Sie am nächsten Morgen die Banane und die Nelken. Trinken Sie eine Stunde später 250 ml heißes Wasser mit 1 TL Honig. Dies gibt den Lungen Energie und sollte das Giemen verringern.
6. Versuchen Sie im Fall von Durchfall 2 grüne, zerkleinerte Bananen mit 1 TL *Ghee* und 2 Prisen Ingwerpulver. Dann trinken Sie eine Stunde später 250 ml heißes Wasser.
7. Essen Sie bei übermäßiger Blasenentleerung, die häufig mit Diabetes in Verbindung gebracht wird, einmal am Tag 1 unreife Banane mit 80 ml Bittergurkensaft.
8. Um Schluckauf zu beenden, verzehren Sie 2 klein geschnittene Bananen vermischt mit 1 TL *Ghee*, 1/2 TL Honig und 2 Prisen Ingwerpulver.

Birnen

sind süß, astringent und kühlend, mit einer scharfen *Vipāka*. Aufgrund ihrer kühlenden Eigenschaft regen sie *Vāta* leicht an, besänftigen *Pitta* und helfen durch ihre harntreibende und scharfe Wirkung, *Kapha* zu reduzieren.

Meiden Sie Birnen, falls Sie einen trockenen Husten, Diabetes, Arthritis oder Ischias haben.

Essen Sie Birnen niemals mit Reis, Joghurt, Milch oder Melonen.

1. Isst man eine Birne allein, hilft das, Durchfall zu stoppen.
2. Bei schlechtem Appetit, Unbehagen im Bauch und übermäßigem Durst hilft es, Birnen zu essen.
3. Birnen sind gut bei blutendem und entzündetem Zahnfleisch.
4. Verzehrt man 2 Birnen am Morgen, unterstützt das die Leberreinigung und hilft, kleine Gallen- und Nierensteine auszuspülen. Doch essen oder trinken Sie danach mindestens 2 Stunden gar nichts.
5. Gegen Harnwegsinfektion isst man 2 Birnen auf leeren Magen.

Datteln (frisch)

sind süß und kühlend, mit einer süßen *Vipāka*. Sie verringern *Vāta*, *Pitta* und *Kapha*, aber sollten von *Kapha* in Maßen genossen werden. Datteln fordern im Allgemeinen die Gesundheit. Sie sind Energie spendend und nährend. Palmzucker ist ein gesunder Ersatz für weißen Zucker.

1. Vermischen Sie 5 frische, zerkleinerte Datteln, 1 TL *Ghee* und 2 Prisen schwarzen Pfeffer. Essen Sie diese Mischung am frühen Morgen zwischen 5.30 und 6 Uhr. Essen oder trinken Sie danach 2 Stunden lang nichts. Dieses Rezept erhöht die Fähigkeit des Darms, Nahrung zu absorbieren und zu verwerten. Es bindet den Stuhl, verbessert den Muskeltonus und nährt die Knochen.
2. Ein Umschlag aus Palmzucker ist wirksam zur Heilung eines schmerzenden Muskels.
3. Palmzucker ist eine gute Eisenquelle.
4. Weichen Sie 10 frische Datteln in einem 1-l-Glas mit *Ghee* ein. Fügen Sie 1 TL Ingwer, 1/8 TL Kardamom und eine Prise Safran hinzu. Leicht zudecken. Bewahren Sie das 1 Woche lang an einem warmen Ort auf. Essen Sie danach täglich am frühen Morgen 1 Dattel. Dies hilft bei Anämie, sexueller Schwäche und chronischem Erschöpfungssyndrom.
5. Das oben genannte Rezept (Nr. 4) ist gut gegen Morgenübelkeit in der Schwangerschaft und Anämie.
6. Bei Herzklopfen und Brustschmerzen sind 2 Datteln vermischt mit 2 TL Honig gut.
7. Geben Sie zahnenden Kindern getrocknete Datteln zum Kauen.
8. Einem Kind mit Durchfall beim Zahnen kann man 2- oder 3-mal am Tag 1/2 TL Palmzucker vermischt mit 1 TL Honig verabreichen.
9. Datteltrank: 5 frische Datteln über Nacht in einem Glas Wasser einweichen. Diese Mischung am nächsten Tag im Mixer verflüssigen und trinken. Dies gibt Ihnen Energie und Vitalität.

Erdbeeren

sind sauer, süß, astringent und erhitzend und haben eine scharfe *Vipāka*. In Maßen genossen, eignen sie sich für *Tridosha*, allerdings kann es alle drei Doshas stören, wenn man zu viele Erdbeeren isst. Dies greift Lungen und Magen an und führt zu Husten und Erbrechen.

Kombinieren Sie Erdbeeren nicht mit anderem Essen, vor allem nicht mit Milch, Joghurt oder Honig. Essen Sie sie für sich oder gar nicht..

Täglich 10 Erdbeeren können für Patienten mit Lungentuberkulose oder Anämie förderlich sein.

Feigen (frisch)

sind süß und kühlend, haben eine süße *Vipāka* und sind schwer verdaulich. Sie beruhigen *Vāta* und *Pitta* und fördern *Kapha*. Sie sind eine gute Eisenquelle und unterstützen die Blutbildung. Feigen sind hervorragend für Kinder.

Menschen mit niedrigem *Agni* sollten gar keine Feigen essen.

Leute, die an Durchfall und Ruhr leiden, sollten Feigen meiden. Verzehren Sie Feigen nicht mit Milch. Es kann Durchfall und Verdauungsstörungen auslösen.

1. Zur Stärkung von Zahnfleisch, Zähnen und Zunge kann man einmal täglich 4 Feigen essen und gründlich kauen.
2. Probieren Sie es bei chronischer Verdauungsstörung, Sodbrennen und Durchfall mit 7 frischen Feigen und trinken Sie mindestens 1 Stunde danach kein Wasser. Oder fasten Sie 3 Tage lang mit Feigen, das könnte Ihre Beschwerden heilen.
3. Verabreichen Sie Kindern mit Verstopfung 3 in warmem Wasser eingeweichte Feigen.
4. Bei brennendem Wasserlassen kann es helfen, täglich eine Stunde nach den Mahlzeiten 4 frische Feigen zu essen.
5. Isst man am Morgen zuallererst Feigen mit einer Prise Langpfeffer, kann man im Fall von Asthma Erleichterung erfahren.
6. Bei Debilität, Schwäche, trockenem Husten und erhöhter Körpertemperatur am Abend kann man am frühen Morgen 2 Feigen mit einer Mischung aus 1 TL Honig und 1 TL gemahlener Süßholzwurzel essen. Essen oder trinken Sie mindestens 2 Stunden hinterher nichts.
7. Frauen und Männer sollten bei sexueller Schwäche täglich nach dem Frühstück 3 Feigen mit 1 TL Honig essen, eine Stunde später gefolgt von einem Glas Lassi. Reiben Sie auch einen Monat lang zur Schlafenszeit sanft warmes Rhizinusöl auf den Unterbauch. Dies hilft dabei, sexuelle Energie wiederherzustellen.

Granatäpfel

sind süß, sauer, astringent und kühlend, mit einer süßen *Vipāka*. Sie steigern *Vāta* und reduzieren *Pitta* und *Kapha*. Sie fördern die Produktion der roten Blutkörperchen und sind gut bei Anämie, Fieber und Herzerkrankungen.

Trinken Sie Granatapfelsaft nicht mit Fleisch, Milch oder Joghurt.

1. Geben Sie Kindern mit Husten einen Trank aus 125 ml Granatapfelsaft, einer Prise Ingwerpulver und einer Prise Langpfefferpulver.
2. Bei Übelkeit und Erbrechen wirkt oft eine Mischung aus 80 ml Granatapfelsaft, 1 TL gemahlenem Kandis- oder natürlichem Zucker und 1/2 TL geriebenem frischem Ingwer einmal oder zweimal täglich.
3. Hat man Blut und Schleim im Stuhl, trinkt man 2- oder 3-mal am Tag 125 ml Granatapfelsaft mit einer Prise Nelkenpulver und 2 Prisen Ingwerpulver.
4. Zwei Tropfen frischer Granatapfelsaft in jedes Nasenloch helfen Nasenbluten zu stillen.
5. Probieren Sie bei Hautausschlag, Nesselsucht und Hitzewallungen 2- oder 3-mal am Tag 250 ml Granatapfelsaft mit 1 TL gemahlenem Kandis- oder Bio-Zucker und 5–10 Tropfen Limettensaft zu trinken.
6. Nehmen Sie gegen Morgenübelkeit einen Schluck Granatapfelsaft, der mit 1 TL Kandis- oder Bio-Zucker vermischt wurde.
7. Im Fall von Dehydratation helfen 250 ml Granatapfelsaft verquirlt mit 125 ml Traubensaft, 1 TL gemahlenem Kandiszucker (oder Bio-Zucker) und einer Prise Ingwerpulver.
8. Geben Sie bei brennenden Augen abends 1 Tropfen Granatapfelsaft in jedes Auge.

Himbeeren

sind süß, leicht sauer und adstringent und kühlend, mit einer scharfen *Vipâka*. Sie regen *Vāta* an und beruhigen *Kapha-Dosha*. *Pitta* kann sie gelegentlich essen.

Essen Sie niemals mehr als zwei Handvoll Himbeeren auf einmal, denn dies könnte zu Erbrechen führen.

Verzehren Sie Milch, Joghurt oder Käse nie mit Himbeeren, denn dadurch können Hämorrhoiden, Geschwüre und Hautkrankheiten entstehen.

1. Bei brennendem Wasserlassen isst man ca. 20 Himbeeren mit 1 TL darüber gestreutem, gemahlenem Kandiszucker oder natürlichem Zucker und trinkt dann 250 ml Wasser. Dies kann das Brennen und die Harnwegsinfektion stoppen.
2. Versuchen Sie bei blutendem Zahnfleisch, Hamorrhoiden oder starker Menstruation 2- oder 3-mal täglich etwa 10–20 Himbeeren auf leeren Magen zu kauen.
3. Trinken Sie bei allen Blutungsstörungen 250 ml Himbeersaft mit je einer Prise gemahlenem Kreuzkümmel und gemahlenem Fenchel, damit die Blutung aufhört.

Kirschen

sind süß, sauer, astringent und wärmend, mit einer scharfen *Vipāka*. Sie beruhigen *Vāta* und *Kapha*, können aber im Übermaß genossen *Pitta* reizen.

1. Kirschen sind gut bei geistiger Ermüdung, Stress und Schlaflosigkeit. Wenn man 10–20 Kirschen am Tag isst, kann das bei solchen Beschwerden helfen.
2. Bei prämenstruellem Syndrom und/oder starker Monatsblutung mit *Vāta*- und *Kapha*-Symptomen wie Schmerzen, Wassereinlagerungen oder weißem Ausfluss sollten Sie eine Woche vor Beginn der Menstruation täglich ca. 10 Kirschen auf leeren Magen essen.
3. Wenn eine lange Autofahrt Reisekrankheit und/oder Kopfschmerzen auslöst, essen Sie 7 Kirschen. Das hilft.
4. Essen Sie etwa 15 Kirschen täglich auf leeren Magen gegen Sehschwäche, gerötete Augen bzw. sichtbare Blutgefäße in den Augen und/oder auf der Nasenspitze.
5. Falls Ihre Haut recht trocken ist, machen Sie abends vor dem Zubettgehen eine Kirschmusmaske. Lassen Sie sie 15 Minuten wirken. Das gibt Ihnen einen schönen Teint.
6. Ein Brei aus pulverisierten Kirschkernen kann bei Ekzem und Psoriasis helfen. Auf die Haut auftragen und 10–15 Minuten einwirken lassen.

Kokosnuss

ist süß und kühlend, mit einer süßen *Vipāka*. Das Fleisch der Kokosnuss ist hart, schwer und ölig und im Inneren befindet sich Flüssigkeit. Kokosnuss beruhigt *Vāta* und *Pitta*, kann im Übermaß jedoch *Kapha* verschärfen. Kokosöl ist nützlich für die äußere Anwendung.

HINWEIS: Kokosnusswasser ist der Saft in der Kokosnuss; Kokosmilch stellt man her, indem man das weiße Fleisch raspelt und mit Wasser vermischt. Ein paar Minuten stehen lassen und die Kokosmilch ausdrücken.

1. Tragen Sie bei juckendem Ekzem verbrannte, pulverisierte Kokosnuss auf die Haut auf.
2. Verwenden Sie Kokosöl für Hautverbrennung oder Sonnenbrand.
3. Trinken Sie 250 ml Kokosnusswasser gegen brennende Blasenentleerung.
4. Kokosnusswasser hilft auch bei Masern, Windpocken oder anderem Hautausschlag.
5. Bei dünner werdendem Haar bzw. Haarausfall kann man Kokosöl in die Kopfhaut einmassieren.
6. Im Fall von Schuppen, juckender Kopfhaut oder Vitiligo (Hautbereiche ohne Pigment) kann man die Kokosmilch örtlich auftragen.
7. Probieren Sie Kokosöl für Pilzinfektionen der Nägel.
8. Bei starker Menstruationsblutung kann die Einnahme von 250 ml Kokosnusswasser mit 1/2 TL gemahlenem Kandiszucker (oder Bio-Zucker) helfen.
9. Leidet man an Geschwüren durch Kolitis, kann ein Einlauf mit 1/2 l Kokosmilch Erleichterung bringen.
10. Ein Zahnpulver aus fein gemahlener Kokosnussschale mit einer Prise essbarem Kampfer ist heilsam für zurückgehendes und blutendes Zahnfleisch.

Limetten

sind sauer, leicht bitter und kühlend, doch ihre *Vipāka* ist süß. Limette beruhigt *Vāta* und ist in Maßen für *Pitta* in Ordnung. Doch das saure Merkmal kann *Pitta* reizen, wenn es im Übermaß eingenommen wird. Limette fördert *Kapha* und kann übermäßige Speichelbildung hervorrufen. Limette ist bei scharfen, würzigen Speisen nützlich, um ihre *Pitta* erregende Natur abzukühlen. Limette stimuliert die Sekretion der Verdauungsenzyme und ist nützlich bei Verdauungsstörungen. Sie kann ein wirksames Gegenmittel zu Alkohol sein. Limette sollte nicht verwendet werden, wenn man Erkältung, Verschleimung und/oder Husten hat.

1. Um den Appetit zu verbessern, kann man etwas Limette mit einer Prise Steinsalz kauen.
2. Ca. 1 TL Limetten-Pickle zum Hauptgericht optimiert die Verdauung und Absorption von Mineralien sowie den Geschmack des Essens.
3. Im Falle akuter Verdauungsstörung drücken Sie den Saft einer 1/4 Limette in 250 ml warmem Wasser aus. Geben Sie 1/2 TL Backnatron dazu und trinken Sie es rasch.
4. Gegen Magenübersäuerung nehmen Sie den Saft einer 1/4 Limette vermischt mit 250 ml warmem Wasser und 1 TL Kandis- oder Bio-Zucker.
5. Bei Sodbrennen, Übelkeit oder Übersäuerung nimmt man 1/2 Limette und hält sie an einer Gabel oder einem Spieß über eine Flamme. Dann gibt man 1/4 TL Zucker und eine Prise Backnatron auf die Limette. Das Feuer darf die Schale durchdringen und etwas versengen. Abkühlen lassen und mit der Schale aufessen. Hilft auch bei Kopfschmerzen, Reisekrankheit und Morgenübelkeit.
6. Eine Mischung aus 1 Glas gekochtem, dann abgekühltem Wasser und 1 TL Limettensaft, Schluck für Schluck, alle 15 Minuten über den ganzen Tag verteilt eingenommen, lindert ein Brennen im Harnleiter.
7. Für Menschen mit hohem Blutdruck, die eine harntreibende Wirkung ohne Natrium- und Kaliumverlust benötigen, kann eine Mischung aus 250 ml Kokoswasser, 2 TL Limettensaft und 250 ml Gurkenwasser wohltuend sein.
8. Ein Glas heißes Wasser mit je 1 TL Honig und Limettensaft am Morgen kann bei Dickleibigkeit und hohem Cholesterin hilfreich sein.

Mangos

Grüne, unreife Mango

ist sauer, astringent und kühlend, mit einer scharfen *Vipāka*. Sie bringt alle drei Doshas durcheinander. Im Allgemeinen werden grüne Mangos nur für ganz spezielle indische Chutneys und Pickles eingesetzt. Wenn man sie auf diese Weise zubereitet, reizen Mangos nicht. Sie helfen bei der Verdauung und verfeinern den Geschmack des Essens.

Man sollte nie Wasser trinken, nachdem man grüne Mango gegessen hat. Denn das kann Bronchitis, Erkältung, Husten und Verschleimung der Atemwege nach sich ziehen. Warten Sie mindestens eine Stunde.

Essen Sie keine große Menge an unreifer Mango. Denn das kann Hautausschlag, Übelkeit, Durchfall und Verdauungsstörung oder Sodbrennen verursachen.

1. Kochen Sie geraspelte grüne Mango 3–5 Minuten mit 4 Teilen Wasser. Fügen Sie nach Geschmack Jaggery oder einen anderen Bio-Zucker und 1 TL Limettensaft hinzu. Die Mischung abseihen. Das ist ein wunderbares Getränk namens *Pahne*, welches das Plasma nährt. Es ist auch sehr gut für Leute, die an Dehydratation leiden.
2. Die Schale einer grünen Mango kann in der Sonne getrocknet und auf gleiche Weise wie Curryblätter für Linsensuppen verwendet werden. Das hilft bei der Verdauung von Linsen. Die Schale hält sich ein Jahr.
3. Geben Sie bei brennenden Augen das Mus einer geraspelten grünen Mango zur Schlafenszeit auf die Augenlider.
4. Essen Sie nach einem Sonnenstich einige Stücke grüne Mango mit einer Prise Salz. Warten Sie mindestens eine Stunde, ehe Sie etwas trinken.

Gelbe reife Mango

ist süß und erhitzend, mit einer süßen *Vipāka*. In Maßen genossen gleicht sie die *Tridoshas* aus. Sie ist ein Energiespender und ein Aphrodisiakum. Diabetes-Patienten sollten ihren Arzt fragen, ob sie reife Mangos essen dürfen.

1. Isst man 1 reife Mango am Tag und trinkt etwa eine Stunde später 250 ml warme Milch mit 1 TL *Ghee*, so ist das gut für Energie und Vitalität.
2. Mango ist gut für Schwangere und hilft bei der Milchbildung.
3. Ein Chapati am Tag mit 250 ml Mangosaft verleiht Energie, Freude und Zufriedenheit.
4. Gegen Würmer im Darm ist 1 TL gerösteter, pulverisierter Mangokern 2- oder 3-mal täglich mit 1 TL Honig recht förderlich.
5. Bei Durchfall nimmt man tagsüber zweimal am Tag 1 TL gerösteten, pulverisierten Mangokern mit einer kleinen Tasse Joghurt ein.
6. Träufeln Sie zur Stillung von Nasenbluten 3–5 Tropfen frischen Mangokernsaft in jedes Nasenloch. Raspeln Sie den frischen Mangokern, dann geben Sie ihn in ein Mulltuch und pressen den Saft aus.
7. Bei Schuppen vermischt man 1/2 TL pulverisierten Mangokern, 1/2 TL Haritakipulver und 5 EL Milch. Geben Sie diese Mischung am Abend auf die Kopfhaut und waschen Sie sie am nächsten Morgen aus.
8. 250 ml Saft von einer frischen, reifen Mango, etwa eine Stunde später gefolgt von 125 ml Milch mit einer Prise Kardamom, einer Prise Muskatnuss und 1 TL *Ghee* verleiht Energie, Vitalität und wirkt als Aphrodisiakum. Dieses Rezept hilft zudem, Verstopfung und Durchfall zu mildern und ist gut für Patienten mit hohem Blutdruck oder Herzerkrankungen.
9. Wenn manche *Pitta*-Menschen empfindlich auf Mango reagieren, können sie das vorherige Rezept (Nr. 8) ausprobieren. Sollten sie es nicht vertragen, ist es besser, sie meiden Mangos.

Melonen

sind süß und kühlend, mit einer süßen *Vipāka*. Sie sind wässrig, ölig und schwer verdaulich. Sie besänftigen *Vāta* und *Pitta* und können *Kapha* reizen. Die meisten Melonen ähneln sich in der Wirkung. Sie sind eher harntreibend und ein Aphrodisiakum.

1. Essen Sie Melone, um brennende Empfindungen zu mildern, die mit zu viel *Pitta* zu tun haben.
2. Zur Linderung von Hautausschlägen isst man Melone und reibt die Rinde über die Haut.
3. Akne lässt sich in den Griff bekommen, wenn man die innere Haut der Melonenrinde zur Schlafenszeit auf die Haut reibt und das über Nacht einwirken lässt. Diese Anwendung macht die Haut außerdem weich.
4. Bei brennendem Wasserlassen, Blasenentzündung und Harnröhrenentzündung probieren Sie Melone mit einer Prise Korianderpulver aus.
5. Essen Sie bei blutendem Zahnfleisch Melone und kauen Sie langsam.

Orangen

sind sauer, süß und wärmend, mit einer scharfen *Vipāka*. Sie beruhigen *Vāta*. Süße Orangen sind für *Pitta* in Maßen vertretbar, doch saure reizen *Pitta*. Im Übermaß genossen regen Orangen *Kapha* an.

1. 250 ml frischer Orangensaft mit einer Prise Steinsalz ist gut bei Ermüdung nach dem Sport. Geben Sie 10 Tropfen frischen Limettensaft dazu, um *Pitta* zu beruhigen.
2. 250 ml Orangensaft mit 1/2 TL natürlichem Zucker und einer Prise Kreuzkümmel ist gut bei blutendem Zahnfleisch, Hämorrhoiden und blutunterlaufenen Augen.
3. Bei einem Kater durch Alkohol oder andere Drogen kann sich 250 ml Orangensaft mit 1 TL Limettensaft und einer Prise Kreuzkümmelpulver als nützlich erweisen.
4. Für Menschen mit brennender Blasenentleerung, Ödem und hohem Blutdruck kann 2- oder 3-mal am Tag eine Mischung aus 250 ml Orangensaft und 125 ml Kokoswasser heilsam sein.
5. Bei Angst und erhöhtem Herzschlag kann 250 ml Orangensaft mit 1 TL Honig und einer Prise Muskatpulver effektiv sein.
6. Süßer Orangensaft ist ein nährender Trank für die gesamte Schwangerschaft.
7. Als gutes Digestivum bei Verdauungsstörung und Blähungen mag sich 250 ml Orangensaft mit einer Prise Ajowan und Asafoetida erweisen. Diese Kombination lässt Winde abgehen.

Papayas

sind süß, erhitzend und haben eine süße *Vipāka*. Sie besänftigen *Vāta* und sind in Maßen für *Kapha* in Ordnung. *Pitta* sollte sie nur etwa einmal die Woche essen. Papayas helfen in der Regel bei Husten, Asthma, Leber- und Milzstörungen. Außerdem bekommt man damit Würmer in den Griff. Papayas haben Enzyme, die bei der Verdauung helfen. Der Saft ist ein Blutverdünner und kann Herzinfarkte verhindern helfen.

Papayas enthalten natürliches Östrogen. Sie sollten nicht in der Schwangerschaft gegessen werden.

1. Bei Verdauungsstörung, akuter Gastritis und Übersäuerung können Sie 250 ml Papayasaft mit 1 TL Bio-Zucker und 2 Prisen Kardamom trinken.
2. 250 ml Papayasaft, gefolgt von 125 ml warmer Milch mit einer Prise Ingwerpulver kann bei einer vergrößerten Milz helfen. Trinken Sie das zweimal täglich auf leeren Magen.
3. Reibt man die innere Haut von Papaya über Hautflächen, die von Ekzem und Dermatitis befallen sind, kann das etwas Linderung bringen.

Pfirsiche

sind sauer, süß und astringent, mit wärmender Energie und süßer *Vipāka*. Sie beruhigen *Vāta* und können *Pitta* fördern. Isst man einen Pfirsich, kann dies *Kapha* beruhigen, doch mehr als einer regt womöglich Schleimsekretionen in den Lungen an. Wegen ihrer erhitzenden Energie und scharfen *Vipāka* helfen Pfirsiche, Würmer im Dickdarm zu töten.

1. Gegen Würmer isst man am frühen Morgen 1 oder 2 Pfirsiche auf leeren Magen. Nach 1/2 Stunde trinkt man dann 2 TL Rhizinusöl vermischt mit 250 ml heißem Ingwertee. Dies hilft, Würmer und ihre Eier aus dem Dickdarm zu entfernen. Essen oder trinken Sie mindestens 3 Stunden danach gar nichts.
2. Trinken Sie im Fall von Nieren- oder Blasensteinen zweimal am Tag 250 ml Pfirsichsaft vermischt mit 1/2 TL Korianderpulver auf leeren Magen. Essen Sie bei diesen Leiden keine Tomaten, Spinat, Salz oder Tamarinde.
3. Bei hohem Fieber mit brennendem Wasserlassen durch hohes *Pitta* trinkt man 250 ml Pfirsichsaft mit 1/2 TL Kreuzkümmelpulver und 1 TL gemahlenem Kandiszucker oder natürlichem Zucker.
4. Isst man eine Stunde nach den Mahlzeiten 1 Pfirsich, löst das Verstopfung.
5. Bestehen Symptome einer *Vāta*-Reizung wie z. B. trockene Zunge, Herzklopfen, Ermüdung und erschöpfte Stimme, trinken Sie 250 ml Pfirsichsaft mit einer Prise Steinsalz, 10 Tropfen Limettensaft und 1 TL gemahlenem Kandiszucker oder natürlichem Zucker. Man kann diese Mischung 3–4-mal am Tag trinken, um Erleichterung zu erfahren.
6. Essen Sie bei schwitzenden Händen und Füßen für einige Zeit täglich eine Stunde nach jeder Mahlzeit 1 kleinen Pfirsich.
7. Patienten mit hohem Blutdruck können 2- oder 3-mal täglich 250 ml Pfirsichsaft mit einer Prise Kardamompulver und 1 TL Korianderpulver ausprobieren.
8. Geben Sie bettnässenden Kindern einige Tage lang täglich 250 ml Pfirsichsaft mit 1 TL Vidangapulver. Falls Sie kein Vidanga bekommen können, ersetzen Sie es durch eine Prise gemahlene schwarze Mohnsamen.

Trauben

Grüne Trauben sind sauer, süß und erhitzend, mit einer süßen *Vipāka*. Sie regen *Kapha* und *Pitta* an und sind für *Vāta* nur in Maßen zu empfehlen. Rote, violette oder schwarze Trauben sind *Tridosha*. Sie sind süß, sauer und astringent, mit kühlender Energie und einer süßen *Vipāka*. Sie sind leicht abführend und enthalten viel Eisen und sind daher empfehlenswert bei Anämie durch Eisenmangel.

1. Mischen Sie 250 ml Traubensaft mit 1 TL frischem Zwiebelsaft und 1 TL Honig. Wenn man diese Mischung eine Stunde vor dem Zubettgehen 45 Tage lang einnimmt, steigert das die Spermienzahl und Ausdauer. *Kapha*-Menschen sollten eine Prise *Trikatu* hinzufügen – bestehend aus gleichen Teilen trockenem Ingwer, schwarzem Pfeffer und Langpfeffer.
2. Ein Mensch, der immer wieder an Blasenentzündung, Harnröhrenentzündung oder brennender Blasenentleerung leidet, sollte es mit 250 ml Traubensaft mit einer Prise Steinsalz und 1 TL Kreuzkümmelpulver versuchen. Nehmen Sie das 2- oder 3-mal täglich.
3. Gegen Brustschmerzen, Brustfellentzündung und Muskelschwäche kann es helfen, zweimal am Tag 250 ml Traubensaft, 1 TL Honig und 1/2 TL Ingwerpulver auf leeren Magen einzunehmen.
4. Bei Erkrankungen durch zu viel *Pitta*, die Ärger, Hass und ein Brennen im Magen oder Harnleiter auslösen, trinkt man eine Mischung aus 250 ml Traubensaft, 1/2 TL Kreuzkümmel, 1/2 TL Fenchel und 1/2 TL Sandelholzpulver.
5. Verwenden Sie bei Fieber die gleiche Mischung wie in Nr. 4.
6. Mischen Sie bei sexueller Schwäche 250 ml Traubensaft, eine Prise Langpfeffer, 1/2 TL Kandis- oder natürlichen Zucker und 1/2 TL Ashwagandha. 1 Stunde vor dem Zubettgehen trinken.
7. 30 g fein gemahlenes Pulver trockener Traubenkerne und eine Prise essbarer Kampfer sind eine nützliche Mischung zum Zähneputzen. Das hilft bei Zahnfleischentzündung, Eiterfluss und zurückgehendem Zahnfleisch.
8. Probieren Sie bei chronischem Husten, Asthma und Atemwegsallergien Folgendes aus: Vermischen Sie 1 Teil kernlose Trauben, 1 Teil *Ghee* und 1/2 Teil Honig. Geben Sie das in ein Glas oder einen Tontopf mit Korken oder losem Deckel. Bewahren Sie es 15 Tage lang mit einer Decke umhüllt an einem warmen Ort auf. Abseihen. Zweimal täglich 1 TL davon nehmen.
9. Isst man jeden Tag eine Stunde nach den Mahlzeiten eine Handvoll Rosinen, kann dies bei Leiden wie Anämie, vergrößerter Leber oder Milz und Verstopfung helfen.

Wassermelone

ist süß und kühlend, mit einer süßen *Vipāka*. Sie ist schwer und harntreibend, reizt *Kapha* und *Vāta* und mildert *Pitta*. Sie bindet den Stuhl und spült die Nieren.

Essen Sie bis zu drei Stunden nach einer Mahlzeit keine Wassermelone. Verzehren Sie sie nicht am Abend oder an einem wolkigen, regnerischen Tag, denn dies kann Ödeme oder Bauchschmerz auslösen. Sie sollte auch nie mit Getreide kombiniert werden, denn das beeinträchtigt die Verdauung negativ.

Aufgrund ihrer kühlenden und schweren Qualität kann Wassermelone im Übermaß eine Verschleimung der Atemwege hervorrufen.

Wassermelone vergrößert den Augeninnendruck, ist somit nicht gut für Menschen mit Glaukom.

Zu viel Wassermelone kann die Samenflüssigkeit blockieren.

1. 250 ml Wassermelonensaft mit einer Prise Kreuzkümmelpulver 3-mal am Tag auf leeren Magen getrunken, wird gewöhnlich bei Harnröhrenentzündung, Blasenentzündung und im Falle spärlicher, brennender Blasenentleerung eingesetzt.
2. Man kann im Fall von Nierenschmerzen 250 ml Wassermelonensaft mit 1/4 TL Korianderpulver trinken. Dies ist eine gute Nierenspülung und hilft kleine Steine und Kristalle zu entfernen. Machen Sie das 2–3-mal am Tag.
3. Verreiben Sie 6 EL frische Wassermelonenkerne zu einem feinen Brei. Fügen Sie 1 TL natürlichen Zucker und 1/2 TL *Ghee* hinzu und essen Sie das auf leeren Magen. Dies hilft, schwache Muskeln zu stärken.
4. Bei Hautausschlag, Ekzem und allergischen Hauterkrankungen isst man den roten Teil der Wassermelone und reibt den weißen Teil der Rinde auf die Haut. Dies kann Jucken und Brennen vermindern.
5. Ein ungewöhnliches Rezept für schöne Haut: Nehmen Sie eine mittelgroße Wassermelone und machen Sie an einem Ende ein rundes Loch, heben Sie das ausgestochene Stück auf. Füllen Sie das Loch mit 2 TL ungekochtem Basmati-Reis, 1 TL Kurkumapulver, 1 TL Sandelholzpulver, 1/4 TL essbarem Kampfer, einer Prise Safran und 1 TL Limettensaft. Verschließen Sie das Loch mit dem Stück der Schale wieder. Bewahren Sie die Wassermelone eine Woche lang an einem warmen, trockenen Ort auf. Nach einer Woche schneiden Sie die Wassermelone auf und kratzen das innere Mus heraus. Trocknen Sie es an einem heißen, trockenen Platz, doch nicht direkt in der Sonne. Dieser weiche, pulverisierte Brei wird zu kosmetischen Zwecken verwendet. Wenn man dieses Pulver täglich auf das Gesicht aufträgt, sieht die Haut jung und schön aus. Hilft Falten, Akne, Ekzem und andere Hauterkrankungen zu beseitigen.
6. Trinkt man am frühen Morgen auf nüchternen Magen 250 ml Wassermelonensaft mit 1 TL Honig, hilft das bei stauenden Herzerkrankungen Ödeme zu verringern.

Zitronen

sind sauer und wärmend und haben eine saure *Vipāka*. Sie sind scharf, verdauungsfördernd und abführend und regen die Speichelbildung und Verdauungssäfte im Magen an. Sie besänftigen *Vāta*, entgiften ein ausgewogenes *Pitta*, können aber ein verstärktes *Pitta*- und *Kapha-Dosha* stimulieren. In der āyurvedischen Literatur wird Zitronen eine großartige Heilkraft zugeschrieben.

Nehmen Sie Zitronen nie mit Milch, Mango und Tomaten ein oder wenn Sie ein Magengeschwür haben.

1. Im Fall von Übelkeit, Erbrechen und/oder Verdauungsstörung bereitet man eine Mischung aus 1 Teil Zitronensaft und 1 Teil Honig zu. Dann taucht man den Zeigefinger in diese Mischung und leckt sie langsam ab.
2. Bei Verdauungsstörung und zur Beseitigung von Blähungen kann eine Mischung aus 250 ml kühlem Wasser, 1 TL Zitronensaft und 1/2 TL Backnatron hilfreich sein. Rühren Sie diese Mischung gut um und trinken Sie sie schnell, denn sie erzeugt Kohlensäure, was diese Beschwerden lindert.
3. Eine Mischung aus 250 ml Kokosnusswasser und 1 TL Zitronensaft kann den Magen beruhigen. Im Fall von Morgenübelkeit bei Schwangeren oder Übelkeit bei Kindern nimmt man alle 15 Minuten einen Schluck.
4. Bei Nierensteinen und -grieß im Urin kann eine Mischung aus 250 ml Wasser, je 1 TL Zitronensaft und Korianderblättersaft sehr hilfreich sein. Nehmen Sie das 2- oder 3-mal am Tag ein.

Gemüse

Bittergurke

ist bitter und kühlend, mit einer scharfen *Vipāka*. Sie kann *Vāta* reizen, während die bittere Qualität *Pitta* und *Kapha* besänftigt. Sie eignet sich gut zum Verzehr bei Fieber, Anämie, Diabetes und Würmern.

HINWEIS: Bittergurke ist ein indisches Gemüse, das es in Spezialläden und asiatischen Lebensmittelgeschäften gibt.

1. Nehmen Sie bei Fieber 3-mal am Tag 2 EL frischen Bittergurkensaft, um die Temperatur zu senken.
2. Gekochte Bittergurke wie in *Bittergurken-Bhaji* ist gut zur Reinigung der Leber und kann bei Anämie helfen.
3. Versuchen Sie im Fall von Würmern und Parasiten im Darm 1 EL Bittergurkensaft mit einer Prise *Trikatu*, 3-mal täglich 1/2 Stunde vor jeder Mahlzeit. Nach 1 Woche Behandlung sollten die Würmer verschwinden.
4. Gekochte Bittergurke ist abführend und kann zur Linderung von Verstopfung und Hämorrhoiden eingesetzt werden.
5. Insulinabhängige Diabetiker können die Insulindosis regulieren, indem sie 15 Minuten vor jeder Mahlzeit 2 EL Bittergurkensaft mit 1/4 TL Kurkumapulver einnehmen.
6. Man kann Gelbsucht, Schilddrüsenüberfunktion und Migränekopfschmerzen lindern, wenn man morgens und abends 5 Tropfen frischen Bittergurkensaft in jedes Nasenloch träufelt.

Karotten

sind wärmend, mit einer scharfen *Vipāka*, daher beruhigen sie *Kapha* und regen im Übermaß gegessen *Pitta* an. Rohe Karotten sind rau und haben astringentes *Rasa*, bringen also *Vāta* durcheinander. Gekochte Karotten sind süß und beruhigen *Vāta*. Karotten sind verdauungsfördernd und abführend und können den Körper entgiften.

1. Verrühren Sie bei Anämie je 125 ml Saft aus frischen Karotten und Roter Bete mit einer Prise Kreuzkümmelpulver. Nehmen Sie das zweimal am Tag auf leeren Magen ein.
2. Zur Erleichterung bei Hämorrhoiden trinkt man zweimal täglich 250 ml Karottensaft mit 2 TL Korianderblättersaft auf leeren Magen.
3. Gegen chronische Sprue – eine in tropischen Regionen vorherrschende Krankheit – nimmt man zweimal täglich 250 ml Karottensaft mit einer Prise *Trikatu* ein.
4. Bei chronischen Verdauungsstörungen hilft ein Glas Karottensaft mit 1 Prise Ingwerpulver.
5. Je 125 ml Karottensaft und Aloe-vera-Saft gründlich verquirlen. Nehmen Sie das zweimal am Tag sowohl zur Vorbeugung gegen Krebs als auch bei Bestehen einer Krebserkrankung.

Knoblauch

hat alle Geschmacksrichtungen außer salzig, ist erhitzend und hat eine scharfe *Vipāka*. Er beruhigt *Vāta* und *Kapha* und reizt *Pitta*. Knoblauch ist ein gutes Tonikum für Herz, Lungen und Muskeln und hilft Blähungen und Atemlosigkeit zu vermeiden. Er lässt sich als Schmerzmittel und Aphrodisiakum einsetzen.

1. Versuchen Sie es im Fall von Ohrenschmerzen mit Knoblauchöl. Kochen Sie dazu 1 TL Sesamöl mit etwa 1/4 Knoblauchzehe. Am besten tut man das in einer Schöpfkelle mit langem Griff. Abseihen, auf Körpertemperatur abkühlen lassen und zur Schlafenszeit 3 Tropfen ins Ohr träufeln.
2. Zur Linderung einer vergrößerten Milz und bei Milzschmerzen vermischt man je 1/2 TL Knoblauchpulver und Haritaki und 1/4 TL Langpfeffer und nimmt es abends mit warmem Wasser ein. Oder probieren Sie 1 gehackte Knoblauchzehe, eine Prise Langpfeffer, 2 Prisen Haritaki und 1 EL Aloe-vera-Saft. Nehmen Sie das 2- oder 3-mal am Tag.
3. Bei chronischer Verdauungsstörung nimmt man eine Mischung aus 1/4 TL Knoblauchpulver, 1/2 TL *Trikatu* und einer Prise Steinsalz vor dem Mittag- und Abendessen. Man kann auch 1 gehackte Knoblauchzehe mit 1/4 TL Kreuzkümmelpulver, je einer Prise Steinsalz und *Trikatu* und 1 TL Limettensaft vor den Mahlzeiten versuchen.
4. Knoblauch ist ein gutes Nahrungsmittel gegen Adipositas, Arthritis, hohes Cholesterin und chronischen Husten. Nehmen Sie vor jeder Mahlzeit 1 fein gehackte Knoblauchzehe, 1/2 TL geriebene Ingwerwurzel und 1/2 TL Limettensaft ein.
5. Stellen Sie gegen chronischen Husten eine Mischung aus 4 Teilen Knoblauchpulver zu 1 Teil *Trikatu* und genug Honig her und vermischen Sie alles gut. Nehmen Sie das zweimal täglich.
6. Schälen Sie 108 Knoblauchzehen, fädeln Sie sie auf einen gelben Faden, der lang genug ist, damit er über den Kopf passt und stellen Sie eine Halskette oder *Mala* her. Wenn Sie ihren Kindern diese Kette um den Hals hängen, bekommen sie weder Grippe noch Husten oder Erkältungen!
7. Bei akutem Bauchschmerz können Sie es mit 10 Tropfen Knoblauchöl und 1/2 TL *Ghee* probieren.
8. Knoblauch-Milch: Vermischen Sie 250 ml Milch, 60 ml Wasser und 1 gehackte Knoblauchzehe. Köcheln Sie das ein, bis 250 ml Flüssigkeit übrig ist. Trinken Sie diese zur Schlafenszeit. Sie fördert tiefen Schlaf, hilft auch bei Arthritis und besitzt zudem einige aphrodisische Qualitäten.

Korianderblätter

manchmal chinesische Petersilie oder Cilantro genannt, sind süß, astringent und kühlend, mit einer süßen *Vipāka*. Sie halten alle Doshas im Gleichgewicht und sind besonders gut zur Anregung des Verdauungsfeuers, bei Übelkeit, Fieber, Husten und zum Durstlöschen.

1. Setzen Sie bei verbrannter Haut frischen Korianderblättersaft zur Linderung ein. Nehmen Sie 2 TL Saft 3-mal am Tag ein und geben Sie etwas Mus direkt auf die Haut.
2. Bei Fieber nimmt man 3-mal am Tag 2 TL Korianderblättersaft, um die Temperatur zu senken.
3. Probieren Sie bei brennendem Wasserlassen eine Mischung aus 125 ml Reiswasser – hergestellt, indem man 4 EL Reis in 500-750 ml Wasser kocht

– mit 2 TL Korianderblättersaft. Nehmen Sie das 3-mal am Tag ein.

4. Zur Erleichterung bei Husten vermengen Sie 2 TL Korianderblättersaft, 1 TL Jaggery oder anderen Bio-Zucker und 1/2 TL Ingwer. Nehmen Sie nach Bedarf 1 TL.
5. Gegen Bindehautentzündung gibt man einen Brei aus frischen Korianderblättern auf die Augenlider.

Rettiche (vor allem Daikon, der lange, weiße Rettich)

sind scharf und erhitzend, mit einer scharfen *Vipāka*. Sie beruhigen *Kapha*, doch *Pitta*-Typen sollten sie nur ab und zu essen. Roher Rettich verschlimmert Vāta, aber gekochter Rettich, in Maßen genossen, ist für *Vāta* in Ordnung. Rettiche können Gasprobleme lindern, die Leber spülen und Würmer im Darm beseitigen.

1. 2 TL frischer Rettichsaft mit einer Prise Ingwer eignet sich gut, um *Agni* anzufachen und die Verdauung zu verbessern.
2. Versuchen Sie gegen Blähungen und blähungsbedingte Bauchschmerzen 2 TL Rettichsaft mit 2 Prisen Ajowan und einer Prise Asafoetida. Nehmen Sie das zweimal täglich auf leeren Magen.
3. Besteht eine Leberstörung, können 2 TL Rettichsaft mit einer Prise Korianderpulver den Schmerz lindern.
4. Bei Würmern im Darm nimmt man 2- oder 3-mal täglich 2 TL Rettichsaft mit 1/2 TL Vidanga.

Spinat

Roher Spinat ist astringent, leicht scharf und süß, kühlend und hat eine scharfe *Vipāka*. Gekochter Spinat ist astringent, sauer, wärmend und hat eine süße *Vipāka*. Er ist abführend und kann schwer verdaulich sein. Spinat sollte von Menschen mit Gallen- oder Nierensteinen nicht gegessen werden.

1. Spinatsaft lässt sich bei einer Schwellung auf die Haut auftragen.
2. Die Symptome von Bronchialasthma kann man lindern, wenn man zweimal am Tag 80 ml Spinatsaft und eine Prise Langpfeffer zu sich nimmt.
3. 125 ml Spinatsuppe und 1/4 TL Ingwer können, zweimal täglich auf leeren Magen genommen, bei chronischem Husten helfen.

Tomaten

gehören zur Familie der Nachtschattengewächse und können grün, gelb oder rot sein. Die Grünen und Gelben sind sauer, süß und erhitzend, mit einer scharfen *Vipāka*. Sie reizen alle drei Doshas.

Rote Tomaten sind auch sauer und süß, mit einer scharfen *Vipāka*. Sie haben eine kühlende Wirkung im Magen und einen wärmenden Einfluss im Darm. Rote Tomaten reizen alle Doshas, wenn sie roh sind. Obwohl der Āyurveda besagt, dass Tomaten allgemein recht toxisch fürs System sind, kann man sie ab und zu gekocht mit Gewürzen wie Kreuzkümmel, Kurkuma und Senfsamen essen.

Tomaten sind nicht gut bei Übersäuerung, Arthritis, Ischias, Nieren- und Gallensteinen. Die Samen roher Tomaten können Bauchschmerz hervorrufen.

1. Da Fleisch schwer verdaulich ist, kann man 1 Stunde nach dem Verzehr 250 ml Tomatensaft mit einer Prise Kreuzkümmelpulver trinken, was die Verdauung fördert.
2. Im Fall von Verdauungsstörung bringt 250 ml Tomatensaft vermischt mit 1/4 TL schwarzem Pfeffer, je einer Prise Asafoetida und Steinsalz Erleichterung.
3. Bei geistiger Ermüdung und Schlaflosigkeit versucht man es zwischen 16 und 17 Uhr nachmittags mit 250 ml Tomatensaft, 2 TL Bio-Zucker und 2 Prisen Muskatnuss. Man sollte dann zwischen 18 und 19 Uhr zu Abend essen und in dieser Nacht gut schlafen.
4. Trinken Sie 250 ml Tomatensaft mit 2 Prisen *Trikatu* am frühen Morgen, um bei Adipositas Fett und Gewicht abzubauen. Warten Sie 2 Stunden, ehe Sie etwas anderes essen oder trinken.
5. Bestehen trockener Husten, Atemnot und Brustschmerzen, trinkt man 250 ml Tomatensaft mit 1 TL Kurkuma, 2 TL Bio-Zucker und einer Prise gemahlener Nelke. Nehmen Sie das auf leeren Magen ein und essen oder trinken Sie mindestens eine Stunde lang nichts.

Zwiebeln

sind scharf und wärmend. Roh besitzen sie eine scharfe *Vipāka*, während gekochte Zwiebeln süß sind und eine süße *Vipāka* haben. Rohe Zwiebeln verschärfen *Vāta* und *Pitta* und besänftigen *Kapha*. Gekocht beruhigen sie *Vāta* und *Kapha*, können *Pitta* in großen Mengen jedoch verschlimmern.

1. Im Fall von Krämpfen oder Ohnmacht schneidet man eine Zwiebel auf und atmet das Aroma ein, bis die Tränen kommen.
2. Bei einem akuten epileptischen Anfall träufelt man 2 Tropfen frischen Zwiebelsaft in jedes Auge. Dies hilft, den Krampf zu stoppen.
3. Gegen Hämorrhoiden vermischt man 1 EL Zwiebelsaft, 1 TL Kandis- oder Bio-Zucker und 1/2 TL *Ghee*. Nehmen Sie das zweimal am Tag ein.
4. Um Fieber zu senken, wickeln Sie geriebenes Zwiebelmus in ein feuchtes Stück Stoff und legen Sie den Wickel je ca. 10 Minuten auf die Stirn und dann auf den Nabel.
5. Bei sexueller Schwäche nimmt man zweimal täglich 1 EL Zwiebelsaft vermischt mit 1 TL frischem Ingwersaft ein.
6. Probieren Sie bei Herzrasen zweimal täglich 2 TL Zwiebelsaft vermischt mit 1/2 TL Sitopaladi.
7. Gegen Beschwerden durch hohes Cholesterin nimmt man 1 TL Zwiebelsaft vermischt mit einer Prise *Trikatu* vor dem Mittag- und Abendessen.

Küchenkräuter

Ajowan

ist scharf und erhitzend, mit einer scharfen *Vipāka*. Es beruhigt *Vāta* und *Kapha* und kann *Pitta* stimulieren. Es ist ein ausgezeichnetes Schmerzmittel und Herztonikum und hilft, Gas im Darm aufzulösen. Es ist heiß, scharf und durchdringend, daher gut zur Anregung von *Agni* und Verdauung.

1. Versuchen Sie, bei akuten Bauchschmerzen mit Verdauungsstörung 1/2 TL Ajowan mit einer Prise Salz zu kauen und trinken Sie dann 250 ml warmes Wasser.
2. Gegen Übelkeit und Erbrechen kann man 2- oder 3-mal am Tag 1/2 TL Ajowan mit 1 Nelke kauen, gefolgt von 125 ml warmem Wasser.
3. Bei Husten mit Auswurf und Erkältung und Fieber vom *Kapha*-Typ kann es helfen, 1/2 TL Ajowan, 1/4 TL Langpfeffer und 1/2 TL Mohnsamen 10 Minuten in 250 ml heißem Wasser einzuweichen. Trinken Sie das zweimal am Tag.
4. Bei akutem Hustenreiz und Husten kaut man 1/2 TL Ajowan und trinkt 250 ml warmes Wasser.
5. Gegen trockenen Husten kann man 1/4 TL Ajowan vermischt mit 1 TL Bio-Zucker kauen.
6. Kauen Sie im Fall von übermäßigem Harnlassen eine Mischung aus 1/2 TL Ajowan und 1/2 TL schwarzen Sesamsamen. Trinken Sie danach 125 ml warmes Wasser.
7. Eine Mischung aus 1/4 TL Ajowan und 1/2 TL Vidanga kann Würmer im Darm beseitigen. Nehmen Sie das 2 Wochen lang 3-mal am Tag nach den Mahlzeiten ein.

Fenchel

ist süß, astringent und kühlend, mit einer süßen *Vipāka*. Er ist ölig und beruhigt alle drei Doshas. Er hilft bei der Verdauung und ist harntreibend. Das hilft bei der Beseitigung von Würmern im Darm und kann Hämorrhoiden lindern.

1. Kauen Sie bei Verdauungsstörungen 1/2 TL gerösteten Fenchel- und Kreuzkümmelsamen nach jedem Essen.
2. Im Fall von akutem Durchfall vermischt man je 1/2 TL Fenchelpulver und Ingwerpulver und kaut dies 2- oder 3-mal am Tag.
3. Bei akuter Erkältung, Husten und Verschleimung der oberen Atemwege kann man 2- oder 3-mal täglich 1/2 TL Fenchelsamenpulver vermischt mit 1 TL natürlichem Zucker kauen.
4. Probieren Sie gegen Ödem zweimal täglich Fencheltee. Dazu lässt man 1 TL Fenchelsamen in 250 ml kochendem Wasser ziehen.
5. Brennendes Wasserlassen kann gelindert werden, wenn man Fencheltee mit 1 TL natürlichem Zucker trinkt.

Ingwer

Frische Ingwerwurzel ist scharf und wärmend und hat eine süße *Vipāka*. Obgleich sie *Tridosha* ausgleicht, sollten *Pitta*-Menschen sie nur in Maßen verwenden. Trockener Ingwer ist andererseits scharf und erhitzend, mit einer scharfen *Vipāka*. Er beruhigt *Vāta* und *Kapha*, kann aber *Pitta* mehr reizen als frischer Ingwer. Diese unterschiedliche Wirkung des Ingwers beruht auf den verschiedenen postdigestiven Wirkungen der zwei Arten von Ingwer.

Beide Ingwerarten regen das Verdauungsfeuer an und verbessern Verdauung, Absorption und Verwertung der Nahrung. Ingwer kann den Kreislauf verbessern, Verschleimung lindern, Blutgerinnsel auflösen und Herzinfarkte verhindern helfen. Er ist ein gutes Hausmittel für gewöhnliche Erkältung, Husten und Atembeschwerden.

1. Wenn man 10 Minuten vor dem Essen eine dünne Scheibe frischen Ingwer mit einer Prise Salz kaut, wirkt das appetitanregend und belebt *Agni*.
2. Nimmt man eine Mischung aus je 1 TL frischen Ingwersaft und Limettensaft nach einer Mahlzeit ein, unterstützt das die Verdauung. Dieses Rezept hilft auch übermäßige Winde, Verstopfung und Schmerzen im Unterbauch zu lindern.
3. Eine Mischung aus je 1 TL Ingwersaft und frischem Zwiebelsaft ist gut, um Übelkeit und Erbrechen zu beseitigen.
4. Reibt man etwas frischen Ingwersaft um den Nabel, stoppt dies Durchfall und Bauchschmerz.
5. Die Einnahme einer Mischung aus je 1 TL frischen Ingwersaft und Honig 2- oder 3-mal am Tag, ist recht nützlich gegen Rhinitis.
6. Bei Erkältung, Husten, Verschleimung und Grippesymptomen ist 1 Tasse Tee aus je 1 TL trockenem Ingwer, Zimt und Fenchel wohltuend.
7. Eine Mischung aus je 1 TL Ingwersaft und Limettensaft und 2 Prisen Steinsalz hilft, eine heisere Stimme, Brustschmerzen, Giemen und Husten zu vertreiben.
8. Gibt man eine Paste aus 1/2 TL trockenem Ingwerpulver und Wasser auf die Stirn, hilft dies bei Stirnhöhlenkopfschmerz. *Pitta*-Menschen sollten damit vorsichtig sein, denn es kann die Haut leicht verbrennen. Waschen Sie die Stelle nach der Behandlung gut.
9. Schlucken Sie gegen Jetlag eine Stunde vor Abflug eine 2 cm große Kapsel trockenes Ingwerpulver.
10. 1/2 TL *Trikatu* (die Mischung aus gleichen Teilen trockenem Ingwer, schwarzem Pfeffer und Langpfeffer) mit 1 TL Honig ist sehr gut, um Āma (Toxine) und übermäßiges *Kapha* in den Lungen zu verbrennen und um Cholesterin und Dickleibigkeit zu regulieren. 2- oder 3-mal täglich vor den Mahlzeiten nehmen.
11. Bei Gelenkrheumatismus hilft es, vor dem Zubettgehen 15 g Rhizinusöl in 1 Tasse Ingwertee zu trinken.
12. Kochen Sie 1 EL Ingwerpulver mit 2 EL *Ghee* in einem Eisentopf zu einer Paste. Essen Sie 3-mal am Tag 1/2 TL auf einmal, um Durchfall, Milzschmerzen und Osteoarthritis abzumildern.

Kardamom

ist süß, scharf und wärmend, mit einer süßen *Vipāka*. Er verringert *Vāta* und *Kapha* und steigert *Pitta*. Er ist gut bei Husten, Atembeschwerden, brennender Blasenentleerung und Hämorrhoiden. Er ist ein Digestivum und verbessert den Geschmack des Essens.

1. Bei sexueller Schwäche trinkt man 250 ml heiße Milch mit 1/2 TL *Ghee* und je einer Prise Kardamom und Asafoetida.
2. Bei Blutungsstörungen kann zweimal täglich je eine Prise Kardamom, Safran und Muskatnuss, vermischt mit 1/2 TL Honig und 1 TL Aloe-vera-Saft Erleichterung bringen.
3. Im Fall von Husten und Atemlosigkeit hilft unter Umständen eine Mischung aus einer Prise Kardamom, einer Prise Steinsalz, 1 TL *Ghee* und 1/2 TL Honig, vom Löffel geleckt.
4. Nehmen Sie bei brennendem Wasserlassen zur Linderung zweimal täglich 1 Prise Kardamom und 125 ml Gurkenwasser ein.
5. Übelkeit lässt sich durch 2 Prisen Kardamom und 1/2 TL Honig, eingerührt in 125 ml Joghurt, beseitigen.
6. Isst man 2 Prisen Kardamom mit Haferflocken oder Maisbrei, verhindert dies Löcher in den Zähnen.
7. Kaffeetrinken ist sehr anstrengend für die Nebennieren, wenn Sie also Kaffee trinken, kann eine Prise Ingwer und Kardamom helfen, diese Wirkung zu neutralisieren.

Koriander

ist süß, astringent und kühlend, mit einer süßen *Vipāka*. Er ist *Tridosha*, hat gute verdauungsfördernde Merkmale, kann Fieber senken und ist harntreibend.

HINWEIS: Folgende Vorschläge beziehen sich auf die Samen, aber die Korianderpflanze (Korianderblätter) hat ähnliche, wenn auch weniger starke Wirkungen.

1. Bei Brennen im Harnleiter oder übermäßigem Durst gibt man 1 TL Koriandersamen und je 1/2 TL *Amalaki* und natürlichen Zucker in 250 ml kochendes Wasser. Man lässt es über Nacht ziehen und trinkt es als Erstes am nächsten Morgen.
2. Geben Sie bei Fieber je 1/2 TL Koriander und Zimt und 1/4 TL Ingwer in 250 ml heißes Wasser und lassen es 10 Minuten ziehen, ehe Sie es trinken.
3. Im Fall von Nierensteinen und spärlicher, brennender Blasenentleerung lässt man 1 TL Koriander und 1/2 TL *Gokshura* in 250 ml erhitztem Reiswaschwasser ziehen – also dem Wasser, mit dem man rohen Reis wäscht. Trinken Sie das zweimal täglich.
4. Leiden durch hohes *Pitta* wie Hautausschlag, Nesselsucht und Übelkeit lassen sich lindern, wenn man 1 TL Koriander, 1/2 TL Kreuzkümmel und 1 TL natürlichen Zucker in 250 ml heiße Milch gibt. Trinken Sie dies ein- oder zweimal am Tag.
5. Probieren Sie bei Bindehautentzündung folgende Augenspülung: Lassen Sie 1 TL Koriandersamen mindestens 15 Minuten in 250 ml kochendem Wasser ziehen. Gut abseihen und abkühlen lassen. Waschen Sie die Augen mit diesem Tee. Er hält sich 2 oder 3 Tage im Kühlschrank.
6. Bei Husten kann es helfen, je 1 TL Korianderpulver und natürlichen Zucker in 250 ml Reiswaschwasser einzurühren – also das Wasser, mit dem man rohen Reis wäscht – und zu trinken.
7. Ein Tee aus gleichen Teilen Kreuzkümmelsamen, Koriandersamen und Fenchelsamen ist ein ausgezeichnetes Digestivum. Verwenden Sie ca. 1 TL dieser Mischung pro Tasse und lassen Sie sie 10 Minuten ziehen.

Kreuzkümmel

sind wohlriechende Samen, die von allen Doshas verwendet werden können. Kreuzkümmel ist wegen seines charakteristischen Geschmacks und der wunderbaren medizinischen Qualitäten ein wichtiger Teil der āyurvedischen Küche. Bei allen Verdauungsproblemen könnte man fast sagen: »Augen zu und Kreuzkümmel essen!« Kreuzkümmel facht das Verdauungsfeuer an und optimiert die Absorption der Mineralien im Darm. Er hilft Probleme mit Blähungen zu lindern und kann auch als mildes Schmerzmittel dienen. Magenschmerzen, Übelkeit und Durchfall lassen sich durch Kreuzkümmel lindern. Kreuzkümmel ist auch sehr stärkend für die Gewebe. Er ist scharf, bitter und kühlend, mit einer scharfen *Vipāka*. Die nicht so verbreitete schwarze Sorte ist erhitzend.

1. Mischen Sie gleiche Mengen an Kreuzkümmel-, Koriander- und Fenchelsamen. Übergießen Sie 1 TL dieser Mischung mit 250 ml kochendem Wasser und lassen es 10 Minuten ziehen. Dieser Tee wirkt fiebersenkend.
2. Gegen Magenschmerzen bereitet man eine Mischung aus 1/3 TL Kreuzkümmelpulver, einer Prise Asafoetida und einer Prise Steinsalz. Mischen und sehr gut kauen. Danach warmes Wasser trinken.
3. Bei Übelkeit oder Magenverstimmung kann ein Tee aus 1 TL Kreuzkümmelsamen und einer Prise gemahlener Muskatnuss Erleichterung bringen. Einfach 10 Minuten in 250 ml kochendem Wasser ziehen lassen und trinken.
4. Probieren Sie im Fall von Vaginalinfektionen wie Leukorrhoe (weißer Ausfluss) Folgendes: 1 TL Kreuzkümmelsamen, 1 TL *Ghee*, 1 TL gehackte Süßholzwurzel und 500 ml kochendes Wasser. Lassen Sie alles mindestens 10 Minuten ziehen. Auf Körpertemperatur abkühlen lassen, abseihen und zum Spülen verwenden.
5. Rösten Sie Kreuzkümmelsamen in einer trockenen Eisenpfanne, bis sie scharf riechen. Kauen Sie langsam einen Löffel davon, gefolgt von 1 EL Aloe-vera-Saft. Dies lindert Menstruationsbeschwerden.

Kurkuma

Frische Kurkumawurzel sieht ein wenig wie Ingwer aus, kann aber innen rot oder gelb sein. Die rote heißt *Kumkum* und gilt als heilig. Nur die gelbe Wurzel wird zum Kochen und medizinisch eingesetzt.

Kurkuma ist die beste Medizin im Āyurveda. Sie heilt den ganzen Menschen. Kurkuma ist scharf, bitter, astringent und wärmend und hat eine scharfe *Vipāka*. Kurkuma kann von allen Doshas verwendet werden. Sie kann *Vāta* anregen, reizt es allerdings nicht (verursacht also keine Unausgeglichenheit). Kurkuma hilft der Verdauung, erhält die Darmflora, reduziert Gas, hat tonisierende Merkmale und ist ein Antibiotikum. Kurkuma kann gegen Husten, Gerstenkorn, Diabetes, Hämorrhoiden, Schnitte, Wunden, Verbrennungen und Hautprobleme eingesetzt werden und hilft, Angst und Stress zu vermindern.

HINWEIS: Leute mit Unterzuckerung können kleine Mengen Kurkuma zum Kochen verwenden, sollten ihn jedoch nicht in großen Mengen einnehmen.

Freundliche Erinnerung: Die gelbe Farbe des Kurkuma kann Flecken auf Kleidung und Haut hinterlassen!

1. Bei Bronchialhusten, trockenem, rauem Hals, Tonsillitis und Rachenentzündung trinkt man zur Schlafenszeit 250 ml heiße Milch und 1 TL Kurkuma, die 3 Minuten miteinander gekocht wurden.

2. Im Fall von äußeren Hämorrhoiden bringt man zur Schlafenszeit örtlich eine Mischung aus 1/2 TL Kurkuma und 1 TL *Ghee* auf.
3. Eine Paste aus 1/2 TL Kurkumapulver und 1 TL warmem Rhizinusöl wird am Abend bei fibrozystischer Mastopathie auf die Brust aufgetragen. (Zur Erinnerung: Haut und Kleider werden dadurch gelb!)
4. Um den Blutzucker bei Diabetes zu stabilisieren, füllt man Kurkumapulver in 2 cm große Kapseln ab. Schlucken Sie 3-mal am Tag 5 Minuten vor jeder Mahlzeit 2 Kapseln.
5. Essen Sie gegen Anämie eine Schüssel Joghurt mit bis zu 1 TL Kurkuma, und zwar morgens und nachmittags auf leeren Magen, aber nicht nach Sonnenuntergang. Falls *Kapha* unausgeglichen ist, sollten Sie es nur mittags essen.
6. Bei Schnitten, Wunden und Pilzinfektionen auf den Nägeln tragen Sie eine Mischung aus 1/2 TL Kurkuma und 1 TL Aloe-vera-Gel auf die betroffenen Stellen auf.
7. Bei Schwellung durch eine traumatische Verletzung verwendet man dort eine Paste aus Kurkuma und Wasser.
8. Eine Paste aus gleichen Teilen rotem Sandelholzpulver und Kurkuma, vermischt mit destilliertem Wasser, setzt man zur Behandlung eines Gerstenkorns im Auge ein. Man bestreicht damit das Augenlid, um das Gerstenkorn zu entleeren.
9. Geben Sie bei geschwollenem Zahnfleisch und Aphthen im Mund Kurkuma direkt auf die betroffenen Stellen.
10. Nehmen Sie für schöne Haut täglich eine Kapsel Kurkuma. Nimmt eine Schwangere regelmäßig Kurkuma, bekommt ihr Kind wundervolle Haut.
11. Gibt es in der Familie bereits Fälle von Melanom, nimmt man zur Vorbeugung 3-mal am Tag 1 oder 2 Kapseln Kurkuma.
12. Eine Mischung aus 2 Teilen *Ghee* und 1 Teil Kurkuma dient als Sonnenschutz bei Muttermalen.
13. Um sich allgemein vor Krankheit zu schützen, kann man Kurkumawurzel in der Tasche tragen oder sie an einem gelben Seidenfaden um den Hals hängen.

Lorbeerblatt

ist süß, scharf und wärmend, mit einer scharfen *Vipāka*. Es erhöht *Pitta* und reduziert *Vāta* und *Kapha*. Es fördert das Schwitzen, ist ein Digestivum und anregendes Mittel, facht das Magenfeuer an und kann harntreibend sein.

1. Versuchen Sie bei Verdauungsstörung 1/2 TL gemahlenes Lorbeerblatt, das 10 Minuten in 250 ml heißem Wasser gezogen hat. Geben Sie eine Prise Kardamom dazu und trinken Sie es nach einer Mahlzeit.
2. Gegen Bauchschmerzen kann 1/4 TL gemahlenes Lorbeerblatt, 1/4 TL Ajowan und 1 TL Honig, zweimal täglich vor dem Mittag- und Abendessen, helfen.
3. Nimmt man 15 Tage lang 1/2 TL Lorbeerblatt, 1/2 TL Vidanga und 1 TL Honig vor dem Mittag- und Abendessen ein, sollte das gegen Würmer im Darm helfen.
4. Bei Gefahr einer Fehlgeburt kann man 1/4 TL gemahlenes Lorbeerblatt und 125 ml Milch miteinander kochen, abkühlen lassen und zweimal täglich trinken, um den Fötus zu schützen.
5. Um den Blutzucker bei Diabetikern zu regulieren, vermischt man 1/2 TL gemahlenes Lorbeerblatt, 1/2 TL Kurkuma und 1 EL Aloe-vera-Gel. Nehmen Sie das zweimal täglich vor dem Mittag- und Abendessen, bis der Blutzucker wieder normal ist.
6. Bei Husten und Asthma hilft eine Mischung aus 1/2 TL Lorbeerblattpulver, 1/4 TL Langpfeffer und 1 TL Honig, 2- oder 3-mal täglich eingenommen.

Muskatnuss

ist süß, astringent, scharf, wärmend und die *Vipāka* ist scharf. Sie hat einen angenehmen Geruch, vermehrt *Pitta* und vermindert *Vāta* und *Kapha*. Sie verbessert den Geschmack des Essens, ist gut für die Verdauung, hilft Husten zu lindern, fördert den Schlaf und kann Schmerzen verringern.

1. Bei Kopfschmerzen kann man eine Paste aus einer Prise Muskatnuss und Wasser auf die betroffene Stelle streichen.
2. Eine feine Paste aus gleichen Anteilen an Muskatnusspulver und *Ghee* kann bei Schlaflosigkeit helfen. Man trägt sie vor dem Zubettgehen auf die Stirn und rund um die Augen auf. 250 ml heiße Milch mit einer Prise Muskatnuss vor dem Zubettgehen kann auch helfen. Falls dies eine leichte Verstopfung hervorruft, trinkt man am nächsten Morgen eine Tasse *Triphala-Tee* – 1/2 TL aufgelöst in 250 ml kochendem Wasser.
3. Probieren Sie gegen Durchfall 1/3 TL Muskatnuss und 1 TL warmes *Ghee* und essen Sie dies 2–3-mal am Tag langsam von einem Löffel.
4. Nehmen Sie bei Übelkeit und Morgenübelkeit in der Schwangerschaft je eine Prise Muskatnuss und Kardamom in 125 ml warmer Milch ein.
5. Zur Linderung arthritischer Schmerzen können Sie das betroffene Gelenk mit Muskatöl einreiben.

Nelke

ist scharf und wärmend und ihre *Vipāka* ist süß. Ihre Schärfe erhöht *Pitta*, senkt jedoch *Vāta* und *Kapha*. Sie regt die Verdauung an und ist bei Stirnhöhlenverstopfung und Bronchialanschoppung wirksam.

1. Versuchen Sie bei Erkältung oder Husten 2- oder 3-mal täglich 1 TL Honig vermischt mit einer Prise Nelkenpulver.
2. Bei Verdauungsstörung und geringem Appetit kann man 5 Minuten vor dem Essen 1 Prise Nelkenpulver, 1/4 TL *Trikatu* und 1 TL Honig einnehmen.
3. Heiserkeit lässt sich beseitigen, wenn man je eine Prise Nelken- und Kardamompulver, 1/2 TL gemahlene Süßholzwurzel und 1 TL Honig gut vermischt und langsam isst.
4. Gegen Durchfall hilft zweimal täglich je eine Prise Nelken-, Safran- und Muskatpulver in 125 ml Joghurt eingerührt.
5. Wenn Sie üble Zahnschmerzen haben, geben Sie einen Tropfen Nelkenöl auf den Zahn.

Safran

ist süß, astringent und erhitzend und hat eine süße *Vipāka*. Er gleicht *Tridosha* aus und ist gut zur Verbesserung von Hautfarbe und Teint. Zu den vielen Einsatzmöglichkeiten des Safrans gehören z. B. Blutreinigung, Leberentgiftung, Blutverdünnung sowie Nerven- und Herzstärkung. Er ist aphrodisisch und kann die Spermienzahl vermehren. Man kann ihn auch bei Husten, Erkältung, Verschleimung und Hämorrhoiden benutzen.

1. Bei sexueller Schwäche trinkt man 250 ml heiße Milch mit einer Prise Safran.
2. Gegen Hämorrhoiden nimmt man zweimal täglich eine Prise Safran, 1/4 TL *Triphala* und 1 EL Aloevera-Gel ein.
3. Zur Erleichterung einiger Asthma- und Hustensymptome mischt man eine Prise Safran, 1/2 TL *Trikatu* und 1 TL Honig. Nehmen Sie das 2- oder 3-mal am Tag.
4. Bei Herzklopfen und Brustschmerzen kochen Sie je 125 ml Milch und Wasser, 2 Prisen Safran und 1/2 TL *Arjuna* miteinander auf. Trinken Sie dies 2- oder 3-mal täglich.
5. Als Gehirntonikum trinkt man eine Prise Safran und 1/2 TL *Brahmi* (Gotukola), in 250 ml Milch gekocht.
6. Rosenwasser und Safranwasser – weichen Sie eine Prise Safran mindestens 15 Minuten in 60 ml Wasser ein – in destilliertem Wasser zu einer 1%igen Lösung verdünnt, kann bei Bindehautentzündung und brennenden Augen helfen. Geben Sie 2 Tropfen in jedes Auge.

Salz

ist wärmend, steigert *Pitta* und *Kapha* und verringert *Vāta*. Meersalz hat eine scharfe *Vipāka*. Salz ist ein Digestivum und verbessert den Geschmack des Essens. Es ist abführend und antiseptisch und lässt sich einsetzen, um erbrechen zu können. Steinsalz ist ein sehr verdauungsförderndes Mineralsalz. Es hat einen besonderen Geschmack, eine süße *Vipāka* und ist nicht so reizend für *Pitta* und *Kapha*. Es hält kein Wasser im Körper.

1. Verrühren Sie gegen Stirnhöhlenkopfschmerz und Verschleimung 1/2 TL Salz in 125 ml warmem Wasser. Träufeln Sie 5 Tropfen in jedes Nasenloch. Dies hilft, die Stirnhöhlen zu klären.
2. Bei Gefühlen von Übelkeit oder bei Kopfschmerzen und Erkältung trinkt man 500 ml Salzwasser – 2 TL in 1/2 l Wasser – am frühen Morgen, und reibt dann die Zunge, um Erbrechen auszulösen.
3. Wenn man 250 ml Wasser mit 1 TL Salz trinkt, kann das durchfallartigen Stuhlgang auslösen und so eine Verstopfung beenden.
4. Bei Schwindel durch übermäßiges Schwitzen trinkt man ein Glas Wasser mit einer kleinen Prise Salz und 1/2 TL Limettensaft.
5. Salz kann bei einem verstauchten Knöchel Ödeme und Schwellungen lindern. Baden Sie den Fuß 15 Minuten in heißem Wasser, nehmen Sie dabei 2 EL Salz auf 3,8 l Wasser.
6. Nach einer Verletzung wirkt Folgendes abschwellend: Stellen Sie aus 1 Teil Salz, 2 Teilen Kurkuma und ausreichend Wasser eine Paste her und tragen Sie diese auf die betroffene Stelle auf.
7. Gegen einen rauen Hals und Kehlkopfentzündung gurgelt man abends mit 250 ml heißem Wasser, 1/2 TL Salz und 1 TL Kurkuma.

Schwarzer Pfeffer

ist scharf und erhitzend, mit einer scharfen *Vipāka*. Er vermindert *Vāta* und *Kapha* und vermehrt *Pitta*. Er ist nützlich zur Verdauung, bei Husten und Würmern und fördert die Gesundheit von Lungen und Herz.

1. Probieren Sie bei Heiserkeit 1/4 TL pulverisierten schwarzen Pfeffer und 1 TL *Ghee*. Essen Sie das langsam nach dem Mittag- und Abendessen.

2. Gegen Husten können Sie 1/4 TL pulverisierten schwarzen Pfeffer und 1 TL Honig nach einer Mahlzeit probieren.
3. Bereiten Sie gegen chronisches Fieber einen Tee aus 1 TL heiligem Basilikum (*Tulsi*) und 250 ml heißem Wasser. Geben Sie 1/4 TL pulverisierten schwarzen Pfeffer und 1 TL Honig hinzu. Trinken Sie das 2- oder 3-mal am Tag.
4. Durchfall lässt sich durch 250 ml Lassi bessern, in das 2 Prisen pulverisierter schwarzer Pfeffer eingerührt werden. Man nimmt das zweimal am Tag zu sich.
5. Bei Schmerzen im unteren Bauch kann man eine Mischung aus je einer Prise schwarzem Pfeffer und Asafoetida und 1 TL *Ghee* ausprobieren.
6. Im Fall eines allergischen Hautausschlags vermischt man 1 TL *Ghee* und eine Prise schwarzen Pfeffer. Nehmen Sie das innerlich ein und geben Sie es auch auf die betroffene Stelle.

Senfsamen

Braune oder schwarze Senfsamen sind scharf und wärmend, mit einer scharfen *Vipāka*. Sie besänftigen *Vāta* und *Kapha*, reizen im Übermaß jedoch *Pitta*. Am wirkungsvollsten sind Senfsamen zur Heilung des Bronchialsystems. Senfsamen sind sehr hilfreich bei Verstauchungen und Schmerzen oder um Würmer im Darm loszuwerden. Senfsamen sind auch ein verdauungsförderndes Mittel.

Senföl ist stark aromatisch und erhitzend, sollte daher also am besten in kalten Klimazonen verwendet werden. Es überdeckt alle anderen Geschmäcker, wenn man damit kocht. Gelbe Senfsamen haben ähnliche Merkmale, sind aber milder.

1. Bei Bronchialasthma kann man 2- oder 3-mal am Tag 1 TL braunes Senföl vermischt mit 1 TL natürlichem Zucker auf leeren Magen einnehmen. Oder man versucht 2- oder 3-mal täglich einen Tee aus je 1/4 TL gemahlenen Senfsamen und Langpfeffer oder schwarzem Pfeffer mit 1–2 TL Honig. Reibt man Senföl auf die Brust, verschafft dies auch Erleichterung.
2. Vermischen Sie gegen hartnäckigen Husten 2–3-mal am Tag je 1/2 TL gemahlene Senfsamen und Ingwerpulver mit 1 TL Honig und essen Sie das langsam.
3. Reiben Sie juckende Haut eine Stunde vor dem Duschen mit Senföl ein. Nicht auf sehr empfindlichen Gewebe wie Genitalien oder Brustwarzen verwenden.
4. Bei verstauchtem Knöchel, Muskel- oder Arthritisschmerz oder Ödemen in den Beinen badet man Füße oder Hände in einem großen Topf heißem Wasser mit einem Teebeutel voller Senfsamen – dazu macht man ein Baumwoll- oder Mullsäckchen mit 2 TL Samen. Reibt man Senföl auf schmerzende arthritische Gelenke, löst das die Kristalle auf, die die Reibung verursachen.
5. Ein Umschlag mit Senfsamenbrei auf ein Stück dicken Baumwollstoff gestrichen ist gut bei Muskelschmerzen. Geben Sie die Samen nicht direkt auf die Haut.
6. Der genannte Umschlag hilft auch, um bei einer vergrößerten Milz Schmerzen und Größe zu vermindern.
7. Gegen Würmer im Darm bereitet man eine Mischung aus 1 TL gemahlenen Senfsamen, 1/2 TL Cayenne und einer sehr kleinen Prise Asafoetida. Füllen Sie die Mischung in 2 cm große Kapseln und nehmen Sie 15 Tage lang nach jedem Essen eine. Um *Pitta* zu beruhigen, nimmt man dazu ebenfalls 15 Tage 1 EL Aloe-vera-Saft ein. Dieses Rezept lässt sich auch bei Haustieren anwenden.

Tulsi (indischer oder heiliger Basilikum)

ist süß, scharf, astringent und erhitzend, mit einer scharfen *Vipāka*. Er erhöht *Pitta und* reduziert *Vāta* und *Kapha*. Er hat einen erfrischenden, angenehmen Duft, also wenn man eine Pflanze im Haus hat, kann das die Luft reinigen. Es ist gut bei Fieber, Husten und Atembeschwerden.

HINWEIS: Der Basilikum, den man im Westen kennt, hat ähnliche Eigenschaften, ist aber weniger wirksam.

1. Machen Sie bei Grippe einen Tee aus 1 TL Basilikum und 250 ml Wasser. Nur eine Minute lang aufkochen und trinken.
2. Gegen chronisches Fieber bereitet man einen Basilikumtee mit einer Prise schwarzem Pfeffer. Trinken Sie das 2–3-mal am Tag.
3. Bei gewöhnlicher Erkältung, Husten und Rhinitis lässt man je 1/4 TL Basilikum und trockenen Ingwer sowie 1/2 TL Zimt in 250 ml heißem Wasser ziehen. Nehmen Sie das 2- oder 3-mal am Tag.
4. Im Fall von Colitis ulcerosa weicht man 1 TL Basilikumsamen über Nacht in 250 ml Wasser ein. Man lässt die Samen abtropfen und verrührt sie mit 125 ml Joghurt. Nehmen Sie das am Morgen.
5. Gegen Übelkeit und Erbrechen mischt man 1 TL frischen Basilikumsaft mit 1 TL Honig und isst dies zweimal täglich.

Zimt

ist süß, scharf, bitter und erhitzend, mit einer scharfen *Vipāka*. Er beruhigt *Vāta* und *Kapha*, kann im Übermaß aber *Pitta* anregen. Er ist wirkungsvoll bei der Verdauung, toxischen (*Âma*) Erkrankungen und verbessert den Kreislauf. Hilft aufgrund seiner Blut verdünnenden Eigenschaften bei der Verhinderung von Herzinfarkten.

1. Vermischen Sie bei normaler Erkältung, Husten oder Verschleimung 1/2 TL Zimt und 1 TL Honig. Essen Sie das 2- oder 3-mal täglich.
2. Versuchen Sie gegen Stirnhöhlenkopfschmerz aus 1/2 TL Zimt mit ausreichend Wasser eine Paste zu machen und tragen Sie diese örtlich auf.
3. Im Fall von Durchfall kann 125 ml Joghurt mit 1/2 TL Zimt und einer Prise Muskatnuss helfen, was 2- oder 3-mal am Tag eingenommen wird.
4. Bei Kreislaufschwäche, zur Senkung von hohem Cholesterin und Erleichterung bei Asthma trinken Sie einen Tee aus 1 TL Zimt, 1/4 TL *Trikatu*, 1 TL Honig und 250 ml heißem Wasser. 10 Minuten ziehen lassen. Zweimal am Tag trinken.

ANHANG

Bestimmung Ihrer Konstitution

Um Ihre Konstitution zu bestimmen, ist es am besten, Sie füllen folgenden Fragebogen zweimal aus. Lassen Sie Ihre Entscheidungen zuerst darauf basieren, was für einen langen Zeitraum Ihres Lebens am beständigsten war, also Ihre *Prakruti*, dann füllen Sie ihn ein zweites Mal aus und antworten darauf, wie Sie sich in den letzten 1–2 Monaten gefühlt haben, also Ihre *Vikruti*. Manchmal hilft es, wenn eine Freundin oder ein Freund Ihnen die Fragen stellt und die Tabelle für Sie ausfüllt, da er möglicherweise Einsicht und Unvoreingenommenheit einbringen kann.

Addieren Sie zum Schluss die Zahl der Kreuze unter *Vāta*, *Pitta* und *Kapha*. So können Sie herausfinden, welches Verhältnis die Doshas in Ihrer *Prakruti* und *Vikruti* haben. Bei den meisten Leuten ist ein *Dosha* prädominant, manche haben zwei, die ungefähr gleich sind, und noch weniger haben alle drei zu gleichen Teilen. Zeigt Ihre *Vikruti* beispielsweise mehr *Pitta* als Ihre *Prakruti*, hilft es, eine Diät zu befolgen, die *Pitta* besänftigt, um so Ihr *Pitta*-Prinzip zu vermindern. Scheinen Ihre *Prakruti* und *Vikruti* ungefähr gleich zu sein, dann sollten Sie die Kost Ihres stärksten *Doshas* wählen. Falls Sie im Augenblick eine *Kapha*-Störung haben, z. B. Rhinitis, empfiehlt es sich, eine *Kapha*-beruhigende Ernährung zu befolgen, bis diese verschwunden ist.

RICHTLINIEN ZUR BESTIMMUNG IHRER KONSTITUTION

BEOBACHTUNG	V	P	K	VĀTA	PITTA	KAPHA
Körpergröße	❐	❐	❐	Schlank	Mittel	Groß
Körpergewicht	❐	❐	❐	Niedrig	Mittel	Übergewichtig
Haut	❐	❐	❐	Dünn, trocken, kalt, rau, dunkel	Glatt, ölig, warm, rosig	Dick, ölig, kühl, weiß, blass
Haare	❐	❐	❐	Trocken, braun, schwarz, verfilzt, brüchig, dünn	Glatt, ölig, blond, grau, rot, glatzköpfig	Dick, lockig, ölig, wellig, üppig, alle Farben
Zähne	❐	❐	❐	Hervorstehend, groß, mit Zwischenräumen, dünnes Zahnfleisch	Mittel, weich, weiches Zahnfleisch	Gesund, weiß, festes Zahnfleisch
Nase	❐	❐	❐	Ungerade Form, Nasenscheidewandverkrümmung	Lang und spitz, rote Nasenspitze	Kurz und gerundet, Stupsnase
Augen	❐	❐	❐	Klein, eingesunken, trocken, aktiv, schwarz, braun, nervös	Scharf, hell, grau, grün, gelb/rot, lichtempfindlich	Groß, schön, blau, ruhig, liebevoll
Nägel	❐	❐	❐	Trocken, rau, brüchig, brechen leicht	Scharf, flexibel, rosa, schimmernd	Dick, ölig, glatt, glänzend
Lippen	❐	❐	❐	Trocken, rissig, schwarz/braun gefärbt	Rot, entzündet, gelblich	Glatt, ölig, blass, weißlich

Kinn	❐	❐	❐	Dünn, eckig	Spitz zulaufend	Rundlich, Doppelkinn
Wangen	❐	❐	❐	Faltig, eingesunken	Glatt und flach	Rundlich, plump
Hals	❐	❐	❐	Dünn, lang	Mittel	Groß, gefaltet
Brust	❐	❐	❐	Flach, eingesunken	Mäßig	Ausgedehnt, rund
Bauch	❐	❐	❐	Dünn, flach, eingesunken	Mäßig	Groß, dickbäuchig
Nabel	❐	❐	❐	Klein, unregelmäßig, gebrochen	Oval, oberflächlich	Groß, tief, rund, gedehnt
Hüften	❐	❐	❐	Schlank, dünn	Mäßig	Schwer, groß
Gelenke	❐	❐	❐	Kalt, knackend	Mäßig	Groß, geschmiert
Appetit	❐	❐	❐	Unregelmäßig, schwach	Stark, unerträglich	Langsam, aber regelmäßig
Verdauung	❐	❐	❐	Unregelmäßig, bildet Gas	Rasch, verursacht Brennen	Anhaltend, bildet Schleim
Geschmack, gesunde Vorliebe	❐	❐	❐	Süß, sauer, salzig	Süß, bitter, astringent	Bitter, scharf, astringent
Durst	❐	❐	❐	Veränderlich	Sehr groß	Gering
Ausscheidung	❐	❐	❐	Verstopfung	Lose	Dick, ölig, träge
Körperliche Aktivität	❐	❐	❐	Hyperaktiv	Mäßig	Sitzend
Geistige Aktivität	❐	❐	❐	Immer aktiv	Mäßig	Schwerfällig, langsam
Emotionen	❐	❐	❐	Angst, Furcht, Unsicherheit, flexibel	Ärger, Hass, Eifersucht, entschlossen	Ruhig, gierig, Anhaftung
Glaube	❐	❐	❐	Variabel, veränderlich	Intensiv, Extremist	Beständig, tief, milde
Intellekt	❐	❐	❐	Rasche, aber falsche Antwort	Akkurate Antwort	Langsam, genau
Erinnerung	❐	❐	❐	Kurzzeit gut, Langzeit schlecht	Deutlich	Langsam und anhaltend
Träume	❐	❐	❐	Schnell, aktiv, viele, furchtsam	Feurig, Krieg, Gewalt	Seen, Schnee, romantisch
Schlaf	❐	❐	❐	Zu wenig, unterbrochen, Schlaflosigkeit	Wenig, aber tief	Tief und lang
Sprache	❐	❐	❐	Rasch, unklar	Scharf, durchdringend	Langsam, monoton
Finanzen	❐	❐	❐	Schlecht, gibt Geld für Kleinigkeiten aus	Gibt Geld für Luxusgüter aus	Reich, kann gut sparen
GESAMT						

NAHRUNGSMITTEL-RICHTLINIEN FÜR DIE KONSTITUTIONSGRUNDTYPEN

HINWEIS: *Die in dieser Tabelle angegebenen Richtlinien sind allgemein. Es müssen besondere Anpassungen an individuelle Bedürfnisse vorgenommen werden, z.B. Lebensmittelallergien, Stärke des Agni, Jahreszeit und Stärke des vorherrschenden oder gereizten Doshas.* * in Maßen ** gelegentlich

	VĀTA		PITTA
	VERMEIDEN	**BEVORZUGEN**	**VERMEIDEN**
OBST	*Generell die meisten Trockenfrüchte* Äpfel (roh) Birnen Cranberrys Datteln (trocken) Dörrpflaumen (trocken) Feigen (trocken) Granatäpfel Kakis Rosinen (trocken) Wassermelone	*Generell die meisten süßen Früchte* Äpfel (gekocht) Ananas Apfelmus Aprikosen Avocado Bananen Beeren Datteln (frisch) Dörrpflaumen (eingeweicht) Erdbeeren Feigen (frisch) Grapefruit Kirschen Kiwi Kokosnuss Limetten Mangos Melonen Orangen Papaya Pfirsiche Pflaumen Rhabarber Rosinen (eingeweicht) Tamarinde Trauben Zitronen	*Generell die meisten sauren Früchte* Ananas (sauer) Äpfel (sauer) Aprikosen (sauer) Bananen Beeren (sauer) Cranberrys Grapefruit Kakis Kirschen (sauer) Kiwi** Mangos (grün) Orangen (sauer) Pfirsiche Pflaumen (sauer) Rhabarber Tamarinde Trauben (grün) Zitronen
GEMÜSE	*Generell gefrorenes, rohes oder getrocknetes Gemüse* Artischocke Bittergurke Brokkoli Rote-Bete-Blätter**	*Generell sollte Gemüse gekocht werden* Blumenkohl* Karotten Kohl* (gekocht) Rote Bete Spargel	*Generell scharfes Gemüse* Daikon-Rettich Klettenwurzel Mais (frisch)** Rote-Bete-Blätter Rote Bete (roh)

PITTA	KAPHA	
BEVORZUGEN	**VERMEIDEN**	**BEVORZUGEN**
Generell die meisten süßen Früchte	*Generell die meisten süßen & sauren Früchte*	*Generell die meisten astringenten Früchte*
Ananas (süß)*	Ananas	Äpfel
Äpfel (süß)	Avocado	Apfelmus
Apfelmus	Bananen	Aprikosen
Aprikosen (süß)	Datteln	Beeren
Avocado	Feigen (frisch)	Birnen
Beeren (süß)	Grapefruit	Cranberrys
Birnen	Kokosnuss	Dörrpflaumen
Datteln	Kiwi	Erdbeeren*
Dörrpflaumen	Mangos**	Feigen (trocken)*
Erdbeeren*	Melonen	Granatäpfel
Feigen	Orangen	Kakis
Granatäpfel	Papaya	Kirschen
Kirschen (süß)	Pflaumen	Limetten*
Kokosnuss	Rhabarber	Pfirsiche*
Limetten*	Tamarinde	Rosinen
Mangos (reif)	Wassermelone	Trauben*
Melonen		Zitronen*
Orangen (süß)*		
Papaya*		
Pflaumen (süß)		
Rosinen		
Trauben (rot & violett)		
Wassermelone		
Generell süßes & bitteres Gemüse	*Generell süßes & saftiges Gemüse*	*Generell das meiste scharfe & bittere Gemüse*
Artischocke	Gurke	Artischocke
Bittergurke	Kartoffeln, süß	Bittergurke
Brokkoli	Kürbis	Rote-Bete-Blätter
Rote Bete (gekocht)	Oliven, schwarz oder grün	Rote Bete
Rosenkohl	Pastinaken**	Spargel
Spargel		

	VĀTA		PITTA
	VERMEIDEN	BEVORZUGEN	VERMEIDEN
GEMÜSE	Aubergine Blumenkohl (roh) Erbsen (roh) Grünkohl Kaktusfeige (Früchte & Blätter) Kartoffeln, weiß Klettenwurzel Kohl (roh) Kohlrabi Löwenzahnblätter Mais (frisch)** Meerrettich** Oliven, grün Paprika, süß & scharf Pilze Rettich (roh) Rosenkohl Sellerie Tomaten (gekocht)** Tomaten (roh) Weizengras-Sprossen Weißrüben Winterkürbis Zwiebeln (roh)	Blattgemüse* Brunnenkresse Daikon-Rettich* Erbsen (gekocht) Fenchel (Anis) Grüne Bohnen Grüne Chilis Gurke Kartoffeln, süß Knoblauch Kopfsalat* Korianderblätter Kürbis Lauch Okra Oliven, schwarz Pastinake Petersilie* Rettiche (gekocht)* Sareptasenf* Sommerkürbis Spaghetti-Kürbis* Spinat (gekocht)* Spinat (roh)* Sprossen* Steckrübe Tarowurzel Topinambur* Weißrübenblätter* Zucchini Zwiebeln (gekocht)*	Aubergine** Grüne Chilis Kaktusfeige (Frucht) Knoblauch Kohlrabi** Lauch (roh) Meerrettich Oliven, grün Paprika (scharf) Rettiche (roh) Sareptasenf Spinat (gekocht)** Spinat (roh) Tomaten Weißrüben Weißrübenblätter Zwiebeln (roh)

ANHANG

PITTA	KAPHA	
BEVORZUGEN	VERMEIDEN	BEVORZUGEN
Blattgemüse	Sommerkürbis	Aubergine
Blumenkohl	Tarowurzel	Blattgemüse
Brunnenkresse*	Tomaten (roh)	Blumenkohl
Erbsen	Zucchini	Brokkoli
Fenchel (Anis)		Brunnenkresse
Grüne Bohnen		Daikon-Rettich
Grünkohl		Erbsen
Gurke		Fenchel (Anis)
Kaktusfeige (Blätter)		Grüne Bohnen
Karotten (gekocht)		Grüne Chilis
Karotten (roh)*		Grünkohl
Kartoffeln, süß & weiß		Kaktusfeige (Früchte & Blätter)
Kohl		Karotten
Kopfsalat		Kartoffeln, weiß
Korianderblätter		Klettenwurzel
Kürbis		Knoblauch
Lauch (gekocht)		Kohl
Löwenzahnblätter		Kohlrabi
Okra		Kopfsalat
Oliven, schwarz		Korianderblätter
Paprika, süß		Lauch
Pastinaken		Löwenzahnblätter
Petersilie		Mais
Pilze		Meerrettich
Rettiche (gekocht)		Okra
Sellerie		Paprika, süß & scharf
Spaghetti-Kürbis		Petersilie
Sprossen (nicht scharf)		Pilze
Steckrübe		Rettiche
Tarowurzel		Rosenkohl
Topinambur		Sareptasenf
Weizengras-Sprossen		Sellerie
Winter- & Sommerkürbis		Spaghetti-Kürbis*
Zucchini		Spinat
Zwiebeln (gekocht)		Sprossen
		Steckrübe
		Tomaten, (gekocht)
		Topinambur
		Weizengras
		Weißrüben
		Weißrübenblätter
		Winterkürbis
		Zwiebeln

	VĀTA		PITTA
	VERMEIDEN	**BEVORZUGEN**	**VERMEIDEN**
GETREIDE	Brot (mit Hefe) Buchweizen Couscous Dinkel Frühstückszerealien (kalt, trocken oder gepufft) Gerste Granola-Müsli Haferflocken (trocken) Haferkleie Hirse Kräcker Mais Müsli Nudeln** Polenta** Reiswaffeln** Roggen Sago Tapioka Weizenkleie	Amaranth* Haferflocken (gekocht) Hartweizenmehl Pfannkuchen Quinoa Reis (alle Sorten) Seitan (Weizenfleisch) Weizen Weizensprossen-Brot	Brot (mit Hefe) Buchweizen Haferflocken (trocken) Hirse Mais Müsli** Polenta** Reis (braun)** Roggen
HÜLSEN-FRÜCHTE	Adzukibohnen Erbsen (getrocknet) Gartenbohnen Kichererbsen Kidneybohnen Limabohnen Linsen (braun) Miso** Pintobohnen Schwarzaugenbohnen Schwarze Bohnen Sojabohnen Sojamehl Sojapulver Spalterbsen Tempeh Weiße Bohnen	Linsen (rot)* Mungbohnen Mung Dal Sojakäse* Sojamilch* Sojasauce* Sojawürstchen* Tofu* Tor Dal Urid Dal	Miso Sojasauce Sojawürstchen Tor Dal Urid Dal

PITTA	KAPHA	
BEVORZUGEN	**VERMEIDEN**	**BEVORZUGEN**
Amaranth	Brot (mit Hefe)	Amaranth*
Couscous	Haferflocken (gekocht)	Buchweizen
Dinkel	Nudeln**	Couscous
Frühstückszerealien, trocken	Pfannkuchen	Dinkel*
Gerste	Reis (braun, weiß)	Frühstückszerealien (kalt, trocken oder gepufft)
Haferflocken (gekocht)	Reiswaffeln**	Gerste
Haferkleie	Weizen	Granola-Müsli
Hartweizenmehl		Haferflocken (trocken)
Knuspermüsli		Haferkleie
Kräcker		Hartweizenmehl*
Nudeln		Hirse
Pfannkuchen		Kräcker
Quinoa		Mais
Reis (Basmati, weiß, wild)		Müsli
Reiswaffeln		Polenta
Seitan (Weizenfleisch)		Quinoa*
Tapioka		Reis (Basmati, wild)*
Weizen		Roggen
Weizenkleie		Seitan (Weizenfleisch)
Weizensprossen-Brot		Tapioka
		Weizenkleie
		Weizensprossen-Brot
Adzukibohnen	Kidneybohnen	Adzukibohnen
Erbsen (getrocknet)	Miso	Erbsen (getrocknet)
Gartenbohnen	Sojabohnen	Gartenbohnen
Kichererbsen	Sojakäse	Halbe Erbsen
Kidneybohnen	Sojamehl	Kichererbsen
Limabohnen	Sojapulver	Limabohnen
Linsen, rot & braun	Sojasauce	Linsen, rot & braun
Mungbohnen	Tofu (kalt)	Mungbohnen*
Mung Dal	Urid Dal	Mung Dal*
Pintobohnen		Pintobohnen
Schwarzaugenbohnen		Schwarzaugenbohnen
Schwarze Bohnen		Schwarze Bohnen
Sojabohnen		Sojamilch
Sojakäse		Sojawürstchen
Sojamehl*		Tempeh
Sojamilch		Tofu (scharf)*
Sojapulver*		Tor Dal
Spalterbsen		Weiße Bohnen
Tempeh		
Tofu		
Weiße Bohnen		

	VĀTA		PITTA
	VERMEIDEN	**BEVORZUGEN**	**VERMEIDEN**
MILCH-PRODUKTE	Joghurt (Natur, gefroren oder mit Obst) Kuhmilch (pulverisiert) Ziegenmilch (pulverisiert)	*Die meisten Milchprodukte sind gut!* Butter Butter Buttermilch Eiscreme* *Ghee* Hüttenkäse Joghurt (verdünnt & gewürzt)* Käse (hart)* Käse (weich) Kuhmilch Sauerrahm* Ziegenkäse Ziegenmilch	Butter (gesalzen) Buttermilch Joghurt (Natur, gefroren oder mit Obst) Käse (hart) Sauerrahm
TIERISCHE NAHRUNGS-MITTEL	Kaninchen Lamm Pute (weiß) Schwein Wild	Büffel Eier Ente Fisch (Süßwasser oder Meer) Garnelen Huhn (dunkel) Huhn (weiß)* Lachs Meeresfrüchte Pute (dunkel) Rind Sardinen Thunfisch	Eier (Eigelb) Ente Fisch (Meer) Huhn (dunkel) Lachs Lamm Meeresfrüchte Pute (dunkel) Rind Sardinen Schwein Thunfisch

PITTA	KAPHA	
BEVORZUGEN	**VERMEIDEN**	**BEVORZUGEN**
Butter (ungesalzen) Eiscreme *Ghee* Hüttenkäse Joghurt (frisch zubereitet & verdünnt)* Käse (weich, nicht gereift, ungesalzen) Kuhmilch Ziegenkäse (weich, ungesalzen) Ziegenmilch	Butter (gesalzen) Butter (ungesalzen)** Eiscreme Joghurt (Natur, gefroren oder mit Obst) Käse (weich & hart) Kuhmilch Sauerrahm	Buttermilch* *Ghee** Hüttenkäse (aus Mager-Ziegenmilch) Joghurt (verdünnt) Ziegenkäse (ungesalzen & nicht gereift)* Ziegenmilch, mager
Büffel Eier (nur Eiweiß) Fisch (Süßwasser) Garnelen* Huhn (weiß) Kaninchen Pute (weiß) Wild	Büffel Ente Fisch (Meer) Huhn (dunkel) Lachs Lamm Meeresfrüchte Pute (dunkel) Rind Sardinen Schwein Thunfisch	Eier Fisch (Süßwasser) Garnelen Huhn (weiß) Kaninchen Pute (weiß) Wild

	VĀTA		PITTA
	VERMEIDEN	**BEVORZUGEN**	**VERMEIDEN**
WÜRZMITTEL	Meerrettich Schokolade	Chilischoten* Chutney, Mango (süß oder scharf) Essig Frühlingszwiebeln Gomasio Hijiki Kelp Ketchup Kombu Korianderblätter* Limette Limetten-Pickle Mango-Pickle Mayonnaise Meeresalgen Pickles Rotalge Salz Schwarzer Pfeffer* Senf Sojasauce Sprossen* Tamari Zitrone	Chilischote Essig Frühlingszwiebeln Gomasio Kelp Ketchup Limetten-Pickle Mango-Chutney (scharf) Mango-Pickle Mayonnaise Meerrettich Pickles Salz (im Übermaß) Schokolade Senf Sojasauce Zitrone
NÜSSE	Keine	In Maßen: Cashewnüsse Charoli-Nüsse Erdnüsse Haselnüsse Kokosnuss Macadamianüsse Mandeln Paranüsse Pekannüsse Pinienkerne Pistazien Schwarze Walnüsse Walnüsse	Cashewnüsse Erdnüsse Haselnüsse Macadamianüsse Mandeln (mit Haut) Paranüsse Pekannüsse Pinienkerne Pistazien Schwarze Walnüsse Walnüsse

PITTA	KAPHA	
BEVORZUGEN	**VERMEIDEN**	**BEVORZUGEN**
Hijiki* Kombu* Korianderblätter Limette* Mango-Chutney (süß) Meeresalgen* Rotalge* Salz* Schwarzer Pfeffer* Sprossen Tamari*	Essig Gomasio Kelp Ketchup** Limette Limetten-Pickle Mango-Chutney (süß) Mango-Pickle Mayonnaise Pickles Salz Schokolade Sojasauce Tamari	Chilischoten Frühlingszwiebeln Hijiki* Korianderblätter Mango-Chutney (scharf) Meeresalgen* Meerrettich Rotalge* Schwarzer Pfeffer Senf (ohne Essig) Sprossen Zitrone*
Charoli-Nüsse Kokosnuss Mandeln (eingeweicht und geschält)	Cashewnüsse Erdnüsse Haselnüsse Kokosnuss Macadamianüsse Mandeln (eingeweicht und geschält)** Paranüsse Pekannüsse Pinienkerne Pistazien Schwarze Walnüsse Walnüsse	Charoli-Nüsse

	VĀTA		PITTA
	VERMEIDEN	BEVORZUGEN	VERMEIDEN
SAMEN	Flohsamen** Popcorn	Chiasamen Halwa Kürbiskerne Leinsamen Sesamsamen Sonnenblumenkerne Tahini	Chiasamen Sesamsamen Tahini
ÖLE	Leinsamen	*Zur inneren & äußeren Anwendung: (Reihenfolge nach Eignung)* *Ghee* Olive Sesam Die meisten anderen Öle *Nur äußerlich:* Avocado Kokosnuss	Aprikose Färberdistel Mais Mandel Sesam

PITTA	KAPHA	
BEVORZUGEN	**VERMEIDEN**	**BEVORZUGEN**
Flohsamen Halwa Kürbis* Leinsamen Popcorn (kein Salz, mit Butter) Sonnenblumenkerne	Halwa Flohsamen** Sesamsamen Tahini	Chiasamen Kürbiskerne* Leinsamen* Popcorn (kein Salz, mit Butter) Sonnenblumenkerne*
Zur inneren & äußeren Anwendung: (Reihenfolge nach Eignung) *Ghee* Leinsamen Nachtkerze Olive Raps Soja Sonnenblume Walnuss *Nur äußerlich:* Avocado Kokosnuss	Aprikose Avocado Färberdistel Kokosnuss Leinsamen** Nachtkerze Olive Sesam (innerlich) Soja Walnuss	*Zur inneren & äußeren Anwendung in kleinen Mengen: (Reihenfolge nach Eignung)* *Ghee* Mais Mandel Raps Sesam (äußerlich) Sonnenblume

	VĀTA		PITTA
	VERMEIDEN	**BEVORZUGEN**	**VERMEIDEN**
GETRÄNKE	Alkohol (hart; Rotwein) Apfelsaft Birnensaft Cranberry-Saft Eiskalte Getränke Eistee Granatapfelsaft Kaffee Kalte Milchgetränke Koffeinhaltige Getränke Kohlensäurehaltige Getränke Pflaumensaft** Schokoladenmilch Schwarztee Sojamilch (kalt) Tomatensaft**	Alkohol (Bier; Weißwein)* Aloe-vera-Saft Ananassaft Apfelmost Aprikosensaft Beerensaft (außer Cranberry) Carob* Chai (heiße Gewürzmilch) Gemüsebouillon Getreidekaffee Grapefruit-Saft Karottensaft Kirschsaft Limonade Mandelmilch Mangosaft Miso-Brühe Orangensaft Papayasaft Pfirsichnektar Reismilch Saure Säfte Sojamilch (heiß & gut gewürzt)* Traubensaft	Alkohol (hart; roter & süßer Wein) Ananassaft Apfelmost Beerensaft (sauer) Cranberry-Saft Eiskalte Getränke Eistee Grapefruit-Saft Kaffee Karottensaft Kirschsaft (sauer) Koffeinhaltige Getränke Kohlensäurehaltige Getränke Limonade Papayasaft Saure Säfte Schokoladenmilch Tomatensaft
KRÄUTERTEES	Alfalfa** Basilikum** Borretsch** Brombeere Gerste** Ginseng Hibiskus Hopfen** Jasmin** Klette Löwenzahn Maisbart Zimt** Zitronenmelisse**	Ajowan Bancha Beinwell Bockshornklee Chrysantheme* Eukalyptus Fenchel Holunderblüte Ingwer (frisch) Kamille Katzenminze* Nelke Wegwarte* Weißdorn	Ajowan Basilikum** Bockshornklee Eukalyptus Frauenminze Ginseng Hagebutte** Ingwer (trocken) Meerträubel Nelke Salbei Sassafras Wacholderbeere Weißdorn

PITTA	KAPHA	
BEVORZUGEN	**VERMEIDEN**	**BEVORZUGEN**
Alkohol (Bier; trockener Weißwein)*	Alkohol (hart; Bier; süßer Wein)	Alkohol (trockener Wein, rot oder weiß)*
Aloe-vera-Saft	Eiskalte Getränke	Aloe-vera-Saft
Apfelsaft	Eistee	Ananassaft*
Aprikosensaft	Gemüsesaft	Apfelmost
Beerensaft (süß)	Getränke**	Apfelsaft*
Birnensaft	Grapefruit-Saft	Aprikosensaft
Carob	Kaffee	Beerensaft
Chai (heiße Gewürzmilch)*	Kalte Milchgetränke	Birnensaft
Gemüsebouillon	Kirschsaft (sauer)	Carob
Gemüsesaft	Koffeinhaltige	Chai (heiße Gewürzmilch)*
Getreidekaffee	Kohlensäurehaltige Getränke	Cranberry-Saft
Granatapfelsaft	Limonade	Getreidekaffee
Kirschsaft (süß)	Mandelmilch	Granatapfelsaft
Kühle Milchgetränke	Miso-Brühe	Karottensaft
Mandelmilch	Orangensaft	Kirschsaft (süß)
Mangosaft	Papayasaft	Mangosaft
Miso-Brühe*	Reismilch	Pfirsichnektar
Orangensaft*	Saure Säfte	Pflaumensaft
Pfirsichnektar	Schokoladenmilch	Schwarztee (gewürzt)
Pflaumensaft	Sojamilch (kalt)	Sojamilch (heiß & gut gewürzt)
Reismilch	Tomatensaft	Traubensaft
Schwarztee*		
Sojamilch		
Traubensaft		
Alfalfa	Eibisch	Alfalfa
Bancha	Hagebutte**	Bancha
Beinwell	Süßholz**	Beinwell*
Borretsch		Bockshornklee
Brombeere		Brombeere
Fenchel		Fenchel*
Gerste		Gerste
Hibiskus		Ingwer
Ingwer (frisch)		Kamille
Kamille		Klette
Katzenminze		Löwenzahn
Klette		Nelke
Löwenzahn		Wegwarte
Wegwarte		Zimt

	VĀTA		PITTA
	VERMEIDEN	**BEVORZUGEN**	**VERMEIDEN**
KRÄUTERTEES	Brennnessel** Matetee** Meerträubel Passionsblume** Rotklee** Schafgarbe Veilchen**	Eibisch Erdbeere* Frauenminze Grüne Minze Haferstroh Hagebutten Himbeere* Kukicha* Lavendel Orangenschale Pfefferminze Safran Salbei Sarsaparille Sassafras Süßholz Wacholderbeere Wintergrün* Zitronengras	Matetee
GEWÜRZE		*Alle Gewürze sind gut* Ajowan Anis Asafoetida Basilikum Bockshornklee* Cayenne* Dill Fenchel Kardamom Knoblauch Koriander Kreuzkümmel Kümmel Lorbeerblatt Mandelextrakt Nelken Piment Schwarzer Pfeffer Zimt	Ajowan Anis Asafoetida (Hing) Basilikum (trocken) Bockshornklee Cayenne Ingwer (trocken) Knoblauch Langpfeffer Lorbeerblatt Macis Majoran Mandelextrakt Mohnsamen Muskatnuss Nelken Oregano Paprika Piment Rosmarin Salbei Senfsamen

PITTA	KAPHA	
BEVORZUGEN	**VERMEIDEN**	**BEVORZUGEN**
Brennnessel Eibisch Erdbeere Grüne Minze Haferstroh Himbeere Hopfen Jasmin Kukicha Lavendel Passionsblume Pfefferminze Rotklee Sarsaparille Schafgarbe Süßholz Veilchen Wintergrün Zitronengras Zitronenmelisse		Brennnessel Erdbeere Ginseng* Grüne Minze Hibiskus Himbeere Jasmin Kukicha Lavendel Matetee Meerträubel Passionsblume Pfefferminze Rotklee Sarsaparille* Sassafras Schafgarbe Wacholderbeere Wintergrün Zitronengras Zitronenmelisse
Basilikum (frisch) Dill Estragon* Fenchel Grüne Minze Ingwer (frisch) Kardamom* Koriander Kreuzkümmel Kümmel* Kurkuma Minze Niemblätter* Orangenschale* Petersilie* Pfefferminze Safran Schwarzer Pfeffer* Vanille* Wintergrün Zimt	Salz	*Alle Gewürze sind gut* Ajowan Anis Asafoetida Basilikum Bockshornklee Cayenne Dill Fenchel* Ingwer Kardamom Knoblauch Koriander Kreuzkümmel Kümmel Lorbeerblatt Majoran Mandelextrakt Nelken Piment Schwarzer Pfeffer Zimt

	VĀTA		PITTA
	VERMEIDEN	BEVORZUGEN	VERMEIDEN
GEWÜRZE		Bohnenkraut Estragon Grüne Minze Ingwer Kurkuma Langpfeffer Majoran Minze Mohnsamen Muskatnuss Orangenschale Oregano Paprika Petersilie Pfefferminze Rosmarin Safran Salz Senfsamen Sternanis Thymian Vanille Wintergrün	Bohnenkraut Salz Sternanis Thymian
SÜSSUNGS-MITTEL	Ahornsirup** Weißer Zucker	Demerara-Zucker Fruchtsaftkonzentrate Fruchtzucker Gerstenmalz Honig Jaggery Melasse Reissirup Vollrohrzucker	Honig** Jaggery Melasse Weißer Zucker**
NAHRUNGS-ERGÄNZUNGS-MITTEL	Bierhefe Gerstengraspulver *Vitamin K*	Aloe-Vera-Saft* Aminosäuren Pollen *Mineralien:* Eisen, Kalzium, Kupfer, Magnesium, Zink Blaualgen Gelée royale Spirulina *Vitamine:* A, B1, B2, B6, B12, C, D, E, P und Folsäure	Aminosäuren Gelée royale** Pollen** *Mineralien:* Eisen, Kupfer *Vitamine:* B2, B6,C, E, P und Folsäure

PITTA	KAPHA	
BEVORZUGEN	VERMEIDEN	BEVORZUGEN
		Bohnenkraut Estragon Grüne Minze Kurkuma Langpfeffer Minze Mohnsamen Muskatnuss Niemblätter Orangenschale Oregano Paprika Petersilie Pfefferminze Rosmarin Safran Senfsamen Sternanis Thymian Vanille* Wintergrün
Ahornsirup Demerara-Zucker Fruchtsaftkonzentrate Fruchtzucker Gerstenmalz Reissirup Vollrohrzucker	Ahornsirup Demerara-Zucker Fruchtzucker Gerstenmalz Jaggery Melasse Reissirup Vollrohrzucker Weißer Zucker	Fruchtsaftkonzentrate Honig (roh & unverarbeitet)
Aloe-Vera-Saft Bierhefe Gerstengraspulver *Mineralien:* Kalzium, Magnesium, Zink Blaualgen Spirulina *Vitamine:* A, B1, B12, D und K	*Mineralien:* Kalium *Vitamine:* A, B1, B2, B12, C, D und E	Aloe-Vera-Saft Aminosäuren Bierhefe Gerstengraspulver Pollen *Mineralien:* Eisen, Kalzium, Kupfer, Magnesium, Zink Blaualgen Gelée royale Spirulina *Vitamine:* B6, C, P und Folsäure

Verwendung der Ernährungsleitlinien

Wie bei den meisten Dingen im Āyurveda gilt auch für die Ernährungsleitlinien: alles in Maßen. Grundsätzlich verwenden diese Kategorien die Merkmale und Qualitäten jedes Nahrungsmittels, um die Qualitäten des jeweiligen *Doshas* ins Gleichgewicht zu bringen. Man kann einfach die Nahrungsmittel in der Spalte »BEVORZUGEN« essen und die Nahrungsmittel in der Spalte »VERMEIDEN« weglassen, um das gereizte *Dosha* zu beruhigen. Es gibt vielleicht Zeiten, in denen man ein *Dosha* beruhigen, gleichzeitig aber versuchen muss, nicht eines der anderen zu reizen. In solch einer schwierigen Situation sollte das gewählte Lebensmittel sich in der Spalte »BEVORZUGEN« beider *Doshas* befinden. Diese Leitlinien lassen sich auch einsetzen, um auf den Wechsel der Jahreszeiten zu reagieren.

QUALITÄTEN VON LEBENSMITTELN

LEBENSMITTEL	RASA	VĪRYA	VIPĀKA	WIRKUNG AUF DAS DOSHA	
OBST					
Ananas	Süß, sauer	Erhitzend	Süß	Schwer, scharf	V↓ P↑ K↓
Apfel, reif	Astringent, süß, sauer	Kühlend	Süß	Rau, leicht	V↑ P↓ K↓
Apfel, unreif	Astringent, sauer	Kühlend	Scharf	Rau, leicht	V↑ P↑ K↓
Aprikosen	Süß	Erhitzend	Süß	Flüssig, schwer, sauer	V↓ P↑ K↓
Avocado	Astringent	Kühlend	Süß	Ölig, schwer, weich	V↓ P↓ K↑
Banane, grün	Astringent	Kühlend	Scharf	Weich, leicht	V↑ P↓ K↓
Banane, reif	Süß	Erhitzend	Sauer	Glatt, schwer	V↓ P↑ K↑
Beeren, überwiegend sauer	Sauer	Erhitzend	Scharf	Scharf, leicht	V↓ P↑ K↓
Beeren, überwiegend süß	Süß	Kühlend	Süß	Ölig, flüssig	V↓ P↓ K↓
Birnen	Süß, astringent	Kühlend	Scharf	Trocken, rau, schwer	V↑ P↓ K↓
Cranberrys	Astringent, sauer	Erhitzend	Scharf	Leicht, trocken, scharf	V↑ P↑ K↓
Datteln	Süß	Kühlend	Süß	Schwer, Energiespender	V↓ P↓ K↑
Dörrpflaumen, eingeweicht	Süß	Kühlend	Süß	Beruhigend, abführend	V↓ P↓ K↓
Erdbeeren	Sauer, süß, astringent	Kühlend	Scharf	Abführend, basischer Harn	V↑ P↓ K↓

LEBENSMITTEL	RASA	VĪRYA	VIPĀKA	WIRKUNG AUF DAS DOSHA	
Feigen	Süß	Kühlend	Süß	Schwer, Energiespender	V↓ P↓ K↑
Granatapfel	Süß, sauer, astringent	Kühlend	Süß	Glatt, ölig	V↑ P↓ K↓
Grapefruit	Sauer	Erhitzend	Sauer	Sauer, hydrophil	V↓ P↑ K↑
Himbeeren	Süß, sauer, astringent	Kühlend	Scharf	Harntreibend	V↑ P↓ K↓
Kaki	Astringent, sauer	Erhitzend	Scharf	Leicht, trocken, scharf	V↑ P↑ K↓
Kirschen	Süß, astringent, sauer	Erhitzend	Scharf	Leicht, flüssig	V↓ P↑ K↓
Kiwi	Süß, astringent	Erhitzend	Scharf	Schwer, hydrophil	V↓ P↑ K↑
Kokosnuss	Süß	Kühlend	Süß	Ölig, hart	V↓ P↓ K↑
Limette	Sauer	Kühlend	Süß	Erfrischend, verdauungsfördernd	V↓ P↓ K↑
Mango, grün	Sauer, astringent	Kühlend	Scharf	Schwer, hart	V↓ P↑ K↓
Mango, reif	Süß	Erhitzend	Süß	Energiespender	V↓ P↓ K↓
Melonen	Süß	Kühlend	Süß	Schwer, hydrophil	V↓ P↓ K↑
Orangen	Süß, sauer	Erhitzend	Scharf	Schwer	V↓ P↓ K↓
Papaya	Süß, sauer	Erhitzend	Süß	Schwer, ölig	V↓ P↑ K↓
Pfirsiche	Sauer, süß, astringent	Erhitzend	Süß	Schwer, flüssig	V↓ P↑ K↓
Pflaumen	Süß, sauer, astringent	Erhitzend	Süß	Schwer, wässrig	V↓ P↑ K↑
Rhabarber	Süß	Erhitzend	Süß	Abführend, schwer	V↓ P↑ K↑
Rosinen, eingeweicht	Süß, sauer	Kühlend	Süß	Beruhigend, abführend	V↓ P↓ K↓
Rosinen, trocken	Sauer	Kühlend	Süß	Leicht	V↑ P↓ K↓
Tamarinde	Sauer	Erhitzend	Sauer	Erhitzend	V↓ P↑ K↑
Trauben, grün	Sauer, süß	Erhitzend	Süß	Flüssig, stärkend	V↓ P↑ K↑
Trauben, rot/violett/schwarz	Süß, sauer, astringent	Kühlend	Süß	Glatt, Energiespender	V↓ P↓ K↓
Wassermelone	Süß	Kühlend	Süß	Schwer	V↑ P↓ K↑
Zitrone	Sauer	Erhitzend	Sauer	Saftig, verdauungsfördernd	V↓ P↑ K↑
Zuckermelone	Süß	Erhitzend	Süß	Schwer, wässrig	V↓ P↓ K↑

LEBENSMITTEL	RASA	VĪRYA	VIPĀKA	WIRKUNG AUF DAS DOSHA	
GEMÜSE					
Artischocke	Astringent, süß	Erhitzend	Süß	Harntreibend	V↑ P↓ K↓
Aubergine	Astringent, bitter	Erhitzend	Scharf	Schwer verdaulich	V↑ P↑ K↓
Bittergurke	Bitter	Kühlend	Scharf	Harntreibend, reguliert den Blutzucker	V↑ P↓ K↓
Blumenkohl	Astringent	Kühlend	Scharf	Trocken, rau	V↑ P↓ K↓
Brokkoli	Astringent	Kühlend	Scharf	Trocken, rau	V↑ P↓ K↓
Chilis	Scharf	Erhitzend	Scharf	Scharf, heiß	V↓ P↑ K↓
Erbsen	Astringent	Kühlend	Scharf	Hart, langsam, schwer	V↑ P↓ K↓
Fenchel, frisch	Süß, sauer	Kühlend	Süß	Abführend, harntreibend	V↓ P↓ K↓
Grüne Bohnen	Süß, astringent	Kühlend	Scharf	Leicht	V↓ P↓ K↓
Grünkohl	Bitter, astringent	Kühlend	Süß	Trocken, rau	V↑ P↓ K↓
Gurke	Süß	Kühlend	Süß	Weich, flüssig	V↓ P↓ K↑
Karotte, gekocht	Süß	Erhitzend	Scharf	Leicht, weich	V↓ P↓ K↓
Karotte, roh	Astringent	Erhitzend	Scharf	Hart, rau, schwer	V↑ P↑ K↓
Kartoffel, süß	Süß	Kühlend	Süß	Weich, schwer	V↓ P↓ K↑
Kartoffel, weiß	Astringent	Kühlend	Süß	Trocken, leicht, rau	V↑ P↓ K↓
Klettenwurzel	Astringent, bitter	Erhitzend	Scharf	Leicht, scharf, harntreibend	V↑ P↑ K↓
Kohlrabi	Astringent, scharf	Erhitzend	Scharf	Scharf, harntreibend, leicht	V↑ P↑ K↓
Kohl	Astringent	Kühlend	Scharf	Trocken, rau	V P↓ K↓
Kopfsalat	Astringent	Kühlend	Scharf	Leicht, flüssig, rau	V↑ P↓ K↓
Korianderblätter	Süß, astringent	Kühlend	Süß	Fein	V↓ P↓ K↓
Lauch, gekocht	Scharf, süß	Erhitzend	Süß	Stimulierend	V↓ P↓ K↓
Löwenzahnblätter	Bitter	Erhitzend	Scharf	Leicht, harntreibend	V↑ P↓ K↓
Mais, frisch	Astringent, süß	Erhitzend	Scharf	Leicht, trocken, rau	V↑ P↑ K↓
Okra	Süß, astringent	Kühlend	Süß	Hülle: trocken, rau; Samen: schleimig, wenn gekocht	V↓ P↓ K↓
Oliven (schwarz)	Süß	Erhitzend	Süß	Schwer, ölig	V↓ P↑ K↑
Paprika	Süß, astringent	Erhitzend	Süß	Trocken, leicht, anregend	V↑ P↓ K↓

LEBENSMITTEL	RASA	VĪRYA	VIPĀKA	WIRKUNG AUF DAS DOSHA	
Pastinake	Süß, astringent	Kühlend	Süß	Schwer, ölig	V↓ P↓ K↑
Pilze	Astringent, süß	Erhitzend	Scharf	Trocken, schwer, langsam	V↑ P↓ K↓
Rettich	Scharf	Erhitzend	Scharf	Hart, flüssig, rau	V↑ P↑ K↓
Rosenkohl	Astringent	Erhitzend	Scharf	Leicht, harntreibend	V↑ P↓ K↓
Rote Bete	Süß	Kühlend	Scharf	Schwer	V↓ P↑ K↓
Rote-Bete-Blätter	Astringent, süß	Kühlend	Scharf	Leicht	V↑ P↓ K↓
Sareptasenf	Scharf	Erhitzend	Scharf	Scharf, ölig	V↓ P↑ K↓
Sellerie	Astringent	Kühlend	Scharf	Trocken, rau, leicht	V↑ P↓ K↓
Sommerkürbis	Süß, astringent	Kühlend	Scharf	Flüssig, schwer	V↓ P↓ K↑
Spargel	Süß, astringent	Kühlend	Süß	Beruhigend, Tridosha	V↓ P↓ K↓
Spinat, gekocht	Astringent, sauer	Erhitzend	Süß	Schwer, abführend	V↓ P↑ K↓
Spinat, roh	Astringent, scharf	Kühlend	Scharf	Trocken, leicht, rau	V↑ P↓ K↓
Sprossen	Astringent	Kühlend	Scharf	Leicht, saftig	V↑ P↓ K↓
Steckrübe	Astringent, süß	Kühlend	Süß	Schwer, ölig	V↓ P↓ K↓
Tomate	Sauer, süß	Erhitzend	Scharf	Nachtschatten, stört die Doshas	V↑ P↑ K↑
Topinambur	Astringent, bitter	Kühlend	Scharf	Leicht, trocken, rau	V↑ P↓ K↓
Weißrüben	Scharf, astringent	Erhitzend	Scharf	Rau, trocken	V↑ P↑ K↓
Winterkürbis	Astringent, süß	Erhitzend	Scharf	Trocken, scharf, schwer	V↑ P↓ K↓
Zucchini	Astringent	Kühlend	Scharf	Schwer, flüssig	V↓ P↓ K↑
Zwiebel, gekocht	Süß, scharf	Erhitzend	Süß	Verdauungsfördernd, windtreibend	V↓ P↓ K↓
Zwiebel, roh	Scharf	Erhitzend	Scharf	Schwer, appetitanregend	V↑ P↑ K↓
SÜSSUNGSMITTEL					
Ahornsirup	Süß	Kühlend	Süß	Leicht, stärkend	V↓ P↓ K↑
Demerara-Zucker	Süß	Kühlend	Süß	Ölig	V↓ P↓ K↑
Fruchtzucker	Süß	Kühlend	Süß	Ölig, flüssig	V↓ P↓ K↑
Gerstenmalz	Süß	Kühlend	Süß	Ölig, flüssig	V↓ P↓ K↑
Honig	Süß	Erhitzend	Süß	Erhitzend, baut Fett ab	V↓ P↑ K↓

LEBENSMITTEL	RASA	VĪRYA	VIPĀKA	WIRKUNG AUF DAS DOSHA	
Jaggery	Süß	Erhitzend	Süß	Stärkend, schwer	V↓ P↑ K↑
Melasse	Süß	Erhitzend	Süß	Schwer, fördert Blutung	V↓ P↑ K↑
Palmzucker	Süß	Kühlend	Süß	Schwer, Energiespender, ölig	V↓ P↓ K↑
Reissirup	Süß	Kühlend	Süß	Ölig, flüssig	V↓ P↓ K↑
Vollrohrzucker	Süß	Kühlend	Süß	Ölig, schwer	V↓ P↓ K↑
Zucker, weiß	Süß	Kühlend	Süß	Schwer, ölig, Energiespender	V↑ P↓ K↑
GETREIDE					
Amaranth	Süß, astringent	Kühlend	Scharf	Leicht	V↓ P↓ K↓
Buchweizen	Astring., süß, scharf	Erhitzend	Süß	Schwer	V↓ P↑ K↓
Dinkel	Scharf, astringent	Erhitzend	Scharf	Leicht, trocken	V↑ P↓ K↑
Gerste	Süß	Kühlend	Süß	Leicht, harntreibend	V↑ P↓ K↓
Haferflocken, gekocht	Süß	Kühlend	Süß	Schwer	V↓ P↓ K↑
Haferflocken, trocken	Süß	Kühlend	Süß	Trocken, rau	V↑ P↓ K↓
Haferkleie	Astringent, süß	Kühlend	Süß	Rau, trocken, leicht	V↑ P↓ K↓
Hartweizenmehl	Süß, astringent	Kühlend	Süß	Leicht	V↓ P↓ K↑
Hirse	Süß	Erhitzend	Süß	Trocken, leicht	V↑ P↑ K↓
Mais	Süß	Erhitzend	Süß	Trocken, leicht	V↑ P↑ K↓
Nudeln (Weizen)	Astringent	Kühlend	Süß	Schwer, weich	V↑ P↓ K↑
Quinoa	Süß, astringent	Kühlend	Süß	Erdend	V↓ P↓ K↓
Reis, Basmati	Süß	Kühlend	Süß	Leicht, weich, bekömmlich	V↓ P↓ K↓
Reis, braun	Süß	Erhitzend	Süß	Schwer	V↓ P↑ K↑
Reis, weiß	Süß	Kühlend	Süß	Hält Wasser, weich	V↓ P↓ K↑
Reiswaffeln	Astringent, süß	Kühlend	Süß	Austrocknend, leicht	V↑ P↓ K↓
Roggen	Astringent	Erhitzend	Scharf	Trocken, leicht	V↑ P↑ K↓
Sago	Astringent, süß	Kühlend	Süß	Austrocknend, leicht	V↑ P↓ K↓
Seitan	Süß	Erhitzend	Süß	Erhitzend, leicht	V↓ P↓ K↓
Tapioka	Astringent, süß	Kühlend	Süß	Austrocknend, leicht	V↑ P↓ K↓
Weizen	Süß	Kühlend	Süß	Schwer, ölig, abführend	V↓ P↓ K↑

LEBENSMITTEL	RASA	VĪRYA	VIPĀKA	WIRKUNG AUF DAS DOSHA	
HÜLSENFRÜCHTE					
Adzukibohnen	Astringent	Kühlend	Scharf	Hart, schwer	V↑ P↓ K↓
Gartenbohnen	Süß, astringent	Erhitzend	Scharf	Trocken, rau	V↑ P↓ K↓
Kichererbsen	Süß	Kühlend	Scharf	Trocken, rau, schwer	V↑ P↓ K↓
Kidneybohnen	Astringent	Erhitzend	Scharf	Hart, rau, schwer	V↓ P↓ K↑
Linsen, braun	Astringent	Erhitzend	Scharf	Rau, schwer	V↑ P↓ K↓
Linsen, rot	Süß, astringent	Kühlend	Süß	Leicht, weich	V↑ P↓ K↓
Miso	Astringent, sauer	Erhitzend	Scharf	Fermentiert	V↓ P↑ K↓
Mungbohnen	Süß, astringent	Kühlend	Süß	Leicht, trocken	V↓ P↓ K↓
Pintobohnen	Astringent	Kühlend	Scharf	Schwer verdaulich	V↑ P↓ K↓
Schwarzaugenbohnen	Astringent	Kühlend	Scharf	Hart, schwer	V↑ P↓ K↓
Sojabohnen	Astringent, süß	Kühlend	Scharf	Ölig, schwer	V↑ P↓ K↑
Sojakäse	Astringent, sauer	Erhitzend	Scharf	Schwer	V↓ P↑ K↑
Sojamehl & -pulver	Astringent, sauer	Kühlend	Scharf		V↑ P↓ K↑
Sojasauce	Astringent, sauer	Erhitzend	Scharf	Fermentiert	V↓ P↑ K↑
Sojawürstchen	Astringent, sauer	Erhitzend	Scharf		V↓ P↑ K↑
Tempeh	Astringent	Erhitzend	Scharf	Leicht	Vv P↓ K↓
Tofu	Süß, astringent	Kühlend	Scharf		V↓ P↓ K↓
Tor Dal	Astringent	Erhitzend	Scharf	Hart, schwer	V↓ P↑ K↓
Urid Dal	Süß	Erhitzend	Süß	Schwer, weich, ölig	V↓ P↑ K↑
Weiße Bohnen	Astringent	Kühlend	Scharf	Schwer verdaulich	V↑ P↓ K↓
MILCHPRODUKTE					
Butter	Sauer	Erhitzend	Scharf	Leicht, bindet den Stuhl	V↓ P↓ K↑
Buttermilch	Süß, sauer, astringent	Kühlend	Süß	Schwer, ölig, bindend	V↓ P↓ K↑
Ghee	Süß	Kühlend	Süß	Facht Agni an, verdauungsfördernd	V↓ P↓ K↓

LEBENSMITTEL	RASA	VĪRYA	VIPĀKA	WIRKUNG AUF DAS DOSHA	
Hüttenkäse	Sauer, salzig	Erhitzend	Scharf	Leichter, weniger erhitzend	V↓ P↓ K↓
Joghurt: alt/aus dem Laden	Sauer	Erhitzend	Scharf	Hydrophil, Schleim	V↓ P↑ K↑
Joghurt: frisch	Süß, sauer	Kühlend	Süß	Hydrophil, Schleim	V↓ P↓ K↑
Käse, hart	Sauer	Erhitzend	Sauer	Schwer, ölig, stauend	V↓ P↑ K↑
Käse, weich	Sauer	Erhitzend	Sauer	Schwer, ölig	V↓ P↓ K↑
Kuhmilch	Süß	Kühlend	Süß	Abführend, schwer, Schleim	V↓ P↓ K↑
Sauerrahm	Sauer	Erhitzend	Scharf	Schwer, ölig	V↓ P↑ K↑
Ziegenmilch	Süß	Kühlend	Scharf	Leicht, stärkt, Schleim	V↓ P↓ K↓
TIERISCHE NAHRUNGSMITTEL					
Büffel	Süß	Kühlend	Süß	Schwer, träge	V↓ P↓ K↑
Eier, Eigelb	Süß	Erhitzend	Süß	Cholesterin	V↓ P↑ K↑
Eier, Eiweiß	Süß	Erhitzend	Süß		V↓ P↓ K↓
Eier	Süß	Erhitzend	Süß	Ölig, schwer	V↓ P↑ K↓
Ente	Süß, scharf	Erhitzend	Süß	Erhitzend, schwer	V↓ P↑ K↑
Fisch, Lachs	Süß	Erhitzend	Süß	Ölig, erhitzend	V↓ P↑ K↑
Fisch, Meer	Salzig	Erhitzend	Süß		V↓ P↑ K↑
Fisch, Süßwasser	Süß, astringent	Erhitzend	Süß	Leicht, ölig, weich	V↓ P↓ K↓
Fisch, Thunfisch	Süß, salzig, astringent	Erhitzend	Scharf	Erhitzend	V↓ P↑ K↑
Garnelen	Süß	Erhitzend	Scharf	Leicht, ölig	V↓ P↓ K↓
Huhn, dunkel	Süß	Erhitzend	Süß	Schwer, erhitzend	V↓ P↑ K↑
Huhn, hell	Astringent, süß	Erhitzend	Süß	Leicht, ölig	V↑ P↓ K↓
Kaninchen	Süß	Kühlend	Scharf	Trocken, rau, astringent	V↑ P↓ K↓
Lamm & Hammel	Süß	Erhitzend	Süß	Stärkend, schwer	V↑ P↑ K↑
Pute, dunkel	Süß, astringent	Kühlend	Scharf		V↓ P↑ K↑
Pute, weiß	Süß, astringent	Kühlend	Scharf		V P↓ K↓
Rind	Süß	Erhitzend	Süß	Schwer, dick	V↓ P↑ K↑
Schwein	Süß	Erhitzend	Süß	Schwer, ölig	V↑ P↑ K↑
Wild	Astringent	Kühlend	Scharf	Leicht, trocken, rau	V↑ P↓ K↓

LEBENSMITTEL	RASA	VĪRYA	VIPĀKA	WIRKUNG AUF DAS DOSHA	
NÜSSE					
Cashew	Süß	Erhitzend	Süß	Ölig, schwer, Energiespender	V↓ P↑ K↑
Charoli-Nüsse	Süß	Erhitzend	Süß	Fein, mild	V↓ P↓ K↓
Erdnuss	Süß	Erhitzend	Süß	Ölig, schwer, stärkt	V↓ P↑ K↑
Haselnuss	Astringent, süß	Erhitzend	Süß	Energetisiert	V↓ P↑ K↑
Kokosnuss	Süß	Kühlend	Süß	Hilft Schleimsekretion	V↓ P↓ K↑
Macadamia	Astringent, süß	Erhitzend	Süß	Energetisiert	V↓ P↑ K↑
Mandel (eingeweicht, geschält)	Süß	Kühlend	Süß	Ölig, schwer, Energiespender	V↓ P↓ K↑
Mandel (mit Haut)	Süß	Erhitzend	Süß	Ölig, schwer, Energiespender	V↓ P↑ K↑
Paranuss	Astringent, süß	Erhitzend	Süß	Ölig	V↓ P↑ K↑
Pekan	Astringent, süß	Erhitzend	Süß	Ölig, schwer	V↓ P↑ K↑
Pinienkern	Astringent, süß	Erhitzend	Süß	Sehr Energie spendend	V↓ P↑ K↑
Pistazie	Süß	Erhitzend	Süß	Ölig, Energiespender	V↓ P↑ K↑
Walnuss	Süß	Erhitzend	Süß	Ölig, schwer, Energiespender	V↓ P↑ K↑
SAMEN					
Färberdistel	Süß, astringent	Kühlend	Süß	Ölig, leicht, weich	V↓ P↓ K↓
Flohsamen	Astringent	Kühlend	Scharf	Trocken, leicht, rau	V↓ P↓ K↓
Kürbis	Süß	Erhitzend	Scharf	Ölig, schwer, hart	V↓ P↓ K↓
Popcorn	Astringent, süß	Kühlend	Scharf	Trocken, leicht, rau	V↑ P↓ K↓
Sesam	Süß, bitter, astringent	Erhitzend	Scharf	Ölig, schwer, glatt	V↓ P↑ K↑
Sonnenblumen	Süß, astringent	Kühlend	Süß	Ölig, leicht, weich	V↓ P↓ K↓
ÖLE	*Kapha sollten Öle in sehr kleinen Mengen verwenden.*				
Avocado	Süß	Kühlend	Süß	Ölig, süß	V↓ P↓ K↑
Erdnuss	Süß	Erhitzend	Süß	Stärkend	V↓ P↑ K↑
Färberdistel	Süß, astringent	Erhitzend	Scharf	Leicht, scharf, ölig	V↓ P↑ K↑
Ghee	Süß	Kühlend	Süß	Schwer, facht Agni an	V↓ P↓ K↓
Kokosnuss	Süß	Kühlend	Süß	Ölig, schwer	V↓ P↓ K↑
Mais	Süß, astringent	Erhitzend	Scharf	Trocken, rau, erhitzend	V↑ P↑ K↓

LEBENSMITTEL	RASA	VĪRYA	VIPĀKA	WIRKUNG AUF DAS DOSHA	
Mandel	Süß	Erhitzend	Süß	Schwer	V↓ P↑ K↑
Olive	Süß	Kühlend	Süß	Schwer, erzeugt Cellulitis	V↓ P↓ K↑
Raps	Astringent	Kühlend	Scharf	Trocken, rau, leicht	V↑ P↓ K↓
Rhizinusöl	Süß, bitter	Erhitzend	Süß	Schwer, kühlt äußerlich, wärmt innerlich	V↓ P↓ K↑
Senf	Scharf	Erhitzend	Scharf	Scharf, stark riechend	V↓ P↑ K↓
Sesam	Süß, bitter	Erhitzend	Süß	Stärkt, schmierend	V↓ P↑ K↑
Soja	Astringent	Kühlend	Scharf	Trocken, rau, schwer	V↑ P↓ K↑
Sonnenblumen	Süß, astringent	Kühlend	Süß	Beruhigend, schmierend	V↓ P↓ K↓
GEWÜRZE					
Ajowan	Scharf	Erhitzend	Scharf	Scharf, leicht, verdauungsfördernd	V↓ P↑ K↓
Anis	Scharf	Erhitzend	Scharf	Leicht, entgiftend	V↓ P↑ K↓
Asafoetida	Scharf	Erhitzend	Scharf	Trocken, scharf, verdauungsfördernd	V↓ P↑ K↓
Basilikum	Süß, scharf, astringent	Erhitzend	Scharf	Schweißtreibend	V↓ P↑ K↓
Bockshornklee	Scharf, Bitter	Erhitzend	Scharf	Facht Agni an	V↓ P↑ K↓
Bohnenkraut	Sauer, scharf	Erhitzend	Scharf	Facht Agni an	V↓ P↓ K↑
Cayenne	Scharf	Erhitzend	Scharf	Heiß, trocken	V↓ P↑ K↓
Dill	Bitter, astringent	Erhitzend	Scharf	Leicht, krampflösend	V↓ P↓ K↓
Estragon	Süß	Kühlend	Süß		V↓ P↓ K↑
Fenchel	Süß, astringent	Kühlend	Süß	Fein, abführend	V↓ P↓ K↓
Ingwer, frisch	Scharf	Erhitzend	Süß	Leicht, saftig, verdauungsfördernd	V↓ P↓ K↓
Ingwer, trocken	Scharf	Erhitzend	Scharf	Leicht, verdauungsfördernd	V↓ P↑ K↓
Kardamom	Süß, scharf	Erhitzend	Süß	Leicht, ölig, verdauungsfördernd	V↓ P↓ K↓
Knoblauch	Alle Geschmäcker, außer salzig	Erhitzend	Scharf	Ölig, schwer	V↓ P↑ K↓
Koriander	Süß, astringent	Kühlend	Süß	Leicht, ölig, glatt	V↓ P↓ K↓
Kreuzkümmel	Scharf, bitter	Kühlend	Scharf	Verdauungsfördernd	V↓ P↓ K↓

LEBENSMITTEL	RASA	VĪRYA	VIPĀKA	WIRKUNG AUF DAS DOSHA	
Kümmel	Süß, astringent	Kühlend	Scharf	Fördert Agni	V↓ P↑ K↓
Kurkuma	Bitter, scharf, astringent	Erhitzend	Scharf	Trocken, leicht, verdauungsfördernd	V↓ P↓ K↓
Lorbeerblatt	Süß, scharf, astringent	Erhitzend	Scharf	Schweißtreibend	V↓ P↑ K↓
Macis	Scharf, astringent, sauer	Erhitzend	Scharf	Facht Agni an	V↓ P↑ K↓
Majoran	Scharf, astringent	Erhitzend	Scharf	Facht Agni an	V↓ P↑ K↓
Meerrettich	Scharf, astringent	Erhitzend	Scharf	Facht Agni an	V↓ P↑ K↓
Meersalz	Salzig	Erhitzend	Scharf	Schwer, hydrophil	V↓ P↑ K↑
Minze	Süß	Kühlend	Scharf	Beruhigt Pitta	V↓ P↓ K↓
Mohnsamen	Astringent, süß	Erhitzend	Scharf	Bindet Stuhl, Schlaf fördernd	V↓ P↑ K↓
Muskatnuss	Süß, astringent, scharf	Erhitzend	Scharf	Regt die Verdauung an	V↓ P↑ K↓
Nelke	Scharf	Erhitzend	Süß	Leicht, ölig	V↓ P↑ K↓
Niemblätter	Bitter	Kühlend	Scharf	Regt die Verdauung leicht an	V↓ P↓ K↓
Oregano	Astringent, scharf	Erhitzend	Scharf	Verdauungsfördernd	V↓ P↑ K↓
Paprika	Scharf	Erhitzend	Scharf	Stimuliert Agni	V↓ P↑ K↓
Petersilie	Astringent, scharf	Erhitzend	Scharf	Kann Pitta anregen	V↓ P↓ K↓
Piment	Scharf	Erhitzend	Scharf	Agni, verflüssigt Kapha	V↓ P↑ K↓
Rosenwasser	Süß, sauer,	Kühlend	Scharf		V↓ P↓ K↓
Rosmarin	Astringent, süß	Erhitzend	Scharf		V↓ P↑ K↓
Safran	Süß, astringent, bitter	Erhitzend	Süß	Trocken, leicht, aphrodisisch	V↓ P↓ K↓
Schokolade	Süß, bitter	Erhitzend	Süß	Hyperaktiv, sauer, verstopft	V↑ P↑ K↑
Schwarzer Pfeffer	Scharf	Erhitzend	Scharf	Trocken, scharf, verdauungsfördernd	V↓ P↑ K↓
Senf	Scharf	Erhitzend	Scharf	Scharf, ölig, leicht	V↓ P↑ K↓
Steinsalz	Salzig	Erhitzend	Süß		V↓ P↑ K↑
Vanille	Süß, astringent	Kühlend	Scharf		V↓ P↓ K↓
Zimt	Süß, scharf	Erhitzend	Scharf	Trocken, leicht, ölig	V↓ P↓ K↓

Glossar

Agni Das biologische Verdauungsfeuer und der Stoffwechsel, die dem Körper Energie geben, um zu funktionieren.

Ajowan Wilde Selleriesamen aus Indien, die zum Kochen und als Heilkraut eingesetzt werden. Besonders gut als starkes Digestivum.

Āma Ein allgemeiner Begriff für Toxine im Körper, die durch schlechten Stoffwechsel erzeugt werden. Ungünstige Nahrungsmittelkombinationen können ein Faktor dafür sein.

Apāna Eine der fünf Varianten von *Vāta*. Verantwortlich für Ausatmung und Ausscheidung. Hat im Körper eine Abwärtsbewegung.

Asafoetida Ein Gewürz aus dem sonnengetrockneten Saft einer großen indischen Pflanze, die mit dem Fenchel verwandt ist. Hat einen starken Geruch und ist ein ausgezeichnetes Digestivum, hilft insbesondere durch Bohnen erzeugte Blähungen zu vermindern. In kleinen Mengen und nur die auf dem Markt erhältliche Mischung verwenden. Reines Asafoetida ist zu stark zum Kochen.

ANHANG

Basmati-Reis Ein duftender Langkornreis aus den Vorbergen des Himalajas in Indien. Sehr gut verdaulich und nahrhaft.

Bittergurke Ein indisches Gemüse, auch Bittermelone genannt. Es hat eine besondere, warzige, blasse, grüne Schale und viele medizinische Anwendungen.

Bockshornklee Ein kleiner Samen aus Indien, der eigentlich eine Hülsenfrucht ist. Meist trocken geröstet und in Currys, Dals und Pickles verwendet.

Chai Allgemeines Wort für Tee. Bezieht sich oft auf einen gewürzten Schwarztee mit Milch und Zucker.

Charoli-Nüsse Ein kleiner nussartiger Samen aus Indien mit einem Geschmack nach Mandeln. Häufig geröstet. Für Desserts.

Chutney Ein Würzmittel aus frischen Zutaten, z. B. Korianderblättern oder grüner oder reifer Mango. Manchmal gekocht und manchmal roh.

Curryblätter Kleine, wohlriechende Blätter einer wilden Pflanze in Indien. Sie werden umfangreich eingesetzt und sind ein wichtiger Bestandteil in Currypulver. Am besten frisch verwenden.

Daikon Ein großer, langer, weißer Rettich, oft in der āyurvedischen Küche eingesetzt.

Dal Jede Art von getrockneter Bohne, Erbse oder Linse wird als Dal bezeichnet. Dal wird meist geschält und zum schnellen Kochen und für bessere Verdaulichkeit gespalten. Manchmal ist Dal geölt, um ihn zu konservieren.

Demerara-Zucker Ein feinkörniger, natürlicher Zucker aus reinem Zuckerrohr.

Dosha Bedeutet wörtlich Fehler oder Mangel. *Dosha* bezieht sich auf die drei Prinzipien oder Kräfte *Vāta, Pitta* und *Kapha*, welche die Integrität des menschlichen Körpers aufrechterhalten.

Ghee Ein geklärtes Öl aus ungesalzener Butter, das sanft gekocht wurde und aus dem die Milchbestandteile entfernt wurden.

Gram Siehe Kichererbsenmehl.

Hing Siehe Asafoetida.

Jaggery Ein unraffinierter Zucker aus dem Saft von zerdrückten Zuckerrohrstangen.

Kapha Eines der drei Prinzipien oder *Tridosha* des Körpers. *Kapha* besteht aus den Elementen Wasser und Erde.

Kardamomkapseln Scharfe Gewürzsamen einer tropischen Pflanze. Die schwarzen Samen in den Kapseln werden gemahlen und dienen zum Würzen von Desserts.

Khir Ein allgemeiner Begriff für jede süße Nachspeise mit Milch.

Kichererbsenmehl Ein feingemahlenes gelbes Mehl aus geröstetem Channa Dal, einem engen Verwandten der Kichererbse. Wird auch als Gram bezeichnet.

Kitchari Eine gekochte Mischung aus Reis und Dal und Gewürzen, die leicht verdaulich und proteinreich ist. Häufig als nährendes Essen bei einer Fastenkur verwendet, bei der nur eine Speise gegessen wird.

Kledaka Kapha Eines der fünf Arten von *Kapha* im Körper. Ist aktiv im Magen und verarbeitet und verflüssigt Nahrungspartikel.

Kokum (auch Kokam) Eine kleine, saure indische Frucht, gewöhnlich getrocknet erhältlich.

Korianderblätter Dieses Kraut wird in der indischen Küche ausgiebig verwendet und für seinen pikanten und kühlenden Geschmack geschätzt. Der perfekte Ausgleich für scharfe Gerichte.

Kurkumawurzel Das unterirdische Rhizom einer mehrjährigen Pflanze aus Südindien und Asien. Es gibt eine rote und eine gelbe Form, aber nur die gelbe wird gegessen. Wird frisch oder getrocknet verwendet. Sie ist ein wesentlicher Bestandteil der meisten Rezepte.

Langpfeffer Dieses Gewürz ist ein enger Verwandter des schwarzen Pfeffers und hat viele medizinische Eigenschaften, besonders für Verdauung und Atmung.

Lassi Ein erfrischendes Getränk aus Joghurt, Wasser und Gewürzen, oft am Ende der Mahlzeit als verdauungsförderndes Mittel serviert. Kann süß oder salzig sein.

Masala-Pulver Masala bedeutet Gewürz. Es bezieht sich gewöhnlich auf eine Gewürzmischung, mit der Gerichte gewürzt werden. Garam Masala stammt aus dem Punjab im Norden Indiens.

Mung Dal Eine kleine, grüne Bohne, die geschält und gespalten wurde. Ist gewöhnlich von mittelgelber Farbe. Leicht verdaulich.

Murmura Basmati-Reis, der gepufft wurde. Häufig als Grundlage von Zwischenmahlzeiten benutzt.

Nachtschatten Überbegriff für eine große Pflanzenfamilie – wie Tomaten, Kartoffeln, Tabak, Petunien und Tollkirsche – die starke medizinische Eigenschaften haben.

Nahrungsmittelkombination Ein Begriff, mit dem verschiedene Kombinationen von Lebensmitteln beschrieben werden und welcher aufzeigt, wie »gute oder schlechte« Kombinationen im Körper verwertet werden.

Ojas Die äußerst feine Essenz im Körper, die die Aura erzeugt, Stärke gegen Krankheit verleiht und Energie vom Geist zum Körper lenkt. Ist im Körper als Glanz zu erkennen, vor allem in den Augen.

Pañchakarma Die fünf Reinigungsmethoden, mit denen der Körper von überschüssigen *Doshas* befreit wird.

Pickle-Masala-Pulver Eine Gewürzmischung speziell zur Herstellung von Pickles. Ist meist recht scharf und würzig.

Pitta Einer der drei Körpersäfte oder *Doshas*. Manchmal auch als Gallenprinzip bezeichnet.

Poha Basmati-Reis, der geklopft oder gerollt wurde. Die dicke Sorte lässt sich zu einem Mittagessen verarbeiten, die dünne wird eher für Zwischenmahlzeiten benutzt. Muss nicht lange gekocht werden.

Prabhāva Die geschmackliche Wirkung, die auftritt, wenn eine Substanz eine unerwartete und unerklärliche Wirkung hat, z. B. ist Honig (süß) eher wärmend als kühlend.

Prakruti Die angeborene Natur eines Menschen. Die feste Konstitution, der Anteil der drei Doshas, der bei der Empfängnis festgelegt wird.

Prāna Die Lebenskraft, die Lebensenergie, die Körper und Geist belebt. Äquivalent zum chinesischen *Chi*.

Pāchaka Pitta Einer der fünf Subtypen von *Pitta*. Der Verdauungssaft, der sich zwischen Magen und Zwölffingerdarm befindet.

Rasa Die erste Wahrnehmung einer Speise im Mund. Der Geschmack des Essens. Es gibt sechs Geschmacksrichtungen – süß, sauer, salzig, bitter, scharf und astringent.

Safran Dieses goldgelbe Gewürz besteht aus den Staubgefäßen einer bestimmten Krokusart. Die beste Qualität wächst in Spanien und Kaschmir und wird von Hand geerntet. Der einmalige Geschmack und die Farbe werden hoch geschätzt.

Samāna Ein Subtyp von *Vāta*. Befindet sich im Magen und Zwölffingerdarm. Wichtig bei der Verdauung der Nahrung.

Schwarzer Kreuzkümmel Der Gewürzsamen eines wilden Verwandten des Kreuzkümmels. Wächst in Nordindien weit verbreitet. Wird fälschlicherweise häufig als schwarzer Zwiebelsamen bezeichnet.

Tor Dal Gespaltene Früchte der Straucherbse.

Tridosha Die drei Körpersäfte oder Prinzipien von *Vāta, Pitta* und *Kapha* im Körper.

Tulsi Die Pflanze des heiligen indischen Basilikums. Geheiligte Pflanze Krishnas. Soll das Herz und den Geist öffnen und die Energie der Liebe und Hingabe verleihen.

Urid Dal Diese getrocknete Bohne ist ein naher Verwandter der Mungbohne, innen cremeweiß mit einer schwärzlichen Schale. Ist sehr proteinreich.

Vikruti Der aktuelle Zustand des Körpers oder das Wohlbefinden im Unterschied zur *Prakruti*.

Vipāka Dies ist die geschmackliche Wirkung oder der postdigestive Effekt einer Speise, nachdem sie die Umwandlung in Verdauung und Verwertung durchlaufen hat. Es gibt drei Arten – süß, sauer und scharf.

Vollrohrzucker Ein feinkörniger, natürlicher Zucker aus reinem Zuckerrohrsaft.

Vīrya Die zweite Wahrnehmung von Geschmack, wenn die Nahrung in den Magen gelangt und ein Gefühl von Hitze oder Kälte erzeugt.

Vāta Einer der drei Körpersäfte oder *Doshas* im Körper. Wird oft auch als Luft- und Raumprinzip bezeichnet.

Über die Autoren

Mein Vater wurde im indischen Pune geboren. Als Kind liebte er Zeichnen und Malen und wollte daher in seiner Jugend auch ein Künstler werden, doch sein Vater überzeugte ihn davon, stattdessen ein Heiler zu werden. Dr. Lad absolvierte das Tilak Ayurvedic Medical College in Pune. Später unterrichtete er auch an diesem College und war schließlich als Residential Medical Officer im Lehrkrankenhaus des College tätig.

Mittlerweile ist er Direktor des Ayurvedic Institute in Albuquerque, New Mexico, USA. Er vermittelt gern anderen die Schönheit des Ayurveda, der Mutter aller Heilkünste.

Mein Vater ist der Verfasser von *Lehrbuch des Ayurveda Band 1-3, Marmapunkte des Ayurveda, Das Ayurveda Heilbuch, Ayurvedische Pulsdiagnose – die Geheimnisse einer uralten Wissenschaft* und Co-Autor von *Die Ayurveda Pflanzenheilkunde.*

Pranav Lad

Meine Mutter wurde in Khandala in Indien geboren, einer Kleinstadt inmitten grüner Hügel. Sie wuchs in Pune auf und absolvierte später die Krankenpflegeschule, die dem Seth Tarachand Ramnath Ayurvedic Hospital angeschlossen ist, einem Lehrinstitut, das damals zur Pune University gehörte. Und hier traf sie auch meinen Vater. Meine Mutter sah ihrer Mutter zu, wie sie für die ganze Familie kochte und das weckte ihr Interesse am Essen. In der Krankenpflegeschule lernte sie etwas über die ayurvedische Heilmethode und dass eine gute Ernährung essenziell ist. Usha ist bekannt für ihre liebevolle und intuitive Herangehensweise ans Kochen.

Aparna Lad

Weiterführende āyurvedische Lektüre

Chopra, Deepak, *Quantum Healing: Exploring the Frontiers of Mind/Body Medicine,* New York, Bantam, 1989.

Frawley, David, *Ayurvedic Healing: A Comprehensive Guide*, Salt Lake City, Passage, 1989.

Lad, Vasant, *Lehrbuch des Ayurveda – Die Grundprinzipien, Band 1*, Narayana Verlag, 2012.

Lad, Vasant, *Lehrbuch des Ayurveda – Die klinische Untersuchung, Band 2*, Narayana Verlag, 2014.

Lad, Vasant, *Ayurvedische Pulsdiagnose, die Geheimnisse einer uralten Wissenschaft*, Narayana Verlag, 2013.

Lad, Vasant, *Das Ayurveda Heilbuch*, Windpferd Verlag, 2011.

Lad, Vasant und Durve Anisha, *Marmapunkte des Ayurveda*, Narayana Verlag, 2015.

Lad, Vasant and David Frawley, *Die Ayurveda Pflanzenheilkunde – Das Yoga der Kräuter*, Windpferd Verlag, 2011.

Morningstar, Amadea, *Die Ayurveda Küche*, Heyne Verlag, 2004.

Sharma, Priyavrat, *Caraka-Samhita*, Vol. 1–3 & Critical Notes, Varanasi, Chaukhambha Orientalia, 1983.

Svoboda, Robert E., *Prakruti: Your Ayurvedic Constitution*, Albuquerque, Geocom, 1988.

Svoboda, Robert E., *Ayurveda: Life, Health and Longevity,* Toronto, Arkana, 1992.

Svoboda, Robert E., *The Secret of Ayurveda,* 2nd Edition, Albuquerque, The Ayurvedic Press, 1994.

Tierra, Michael, *Westliche Heilkräuter in TCM und Ayurveda*, Urban & Fischer, 2001.

Bezugsquellen

Die meisten der im Buch erwähnten Produkte wie Kokosöl, Ghee oder Kurkuma sind in gängigen Naturkostläden erhältlich. Sie können sie auch direkt über unseren Online-Shop www.narayana-verlag.de in der Kategorie *Naturkost* erhalten. Dort finden Sie zudem viele der im Buch erwähnten āyurvedischen Gewürze, Dal, Reis und Tees in Bio-Qualität, die sonst nicht ohne weiteres erhältlich sind, wie z.B. Kokum Churna, Asafoetida, Pippali und schwarzer Reis. Außerdem hochwertige Superfoods wie Maca, Baobab, Hanfprotein und Moringa.

Impressum

Vasant D. Lad, M.A.Sc. & Uma Lad
Das Kochbuch des Ayurveda
Selbstheilung durch die ayurvedische Küche

Titel der englischen Original-Ausgabe:
Ayurvedic Cooking for Self-Healing
© Dr. Vasant Lad und Usha Lad, The Ayurvedic Institute 1994 und 2009,
First Edition 1994, Second Edition 1997, Albuquerque, USA

Übersetzt aus dem Englischen von Samira Goth, Geckolingua

1. deutsche Auflage 2015
2. Auflage 2015
3. Auflage 2016
4. Auflage 2017
5. Auflage 2021
6. Auflage 2026
ISBN 978-3-95582-040-4

Coverabbildung: © Jörg Wilhelm
Layout © Narayana Verlag

Herausgeber:
Narayana Verlag GmbH, Blumenplatz 2, 79400 Kandern
Tel.: +49 7626 9749700
E-Mail: info@narayana-verlag.de
www.narayana-verlag.de

Die Empfehlungen dieses Buches wurden von Autor und Verlag nach bestem Wissen erarbeitet und überprüft. Dennoch kann eine Garantie nicht übernommen werden. Weder der Autor noch der Verlag können für eventuelle Nachteile oder Schäden, die aus den im Buch gegebenen Hinweisen resultieren, eine Haftung übernehmen.

Obwohl die in diesem Buch enthaltenen Informationen auf ayurvedischen Prinzipien basieren, die seit Tausenden von Jahren praktiziert werden, sollte dies nicht als Standard medizinischer Diagnose oder Behandlung angesehen oder interpretiert werden. Suchen Sie im Fall einer Krankheit stets einen qualifizierten Arzt auf.

Rezepteverzeichnis

Index

B

C

D

H

I

J

K

L

M

N

O

P

Q

R

S

T

Abbildungsverzeichnis

Food-Photos von Jörg Wilhelm auf den Seiten:
v, vi, vii, 39, 43, 52-53, 55, 61, 65, 69, 71, 73, 77, 79, 87, 91, 95, 97, 103, 105, 107, 113, 117, 119, 123, 125, 131, 135, 141, 143, 147, 149, 153, 157, 163, 167, 171, 173, 177, 179, 181, 187, 191, 192 (alle), 193, 195 und weitere Seiten

S. 30, S. 258 © Dr. Vasant Lad

Bilder von shutterstock.com:
S. ii: © Subbotina Anna,
S. iv (Rand) und weitere Seiten: © il67
S. iv (oben links) & S. 5: © Maris Kiselov
S. iv (zweites von oben links) & S. 6-7: © Jayakumar
S. iv (rechts oben) & S. 16-17: © Mikadun
S. iv (rechts Mitte) & S. 22: © Pikoso.kz
S. iv (rechts unten) & S. 34-35: © Curioso
S. viii (links): © Olha Afanasieva
S. viii (rechts), 223: © 100244123_shutterstock.com
S. ix: © Cranach
S. x (Hintergrund) und weitere Seiten: © Nella
S. xi und weitere Seiten: © shymko-svitlana
S. 1: © AlexTanya
S. 8 und weitere Seiten: © annanizam
S. 25, 188: © Africa Studio
S. 38: © karakotsya
S. 30 (unten): © hudik
S. 40: © Andrii Gorulko
S. 41 (oben): © Olga Popova
S. 41 (unten): © MidoSemsem
S. 42 (oben): © SeDmi
S. 42 (unten), 57: © Maks Narodenko
S. 45 und weitere Seiten: © melinda77
S. 51: © Pikoso.kz
S. 59: © GreenArt Photography
S. 63: © DUSAN ZIDAR
S. 66: © Himanshu Pandya
S. 68, 85, 140 und weitere Seiten: © LeshaBu
S. 72, 86, 94, 106, 183, 196 und weitere Seiten: © Bariskina
S. 74 (alle), 127: © Eve's Food Photography
S. viii, 76, 93, 116, 194 und weitere Seiten: © isaxar
S. 80: © Liliya Kulianionak
S. 81: © Eakwiphan Smitabhindhu
S. 82, 114: © zkruger
S. 84: © D.Shashikant
S. 88: © Vinay A Bavdekar
S. 89, 108: © tusharkoley
S. 92: © Dinesh Picholiya
S. 96: © Naufal MQ
S. 98: © catlook
S. 99: © nana77777
S. 100: © Butsaya
S. 101, 109: © Monkey Business Images
S. 102: © BibiDesign
S. 110 (Ornament) und weitere Seiten: © ovbolovintseva
S. 110: © HLPhoto_okra
S. 111: © travellight
S. 120: © mungdal
S. 128: © Sanit Fuangnakhon
S. 132-133: © Patryk Kosmider
S. vii (oben links), 137, 159: © Brent Hofacker
S. 138: © Peteer
S. 139, 142: © Joe Gough
S. 144: © Wiktory
S. 145: © Barbro Bergfeldt
S. 150: © Kuttelvaserova Stuchelova
S. 151: © Wasu Watcharadachaphong
S. 154: © D.Shashikant
S. 155: © Eva Gruendemann
S. 160: © szefei
S. 161: © Alexandra Lande
S. 164: © Anastasiia Zhitenskaia
S. 168: © Annareichel
S. 174: © Mikhail Valeev
S. 175: © Elena Veselova
S. 178: © grey color
S. 182: © bonchan
S. 184: © A_Lein
S. 196: © PHOTO FUN
S. 197: © Olha_Afanasieva
S. 202: © Soyka
S. 203 (unten): © valzan
S. 205: © Valentyn Volkov
S. 210 (oben): © SOMMAI
S. 211 (unten): © Alex459
S. 211 (oben): © Elovich
S. 212 (oben): © Elena Schweitzer
S. 212 (unten): © fotoearl
S. 214 (oben): © bonchan
S. 215: © Maceofoto
S. 216 (oben): © Supertrooper
S. 216 (unten): © Ekaterina Lin
S. 217 (unten): © panda3800
S. 218: © Volosina
S. 219 (oben): © Diana Taliun

S. 219 (Mitte): © eye-blink
S. 219 (unten): © bergamont
S. 220 (alle): © Andrii Gorulko
S. 221: © Shawn Hempel
S. 222 (oben): © Swapan Photography
S. 222 (unten): © Oliver Hoffmann
S. 254: © Faraways

Bilder von fotolia.com:
S. 14, 45, 46, 47, 48, 49, 50, 56, 58, 60, 62, 75, 80, 81, 104, 118, 189 und weitere Seiten: © Kara-Kotsya
S. 198, 203 (Mitte): © Popova Olga
S. 199 (unten), 201 (Mitte), 204, 206 (unten und oben), 208 (unten), 213: © Elena Schweitzer
S. 201: © ostromec
S. 201 (oben): © aris sanjaya
S. 203 (oben): © Dionisvera
S. 206 (Mitte), 208 (oben): © ExQuisine
S. 209: © MAMODA
S. 210 (unten): © atoss
S. 214 (unten): © photocrew
S. 217 (oben): © Christoph Werner

Bilder von istockphoto.com:
S. 2, 67: © kumarworks
S. 12: © VeenaMari
S. 18-19, 82-83, 130, 172: © hpkalyani
S. 33 und weitere Seiten: © andylin
S. 199: © ValentynVolkov

Bilder von stockfood.de:
S. 158: © Weiner, Danya

Bilder von all-silhouettes.com:
S. 64, 134, 176

S. 200, 207: © Sonic770
S. 212 (Mitte): © Melis82

Weitere Werke von Vasant Lad

Lehrbuch des Ayurveda – Band I

Die Grundprinzipien

380 Seiten, geb., € 49,-

Wenn Vasant Lad die Mysterien der alten indischen Heilkunst enthüllt, stellt er dieses jahrhundertealte Wissen so dar, dass es für den modernen Studenten leicht zugänglich wird und trotzdem seinen Wurzeln treu bleibt.

Vasant Lad beschreibt das Weltbild des Ayurveda und wie es alle Ebenen des menschlichen Seins durchdringt. In einmaliger Prägnanz und Tiefe erläutert er die grundlegenden Strukturen und Funktionen von Körper, Geist und Seele, deren Aufbau und Zusammenwirken.

Das Buch ist reich an Illustrationen,Tabellen und praktischen Beispielen und verhilft dem Leser zu einem tiefen Verständnis des Ayurveda. Dr. Lads Ausführungen sind von ungewöhnlicher Klarheit und Schönheit und zeigen den Weg zu wahrer Gesundheit, Ausgeglichenheit und Freude.

Lehrbuch des Ayurveda – Band II

Ein vollständiger Leitfaden für die klinische Untersuchung

472 Seiten, geb., € 49,-

Vasant Lad erklärt detailliert und praxisnah, wie eine fundierte Untersuchung stattzufinden hat. Diese umfasst die fünf klinischen Barometer wie Erforschung der Ursachen und vorausgehenden Zeichen, die Phasen des Krankheitsverlaufes, die drei Kategorien der Untersuchung wie Betrachtung und Abtasten, die acht Methoden wie Puls-, Urin- und Stuhldiagnose, die Einschätzung nach Konstitutionstyp, die Beurteilung des Verdauungsfeuers Agni und der Stoffwechselschlacken Ama.

Darüber hinaus werden detaillierte Informationen zu den Störungen der Grundtypen (Doshas), der verschiedenen Gewebe wie Muskel und Fett, der drei Körperessenzen Prana, Tejas und Ojas und der Körperkanäle (u. a. Verdauung) gegeben. Im Anhang finden sich Vordrucke für eine komplette Patientenuntersuchung.

Mit seinen Abbildungen, Diagrammen, Fragebögen und praktischen Beispielen gibt dieses Buch den Lernenden eine einzigartige Einführung in die Geheimnisse der ayurvedischen Untersuchung.

Lehrbuch des Ayurveda – Band III

Allgemeine Prinzipien für Management und Behandlung

744 Seiten, geb. € 79,-

Dieses Buch zeigt die Praktiken des Ayurveda und präsentiert sie auf systematische Weise. Dr. Lad bietet umfassende Informationen zu den therapeutischen Modalitäten, dazu gehören Empfehlungen zu Ernährung und Lebensweise, palliative und Reinigungstherapien, sanfte Heilmethoden sowie Managementtechniken. Jedes Kapitel erklärt zusätzlich zu den Kräuterwirkstoffen und ihrer praktischen Anwendung klar die Prinzipien der Heiltechniken, die für den Leser oft schrittweise aufbereitet sind. Dies ist ein bedeutendes Referenzwerk für ayurvedische Ärzte.

Ayurvedische Pulsdiagnose

Die Geheimnisse einer uralten Wissenschaft

232 Seiten, geb., € 29,-

In diesem einzigartigen Werk führt uns der weltweit bekannte ayurvedische Arzt Dr. Vasant Lad in die Geheimnisse der ayurvedischen Pulsdiagnose ein.

Anfangend bei der Unterscheidung der drei Grundtypen (Doshas) von Vāta, Pitta und Kapha eröffnet sich dem Leser nach und nach ein ganzes Universum an Möglichkeiten der Diagnose. Neben den sieben Eigenschaften des Pulses wie Rhythmus, Volumen und Temperatur kann anhand der sieben Ebenen der Gesundheitszustand aller Organe beurteilt werden. Dies umfasst Beschwerden wie Asthma, Magengeschwüre, Herz-, Nieren- und Lebererkrankungen und selbst Psychosen. Ein erfahrener Therapeut kann sogar in den ersten Wochen nach der Empfängnis eine Schwangerschaft anhand des Pulses feststellen, das Geschlecht bestimmen und weitere Aussagen über das werdende Kind machen.

Den Puls zu fühlen ist eine Kunst, die Übung und Sensibilität erfordert. Ist man darin Meister geworden, verfügt man über ein hochgradig entwickeltes Diagnoseinstrument, das durch keine Maschine ersetzt werden kann.

Vasant Lad zeichnet eine eindrucksvolle Demut aus. Seine Erklärungen sind einfach und kristallklar und auch für den westlichen Leser Schritt für Schritt nachvollziehbar und erlernbar. Er geht dabei weit über die bekannte Literatur hinaus und stellt Untersuchungen so detailliert dar, wie sie sonst nirgends zu finden sind. Ein Kleinod der ayurvedischen Literatur.

Marmapunkte des Ayurveda

Die Energiebahnen zur Heilung von Körper, Geist und Bewusstsein – mit einem Vergleich zur traditionellen chinesischen Medizin

408 Seiten, geb., € 65,-

Marmapunkte – Die geheimnisvollen Türen der Wahrnehmung

Die Lehre der Marmani, der Energiepunkte des Körpers, ist ein zentrales Element der Heilkraft des Ayurveda, das vor mehreren Jahrhunderten in Indien entwickelt wurde. Die Aktivierung der Marmani hat eine fundamentale Auswirkung auf Körper, Geist und Seele und ermöglicht eine tiefgreifende Heilung. Jede Zelle unseres Körpers wird von Prana, purer Lebensenergie, durchströmt. Bei der gesundheitsfördernden Stimulierung der Marmani werden Energieblockaden gelöst und die Prana-Energie auf heilende Weise zum Fließen gebracht.

Der berühmte Ayurveda-Experte und Arzt Vasant Lad erklärt in seinem Buch nicht nur erstmalig die energetische Funktion aller 117 Marmapunkte, sondern stellt sie auch den Akupunkturpunkten der chinesischen Medizin gegenüber. Dabei geht er ausführlich auf die diagnostische und therapeutische Bedeutung jedes Marmas ein. Die Punkte werden in zahlreichen detaillierten Abbildungen übersichtlich dargestellt. Die ganzheitliche Marma-Therapie verbindet das Wissen über die Wirkung dieser Energiepunkte mit gezielten Techniken der ayurvedischen Massage, Entgiftung, Akupressur, Aromatherapie, Yoga, Meditation und anderen Behandlungen.

Marmapunkte des Ayurveda ist ein einmaliges Grundlagenwerk, das in bisher nicht gekannter Tiefe und Ausführlichkeit in diese hocheffiziente Methode einweist. Es macht altes indisches Heilwissen für den heutigen Therapeuten wieder verfügbar und stellt auch ein mächtiges Werkzeug zur Selbstheilung verschiedenster Störungen und Krankheiten zur Verfügung.